教育部人文社会科学研究一般项目（09YJC790178）
教育部人文社会科学重点研究基地河南大学黄河文明与可持续发展研究中心建设项目
河南省高等学校特色专业“商丘师范学院地理科学专业”建设项目
河南省重点学科“商丘师范学院人文地理学”建设项目
河南省高等学校哲学社会科学创新团队支持计划项目

黄河文明与可持续发展文库

中部农区特色文化产业集群发展理论与实践

Theory and Practice of Special Cultural Industry Clusters Development in Rural Areas of Central China

李学鑫　苗长虹　等◎著

科学出版社
北　京

图书在版编目（CIP）数据

中部农区特色文化产业集群发展理论与实践/李学鑫等著．—北京：科学出版社，2013.10

（黄河文明与可持续发展文库）

ISBN 978－7－03－038808－7

Ⅰ.①中… Ⅱ.①李… Ⅲ.①农业—文化产业—产业发展—研究—中国 Ⅳ.①F32

中国版本图书馆CIP数据核字（2013）第237950号

丛书策划：胡升华 侯俊琳

责任编辑：牛 玲 高丽丽/责任校对：郭瑞芝

责任印制：徐晓晨/封面设计：无极书装

编辑部电话：010-64035853

E-mail：houjunlin@mail.sciencep.com

科学出版社出版

北京东黄城根北街16号

邮政编码：100717

http://www.sciencep.com

北京凌奇印刷有限责任公司印刷

科学出版社发行 各地新华书店经销

*

2014年1月第 一 版 开本：720×1000 1/16

2021年3月第四次印刷 印张：17 3/4

字数：310 000

定价：78.00元

（如有印装质量问题，我社负责调换）

丛 书 序

大河流域是人类文明的摇篮。在中华文明发祥、形成、发展、演化和复兴的过程中，黄河文明一直发挥着中流砥柱的作用。尽管什么是文明，学术界还有不同的看法，但文明作为人类社会进步的状态，就不仅体现在诸如文字、技术（如青铜器）、城市、礼仪等组成要素上，而且还体现在由这些要素组成的社会整体：国家的形成与发展上。正如恩格斯在《家庭、私有制和国家的起源》中所指出的："国家是文明社会的概括。"对于黄河文明的认识，无论是对中国古代文明起源持单中心论的学者，还是持多中心论的学者，都无法否认从黄河流域兴起的夏、商、周文明在中国古代文明起源与发展中的支配地位。特别是，随着考古学研究的深入和中华文明探源工程的推进，我国史前文化的地域多样性得到了进一步的确认，黄河文明在我国古代文明进程中的支配地位同样也得到了进一步的确认。由此，我们不禁要问，在灿烂发达、具有多个起源的中国史前文化中，为何只有地处黄河流域的中原地区走向了国家文明的道路，而别的地区却被中断或停滞不前？黄河文明的特质、优势及其对文明连续性发展的影响何在？黄河文明与周边地区的文明是如何互动并融合发展的？在国家文明形成之后，自秦汉至唐宋，黄河文明在中华文明进程中是如何创造一个个高峰的？她对中华文明乃至世界文明究竟产生了哪些重大影响？北宋以来，伴随着国家经济中心和政治中心的地域转移，黄河文明的演化与发展又面临着哪些前所未有的挑战？如果说农耕文明是黄河文明的核心内容，那么，是什么原因造就了这种文明的历史辉煌？又是什么原因造成其发展的路径依赖甚至锁定，以至于形成"高水平均衡陷阱"？

在国际学术界，冷战结束之后，伴随着经济全球化的快速推进，国际政治经济格局和秩序的重构，生态与可持续发展问题的凸显，有关文明冲突、共存，以及文化软实力、文化竞争力的辩论，为地域文明的研究注入了鲜明的时代性及全球化和生态环境两个重要视角。对于黄河文明而言，在全球化时代从传统农耕文明向现代农业文明、现代工业文明和现代城市文明的转型已成为历史的必然。经过一个多世纪的探索，目前黄河文明已经进入全面、快速转型的新时期，但这种转型不仅面临着传统制度和文化的约束，而且还面临着前所未有的资源与生态环境问题的挑战。作为中华文明的典型代表，黄河文明在全球化时代和全面转型时代如何实现可持续发展并实现伟大复兴，仍是我们面临的一个重大的时代性课题。

历史是一面镜子，而现在是联系过去和未来的纽带。对于文明的研究，我们需要回答几个基本问题：我们是谁？我们从哪里来？现在到了哪里？今后走向何方？为了回答黄河文明的这些问题，地处黄河之滨的河南大学以多年对黄河文明研究所形成的厚重历史积淀为基础，整合学校地理、经济、历史、文学（文化）等优势学科，并广泛联合国内外优秀研究力量，于 2002 年组建了黄河文明与可持续发展研究中心，并于 2004 年被国家教育部批准为普通高等学校人文社会科学重点研究基地。围绕黄河文明与可持续发展这一核心，中心将历史研究与现实研究有机结合起来，凝练了黄河文明的承转与发展、制度变迁与经济发展、生态与可持续发展三个主攻方向，并以此为基础，提出了创建具有中国特色、中国风格、中国气派的“黄河学”的宏伟目标。

近年来，中心科研人员承担了一批国家自然科学基金、国家社会科学基金、教育部基地重大项目等国家级和省部级课题，取得了丰硕研究成果。为繁荣黄河文明与可持续发展研究，推动“黄河学”建设与发展，河南大学黄河文明与可持续发展研究中心从 2011 年起编撰“黄河文明与可持续发展研究丛书”，分批出版中心研究人员在黄河文明与可持续发展研究领域的代表性成果。此套丛书的出版得到了科学出版社的大力支持，在此我代表黄河文明与可持续发展研究中心表示衷心的感谢。

“黄河学”的创建任重而道远，黄河文明复兴的征程伟大又艰巨。研究黄河文明形成、发展、演变的规律，探究黄河文明的精髓和可持续发展的道路，不仅对中华文明、中国道路的研究有重大贡献，而且能为世界不同文明的和谐发展提供知识和智慧源泉。我们期待着中华文明的伟大复兴，我们也期待着以黄河文明与可持续发展研究为核心的“黄河学”能够早日建成并走向世界。

苗长虹

河南大学黄河文明与可持续发展研究中心执行主任

2011 年 4 月 9 日

前　言

自德国法兰克福学派代表人物阿多诺和霍克海默在20世纪40年代首次提出“文化产业”的概念以来，全球文化产业发展进入了日新月异的阶段。2012年，《国际文化产业大会嘉峪关宣言》指出，目前全球文化产业蓬勃发展，已经成为世界发达经济体的主流经济形态和支柱产业，并正在成为越来越多的新兴经济体的主导产业。众多发达经济体的文化及相关产业（以下简称文化产业）已经形成了各自的特色，在满足人们精神文化需求方面发挥了重要作用，并产生了巨大的经济效益。同时，文化产业是各国、各地区推动经济结构调整与产业升级，引领产业创新的重要力量，也是提升经济增长品质的重要动力。世界经济正在经历从产品经济到服务经济，再到文化经济的积极转变。文化产业以其得天独厚的优势和惊人的成长性，成为全球经济发展过程中新的增长极。在金融危机、债务危机中，文化产业逆势增长，发展势头良好。2011年，美国的文化产业收入超过12 500亿美元，占其经济总量超过12%；英国的文化产业产值超过1120亿英镑，占其经济总量超过8.2%。

近十年来，随着中国经济的增长，以及中国文化在全球的传播，批量化、商业化和大众化已经成为文化产业的重要特征，而信息化、数字化、网络化、智能化等新兴科技将成为新时期文化产业的助推器。在中国共产党中央委员会、中华人民共和国国务院的高度重视和大力推动下，中国文化产业出现了前所未有的良好发展局面，在规模、速度、品质、结构等方面日益完善，日益显现出蓬勃的生机和巨大的潜力。2005～2011年，我国文化产业法人单位增加值现价的年平均增速为23%，高于同期GDP现价增速6.6个百分点，法人单位增加值占GDP的比重由2004年的1.94%逐年提高到2011年的2.85%。2012年，我国文化产业法人单位增加值为18 071亿元，比2011年增长16.5%，高于同期现价GDP年均增长速度6.8个百分点，其中，文化制造业、文化批零业和文化服务业增加值的比重分别为40.1%、6.6%和53.3%。

按同口径和现价计算，文化产业法人单位增加值占当年GDP的比重达3.48%，文化产业对当年经济总量增长的贡献率为5.5%。目前，文化产业已经成为中国经济健康、稳定增长的绿色引擎，并成为促进中国经济结构调整与转型，促进中国经济与全球经济均衡发展的重要力量。但也应该看到，与美国、英国等发达国家相比，目前我国文化产业发展水平还不高，活力和创造力还不强，区域布局不尽合理，政策体系还不完善，离国民经济支柱性产业的要求还有一段距离。

自中国共产党第十七届中央委员会第六次全体会议以来，“推动文化产业成为国民经济支柱性产业”已成为全社会的共识。“优化文化产业布局，发挥东中西部地区各自优势，加强文化产业基地规划和建设，发展文化产业集群，提高文化产业规模化、集约化、专业化水平”，是实现这一宏伟目标的重要途径。中华人民共和国文化部在《“十二五”时期文化产业倍增计划》中也提出，“鼓励东中西部地区根据资源禀赋和功能定位，确立文化产业发展重点，发挥各自优势，依托大型城市和城市群建设文化产业带，支持中小城市和农村发展特色文化产业群，形成区域、城乡文化产业协调发展格局”；“引导中西部地区及限制开发的主体功能区，依托当地丰富的文化资源，重点发展演艺、文化旅游、艺术品、工艺美术、节庆会展等文化产业，走特色化、差异化、集聚化发展之路”；“鼓励发展农村手工艺品、民间演出和乡村文化旅游，培育打造一批特色文化产业乡镇和文化产业特色村，扩大农村就业，增加农民收入”；“推动农村手工艺业发展，鼓励农民通过手工技艺增收致富，通过产业集聚培育一大批特色文化产业乡镇、农民专业合作社、文化个体户及乡村文化产业带头人，实现文化富民”。因此，大力发展乡村文化产业（集群）将是推动文化产业成为国民经济支柱性产业的重要发力点。

文化产业也属于广阔农村。在特色文化资源和自然资源丰富的农村地区，以农民为创作和生产主体，发展传统手工艺生产、乡村旅游等产业，具有生态环保、产业循环的特点，有助于促进农村产业结构调整，增加农民收入，实现文化富民，对传承优秀传统文化和加强农村文化建设具有积极作用。改革开放以来，在我国广阔农村地区先后涌现出了一大批富有地域特色的文化产业集群，如陕西户县秦渡镇的农民画产业集群、河北武强县周窝镇的乐器产业集群、甘肃临夏县黄泥湾乡的砖雕产业集群、湖南凤凰县沱江镇的扎染产业集群、江苏苏州高新区镇湖街道的苏绣产业集群、浙江东阳市横店镇的木雕产业集群、山东郯城县红花乡的中国结产业集群、河南镇平县石佛寺镇的玉雕产业集群、江西进贤县文港镇的毛笔产业集群等。目前，这些特色文化产业集群已经成为促使当地文化繁荣、经济增长、出口扩大、就业安置等的重要动力，但也存在着不少急需解决的问题，如产业链条短、产品“大路货”多、品牌意识薄弱、设计和营销环节不足等，急需从理论高度为其发展提供解释、政策依据，为其指明方向。然而，遗憾的是，现在无论是我国政界还是学界，几乎将所有的目光都投向了城市，对于农区如何发展文化产业（集群）却很少进行系统研究。

基于这一背景，结合对中部农区特色文化产业集群实践发展的观察，我们申报并获批了2009年教育部人文社会科学研究一般项目“中部农区特色文化产业集群形成机理与发展模式研究——以河南省为例”（09YJC790178）。三年多来，项目组成员通过对河南农区典型特色文化集群的实地调研，系统研究了农区特色文化产业集群的形成与演化机理、发展模式、存在的主要问题，提出了加快农区特色文化产业集群的战略对策。本书正是在该项目最终研究成果的基础上修改而成。本书是集体智慧的结晶。本书的研究和写作提纲的拟定、全书的统稿和修改，均由李学鑫和苗长虹来完成。各章的撰写人如下：第一章由上海大学和商丘师范学院的于丽丽撰写；第二章的第一节至第三节、第三章和第五章由商丘师范学院的李学鑫撰写；第二章的第四节由河南大学的苗长虹撰写；第四章由商丘师范学院的张梅撰写。

本书共分为五章：

第一章是绪论。主要介绍本书的研究背景、研究区域的选择，并对农区文化产业集群的相关研究进行系统梳理，从而提出本书的研究框架。

第二章是发展机理研究。首先，阐述了自然资源、历史文化资源、社会资本、偶然事件、地方政府、人力资本等因素对农区特色文化产业集群形成的影响。其次，基于经济学的视角，从外部性与集聚经济、分工与规模报酬递增、集群租金等方面，对文化产业集群的发展动力进行理论分析，并简要地比较经济学与地理学有关文化产业集聚动力的观点的异同。最后，分别以河南省的民权县王公庄绘画产业集群和鄢陵县花木产业集群为例，对中部农区特色文化产业集群的形成与发展机理进行了实证分析。

第三章是演化机理研究。首先，主要分析不同空间尺度上的产业集群技术学习类型及其发生机制。其次，以河南省宝丰县赵庄乡魔术产业集群为例，运用行动者能力与选择性环境互动的研究框架，通过二手资料和半结构式访谈法，剖析我国中部农区特色文化产业集群的演化机理。最后，分别以河南省的禹州市神垕钧瓷产业集群、镇平县石佛寺玉雕产业集群为例，从知识创造与扩散的视角，探讨竞争者非正式学习、集群知识吸收能力等对农区文化产业集群成长的作用机理。

第四章是理论总结。在简要介绍国内外制造业集群典型发展模式的基础上，分析了国内外城市文化产业集群典型发展模式的内涵与基本特点。然后依据影响集群形成与发展的主导因素的差异，将中部农区特色文化产业集群归纳为资源依托型、历史文化传统光大型、市场拉动型、政府引导型、定向嫁接型和打工学习模仿型等几种发展模式，并系统分析了各模式的基本内涵、特点和形成条件，并以典型案例进行了详细说明。

第五章是政策研究。通过对伦敦西区戏剧产业聚集区、英国谢菲尔德文化产业园、曼彻斯特北部园区、加拿大 BC 省动画产业园区、德国汉诺威博览中心、洛杉矶好莱坞电影城等国外典型文化产业集群，以及北京宋庄原创艺术集聚区、浙江横店影视产业实验区等国内典型文化产业集群的分析，总结出国内外典型文化产业集群建设的主要经验及启示。然后重点分析了中部农区特色文化产业集群发展中的主要问题及其成因。最后，针对中部农区特色文化产业集群存在的主要问题，提出加快其发展的建设思路、基本原则与战略对策。

在野外调研过程中，我们曾得到了河南省商丘市社科联、民权县组织部、民权县城关镇农办、王公庄村委会、镇平县石佛寺镇政府办公室、宝丰县赵庄乡政府办公室、禹州市神垕镇经济发展办公室、禹州市钧瓷博物馆等有关部门领导和其他朋友的大力支持。正是他们的热情帮助和无私奉献，才使我们的野外工作得以顺利完成。对此，我们表示深深的感谢！

在本书的写作过程中，江苏师范大学的马晓东教授和孟召宜副教授、郑州大学的龚绍方教授和任瀚教授、河南大学的乔家君教授、河南财经政法大学的郭军教授和郭荣朝教授对本书的修改提出了很多宝贵建议，在此给予衷心的感谢！

本书的出版得到了教育部人文社会科学重点研究基地“河南大学黄河文明与可持续发展研究中心”建设资金的支持。作为“商丘师范学院河南省高等学校特色专业地理科学专业”和“商丘师范学院河南省重点学科人文地理学”等建设项目的阶段性成果，本书的撰写和出版，也得到了许多友人无私的帮助和支持。科学出版社的牛玲编辑，商丘师范学院的史本林教授、张竟竟博士、尤瑞玲硕士、李琼硕士等对本书提出了很多宝贵的修改意见。在本书的出版过程中，科学出版社的韩昌福编辑、河南大学黄河文明与可持续发展研究中心的陈世强博士，也做了大量工作。在此，一并感谢！

限于理论水平和实践经验，本书不足之处在所难免，我们恳请读者和同仁批评指正！

作　者

2013年3月10日

目　　录

第一章 绪 论

第一节 问题的提出

一、集群化是促进我国文化产业又好又快发展的重要手段

1. 文化产业是当今世界各国经济发展的新动力

20 世纪 60 年代以来，随着经济全球化的加深和知识经济的兴起，旧的经济发展模式与格局难以持续，世界经济开始了新一轮的发展模式转型与产业重构。一般制造业正加速向新兴工业化国家和地区转移，城市功能由生产型为主向服务型为主转变，各种资源的全球流动速度加快，新兴国家区域性中心城市不断崛起，几百年来西方国家作为世界经济中心的地位开始动摇，一些发达国家和城市发展面临着巨大挑战。寻找新的发展途径，为国家和城市发展注入新的动力，已成了西方发达国家和地区迫切需要解决的重大问题。

作为信息时代和文化经济时代发展的产物，文化/创意产业以其高附加值、可持续发展性、大容量的就业机会和高于国民经济的增速等而受到越来越多国家和地区的重视，并作为战略产业和支柱产业而大力发展。1997 年，英国成立了创意产业特别小组，提出把文化创意产业作为英国振兴经济的聚焦点，把推广文化创意产业作为拯救英国经济困境的有效方法。1998 年，《英国创意产业路径文件》要求政府“为支持文化创意产业而在从业人员的技能培训、企业财政扶持、知识产权保护、文化产品出口等方面”做出积极努力。同年，芬兰政府制定的《芬兰文化产业内容创新启动方案》指出，“在现代社会，经济领域内的文化产品交换的份额正在不断地增加，文化产品交换成为国家经济的一个潜在增长点。不可否认，文化产业是一个正在快速增长的领域，它对国际和国内的经济变革有着重要的潜在推动力”。2002 年，为改变单

纯依靠制造业、加工业和服务业发展的格局，促进经济转型和产业升级，提高国际竞争力，新加坡出台了《创意产业发展策略：推动新加坡的创意经济》，提出要把创意产业发展作为新加坡经济增长的火车头。也是在这一年，我国台湾地区制定了“挑战 2008 发展重点计划”，第一次把文化创意产业纳入台湾地区长期发展计划的重点项目（祁述裕，2008）。2003 年，韩国将文化产业选定为韩国十大跨时代增长动力产业，并制定了一系列法律法规和规划。目前，许多发达国家的文化创意产业不仅在发展速度上超过传统产业，而且在发展规模上也已经成为国家的支柱性产业。2007～2010 年，美国文化产业平均增长率为 1.47%，远高于同期的经济增长率（0.05%）。2010 年，美国文化产业的产值已占美国国内生产总值（gross domestic product，GDP）总量的 18%～25%，吸纳 1060 万劳动力就业，占所有劳动力的比例为 8.19%，文化产业已经成为美国的国民经济支柱产业。1996～2010 年，英国文化创意产业产值年均增长率都在 6%左右，而英国整体经济增长率仅为 2.8%左右；同期，英国文化创意产业就业增长率平均为 5%左右，而整体经济就业增长率则为 1.5%左右。2010 年，英国 13 项文化创意产业的产值超过 2775 亿美元，出口值超过 164 亿美元。早在 1993 年，日本文化产业的年产值就超过了汽车工业的年产值。2010 年，日本文化产业的规模超过 11 070 亿美元，约占 GDP 总量的 15%。2010 年韩国文化产业产值超过 650 亿美元，占全国 GDP 的比例超过 6.5%。①

2. 大力发展文化产业是我国新时期的必然选择

（1）文化产业是中国经济发展的新的增长点。文化产业作为战略性、先导性产业，对国民经济各个部门具有广泛的关联带动作用。我国是文化资源大国，但文化产业却非常薄弱。2010 年，我国文化及相关产业法人单位增加值为 11 052 亿元，仅占 GDP 比重的 2.75%，远远低于欧美等发达国家的水平。这与我国经济发展水平和人们的巨大需求很不适应。因此，大力发展文化产业，有利于开辟我国经济发展的新途径、新空间。

（2）文化产业是我国经济结构调整的重要支点。新中国成立 60 多年来，

---

① 新浪财经网．郑雄伟主持发布《全球文化产业发展报告》．http：//finance.sina.com.cn/hy/20120206/092711319156.shtml［2013－06－04］．

我国经济发展取得了辉煌成就，在经济总量迅速增加的同时，经济结构不断得到调整和优化。但经济结构不合理的深层次矛盾和问题始终存在，突出表现在需求结构失衡、供给结构不协调、要素利用效率低下、环境损害大、空间布局不够合理等方面。世界发达国家的实践表明，文化产业具有“优结构、扩消费、增就业、促跨越、可持续”的优势和功能，其对GDP的贡献越大，经济结构就越趋向合理平衡。首先，文化产业是现代服务业的核心产业，其中间产品和服务是最具创造性的生产要素，对国民经济各个部门具有广泛的关联带动作用。因此，抓住了文化产业，就抓住了调整供给结构的突破口。其次，从总需求与总供给的平衡关系来看，目前我国很多产业都出现产能过剩的问题，文化产业是少数几个总供给还远远不能满足总需求的朝阳产业之一，人们日益增长的物质文化需要同落后的社会生产之间的这一社会主要矛盾，在文化领域表现得特别突出。因此，发展文化产业有利于扩大居民消费，拉动居民消费结构升级。最后，文化产业投入的是智力资源，产出的是知识产权，不需要太多厂房和土地就能够创造很多的就业机会。因此，发展文化产业有利于增加就业、带动创业。

（3）文化产业是我国转变经济发展方式的重要着力点。改革开放30多年来，中国经济以年均9.8%的增长率高速增长，主要得益于“要素红利、市场化改革红利和全球化红利”的巨大贡献[①]。然而，随着全球经济关系的调整和国内经济状况的变动，中国经济发展的内部特征和外部特征发生了深刻变化，三大红利正逐步衰减，中国主要依靠低成本优势的超高速增长逐渐回归常态，经济发展面临的资源、能源、环境等瓶颈制约越来越突出，“大进大出”式的非循环发展模式也似乎走到了尽头。面对日益变化的国内外挑战，转变经济发展方式是必然选择。文化产业是典型的绿色经济、低碳经济，具有物质资源消耗少、环境污染小、附加值高等特点，最能够实现人与自然的协调发展。因此，大力发展文化产业，有利于我国节能减排，保护生态环境，实现可持续发展。

（4）文化产业是满足我国人民群众精神文化需求、保障人民群众文化权

---

① 中国网．中国未来五年经济发展潜力展望三大红利衰减．http：//www.china.com.cn/economic/txt/2010-12/17/content_21561846.htm［2013-06-04］．

益的重要内容。在市场经济条件下，文化产业是满足人民群众多样化、多层次、多方面精神文化需求的主要途径，是改善文化民生、提高人们生活质量和幸福指数的重要手段。国际经验表明，人均GDP总值达到3000美元时，居民消费进入物质消费和精神文化消费并重时期；超过5000美元时，居民消费将进入精神文化需求的旺盛时期。目前我国人均GDP已超过4000美元，居民消费正由生存型、温饱型，向小康型、享受型转变，人民群众精神文化需求呈现出“井喷”之势。相比之下，我国文化产业发展水平还不高，总体上还不能很好地适应人民群众精神文化需求快速增长的新形势和人们对繁荣文化市场的新期待。因此，大力发展文化产业，有利于满足人民群众多样化、多层次、多方面的精神文化需求。

为适应社会主义市场经济深入发展的新形势和加快发展社会主义先进文化的新要求，中国共产党第十五届中央委员会第五次全体会议强调要完善文化产业政策，加强文化市场建设和管理，推动有关文化产业发展，这是我们党在中央文件中首次提出“文化产业”概念。中国共产党第十六次全国代表大会进一步明确把文化区分为文化事业和文化产业，强调一手抓公益性文化事业、一手抓经营性文化产业。2005年，中国共产党中央委员会、中华人民共和国国务院（以下简称国务院）下发《关于深化文化体制改革的若干意见》，把加快文化领域结构调整、培育现代文化市场体系，形成以公有制为主体多种所有制共同发展的文化产业格局，作为深化文化体制改革的重点任务进行了系统部署。2006年，《国家“十一五”时期文化发展规划纲要》提出，要“优化文化产业布局和结构。建设一批文化产业强省、强市和区域性特色文化产业群，形成文化产业协调发展格局。……鼓励东部地区率先发展，中部地区加快文化产业崛起，西部地区结合地方特色和资源优势”①。国际金融危机爆发后，国务院颁布我国第一部文化产业发展专项规划《文化产业振兴规划》，提出“建设若干辐射全国的区域文化产品物流中心，建设一批文化创意、影视制作、出版发行、印刷复制、演艺娱乐和动漫等产业示范基地，支

① 新华网．国家“十一五”时期文化发展规划纲要．http：//news. xinhuanet. com/politics/2006-09/13/content _ 5087533. htm［2012－11－24］．

持和加快发展具有地域和民族特色的文化产业群"①。2011年，《中共中央关于深化文化体制改革、推动社会主义文化大发展大繁荣若干重大问题的决定》，首次明确提出"加快发展文化产业，推动文化产业成为国民经济支柱性产业"②。《中华人民共和国国民经济和社会发展第十二个五年规划纲要》的第十篇第四十四章第二节"加快发展文化产业"指出，"推动文化产业成为国民经济支柱性产业，增强文化产业整体实力和竞争力。实施重大文化产业项目带动战略，加强文化产业基地和区域性特色文化产业群建设"③。《国家"十二五"时期文化改革发展规划纲要》也指出，要"发展文化产业集群，提高文化产业规模化、集约化、专业化水平"④。

3. 文化产业集群化已成为我国文化产业发展的重要空间载体

文化产业集群是文化产业发展的最重要空间载体之一。为提高我国文化产业的规模化、集聚化和专业化水平，增强我国文化产业的整体实力和竞争力，中华人民共和国文化部（以下简称文化部）自2007年以来，本着少而精的原则，先后命名了8家国家级文化产业示范园区和8家国家级文化产业试验园区（表1-1）。一些省（自治区、直辖市）也先后命名了一些文化产业集群（园区），如河南省先后确定了开封宋都古城文化产业园区、郑州嵩山文化产业园区、镇平县石佛寺镇玉文化产业园区、龙门文化旅游园区、社旗县赊店商埠文化产业园区、禹州市（神垕）钧瓷文化产业园区6个省级文化产业示范园区。湖北省建成了江汉文化创意产业园、楚天181文化创意产业园、汉阳造文化创意产业园等7家文化创意产业园。湖南省计划在"十二五"时期，将重点建设湖南文化创意产业园、金鹰卡通产业科技园、昭山文化产业创意园等创意设计园区；重点支持长沙网络科技文化产业园、金鹰影视文化城等数字媒体园区；重点建设中南国家数字出版基地、湖南出版创意产业园、

① 中华人民共和国中央人民政府网站．《文化产业振兴规划》全文发布．http：//www.gov.cn/jrzg/2009-09/26/content_1427394.htm［2012－11－24］．

② 中华人民共和国中央人民政府网站．中央关于深化文化体制改革若干重大问题的决定．http：//www.gov.cn/jrzg/2011-10/25/content_1978202.htm［2013－03－16］．

③ 中华人民共和国中央人民政府网站．国民经济和社会发展第十二个五年规划纲要（全文）．http：//www.gov.cn/2011lh/content_1825838.htm［2013－03－16］．

④ 中华人民共和国中央人民政府网站．中办国办印发国家"十二五"文化改革发展规划纲要．http：//www.gov.cn/jrzg/2012-02/15/content_2067781.htm［2013－03－16］．

中南基础教育复合出版平台、漫画创意出版基地、青苹果数据中心等数字出版园区；重点支持株洲华强、长沙月亮岛主题公园建设，继续支持酷贝拉欢乐园向全国连锁发展。截止到2011年年底，中国总共建成文化创意产业园区846座（邵培仁和黄清，2012）。

表1-1　我国国家级文化产业示范园区和试验园区名录

	国家级文化产业示范园区	国家级文化产业试验园区
第一批	西安曲江新区、华侨城集团公司	广东省广州北岸文化码头、黑龙江省黑龙江（大庆）文化创意产业园、湖南省长沙天心文化产业园区、河北省中国曲阳雕塑文化产业园
第二批	山东省曲阜新区文化产业园、辽宁省沈阳棋盘山开发区	福建省闽台文化产业园、山东省台儿庄古城文化产业园、吉林省东北亚文化创意科技园、宁夏回族自治区石嘴山市星海湖文化产业园区
第三批	河南省开封宋都古城文化产业园区、上海市张江文化产业园区	
第四批	湖南省长沙天心文化产业园区、四川省成都青羊绿舟文化产业园区	

近几年来，尽管我国文化产业集群（园区）的数量大幅增加，但目前还面临不少问题，突出地表现在以下几方面。

（1）特色不突出，没有充分发掘、利用地方文化资源。邵培仁和黄清（2012）曾将中国文化创意产业园区分为产业型、混合型、艺术型、休闲娱乐型和地方特色型五大类。目前，中国的文化创意产业园区以产业型和混合型为主，艺术型、休闲娱乐型及地方特色型尚处于起步阶段。2011年，我国共有地方特色型园区29个，仅占园区总数的3.43%。在我国15个文化地理区域内，许多地方文化资源并没有得到充分开发和利用（表1-2）。如在中原文化区，现有的24座文化创意产业园区中，只有开封宋都古城文化产业园、洛阳汉魏故城文化旅游产业园和安阳殷商文化产业园利用了当地的历史文化资源。此外，闻名全国的少林寺和太极拳也可成为文化园区的资源。河南的豫剧闻名于全国，但目前河南省内却未建立一座与豫剧有关的文化创意产业园区。

表1-2　2011年我国文化创意产业园区

文化区域	省/自治区/直辖市/特别行政区	产业型	混合型	艺术型	休闲娱乐型	地方特色型
东北文化区	黑龙江、吉林、辽宁	19	19	0	5	2
燕赵文化区	河北、北京、天津	69	40	2	9	3
黄土高原文化区	陕西、甘肃、宁夏、山西	20	16	1	2	2
中原文化区	河南	17	4	0	2	1

续表

文化区域	省/自治区/直辖市/特别行政区	产业型	混合型	艺术型	休闲娱乐型	地方特色型
齐鲁文化区	山东	47	7	1	0	0
淮河流域/吴越文化区	安徽、江苏、浙江	82	174	9	7	4
巴蜀文化区	四川、重庆	10	11	0	1	2
荆湘文化区	湖北、湖南	25	16	0	2	2
鄱阳文化区	江西	13	0	1	0	0
闽台文化区	福建、台湾	37	3	0	0	0
岭南文化区	广东、广西东南部、海南、香港、澳门	46	49	2	5	5
云贵高原文化区	云南、贵州、广西大部	9	9	2	0	6
内蒙古文化区	内蒙古	2	9	0	0	0
北疆/南疆文化区	新疆	2	0	0	1	1
青藏高原文化区	青海、西藏	2	4	0	0	1

资料来源：邵培仁和黄清（2012）

（2）集聚效应不强，产业链不完善。文化产业的一个突出特点就是产业之间关联形态密切并且多样化，不同的产业形态之间的相互耦合将有效地整合资源。文化产业园区的本质之一恰恰是提供一个物理整合空间，进而再通过产业形态之间的要素整合达到统一，就能够使文化产业园区散发出巨大的集群活力。然而，由于我国城市文化产业园大多是政府“撮合型”的，往往先把园区建起来，再去进行招商，把钱都花在了硬件上，缺少对产业和文化内涵的规划和提升，缺少资源整合和产业链的形成，普遍存在产业集聚度低的问题。

（3）多沿袭传统工业园区的发展模式。各地在建设文化创意园区的过程中，虽然也注意挖掘创意资源的潜力，但更多是沿袭了传统的工业化发展模式，主要表现在对区外资本寄予过高的期望，以承接跨国公司转移出的创意产业链上的劳动密集型制造环节为目标。这种制造业的发展套路并不能真正促进地方创意资源的富集与开发。相反，对创意人才培养与吸引的忽视，以及过分强调或依赖资本引入，可能会使其沦为全球创意空间中的制造车间。

（4）高端创意人才匮乏。文化创意产业是“头脑产业”，源自个人的创意、技巧及才华。没有创意人才，文化创意产业发展也就将成为无源之水。从我国文化创意产业园区的发展现状来看，许多行业高端创意人才匮乏。以北京为例，创意产业从业人员在总的就业人口中所占的比例不过1‰。不仅人才的储备不够，而且结构也不尽合理，尤其是缺少一批顶尖的领军人物式的创意人才。相比之下，在纽约，文化创意产业的从业人员占该城市全部工作人口总数的12%；在伦敦占14%；而在东京，这一比例更高达15%。

二、农区特色文化产业集群的研究有待于加强

1. 农区特色文化产业集群是我国文化产业集群的重要组成部分

我国是一个农业大国，“三农”问题非常突出。2011年，中国内地乡村人口65 656万人，占全国总人口的48.73%，但目前城乡收入仍存在着较大的差距。2011年，全国农村居民人均纯收入为6977元，而城镇居民人均可支配收入达21 810元，后者是前者的3.13倍。同时，农村也是发展文化产业的重要空间。在农村，虽然缺乏城市发展动漫、影视剧制作、出版印刷、新闻传播、商务会展等文化产业的经济社会条件，但也可利用农区多样的自然资源和民间文化资源及廉价的劳动力成本等，发展具有农村特色的文化产业，如传统手工艺产业、文化旅游产业、民间演艺业等。这不仅有助于农村产业结构的调整，有利于安民、富民，而且有利于传统文化资源的保护和传承，有利于在国际上打造中国文化产业品牌，在竞争中确立其优势。

事实上，改革开放以来，我国农区在充分挖掘本土民族文化资源的基础上，形成了一些产业优势明显、门类纷繁、样式众多、特色鲜明、经济效益显著的特色文化产业集群，如上海金山县枫泾镇的农民画产业集群、河北衡水市武强县周窝镇的乐器产业集群、甘肃临夏县黄泥湾乡的砖雕产业集群、湖南凤凰县沱江镇的扎染产业集群、湖南长沙县开福区捞刀河镇的湘绣产业集群、云南耿马县孟定镇的传统手工造纸产业集群、青海西宁市湟中县“八瓣莲花”产业集群、江苏宜兴市洑东乡的陶瓷产业集群、浙江东阳市横店镇的木雕产业集群、山东临沂市郯城红花乡的中国结产业集群等。

2. 学界对农区特色文化产业集群的研究相对滞后

尽管文化产业及其集群化已成为目前国内外学者关注与研究的热点，但现有的研究仍集中在城市区域，尤其是经济发达地区的大都市。Bell和Jayne（2010）曾指出，目前关于创意经济研究的相关文献几乎把城市作为创意的唯一地点，相对忽视对乡村创意产业的研究。不过，近几年来，越来越多的西

方学者认为，基于地方的乡村舒适性（amenity）或乡村性（rurality），如质量日益提高的空间、地方原始的自然舒适性、独特的文化和遗产机会等，乡村地区同样也可以发展文化/创意产业（集群）。Gibson 和 Connell（2004）指出，并非只有大城市的文化产业才能快速发展。在英国、澳大利亚、加拿大、新西兰等国家的乡村地区，已经出现了逆城市生活方式的移民。乡村基础设施的完善，有助于远程办公和艺术及文化产业部门进入乡村地区。Norcliffe 和 Rendace（2003）曾以北美漫画业这一“新手工业”为例，指出信息技术、快速邮递的发展有可能导致某些文化行业更为分散，甚至扩散到自然环境好的乡村。Mitchell 等（2004）对加拿大艺术家的调研，发现了所谓的反向城市化现象，相较于城市的便利，乡村的低廉房租、自然环境成为吸引加拿大艺术家的关键。McGranahan 和 Wojan（2007）认为，乡村独有的舒适性是人们放弃城市到乡村寻找自然生活的主要动力。对许多艺术家而言，乡村景观可以为他们的创意提供原材料（Mitchell et al.，2004）。

在我国，有关文化产业的研究也主要聚焦于城市区域，并且仅有的农村文化产业相关研究主要集中在“农村文化产业的内涵与本质特性”，“农村文化产业在农村经济发展中的地位、作用和意义”，“我国农村文化产业的发展现状、总体思路及其所面临的问题”等方面（张永丽和甘露，2012），而针对农区文化产业集群的研究寥寥无几。笔者以“文化产业集群”、“文化创意产业集群”、“文化产业园区”、“文化创意产业园区”、“创意产业园区”等词语为篇名在“中国知网”进行查询，发现自 2000 年以来，共有 278 篇论文发表。其中仅有 8 篇论文涉及“农村”或“农区”，这明显落后于我国农区日益蓬勃发展的文化产业集聚区。

第二节 研究对象与研究区域

一、研究对象

本书的研究对象为特色文化产业集群。理解特色文化产业集群的基础是科学界定文化、文化产业、文化产业集群等概念的内涵与外延。

（一）文化产业及其特征

文化、创意、创新与创造，是理解文化产业集群的核心概念。目前，学界对此尚存在着不同的理解和看法。

1. 文化、创意、创新与创造

（1）文化。从词源学的意义上来说，culture（英语）、kultura（德语）均源于拉丁文“cultura”，原意是“保护、耕种、栽培”的意思。泰勒（1992）认为：“文化或文明是一个复杂的整体，它包括知识、信仰、艺术、法律、伦理道德、风俗和作为社会成员的人通过学习而获得的任何其他能力和习惯的复合体。”事实上，文化的含义是随着时代的变化而改变的。根据英国文化史学者威廉斯的考证，从 18 世纪末开始，西方语言中的“culture”一词的词义与用法发生了重大变化。他认为，这个时期以前，“文化”一词主要是指“自然成长的倾向”以及人的培养过程。但是到了 19 世纪，文化作为培养某种东西的用法发生了变化，文化本身成了某种东西。它首先是用来指“心灵的某种状态或习惯”，与人类完善的思想具有密切的关系，其后又用来指“一个社会整体中知识发展的一般状态”；再后来是表示“各类艺术的总体”。到 19 世纪末，文化开始意指“一种物质上、知识上和精神上的整体生活方式”（韦森，2003）。通常，人们对“文化”一词的理解有狭义和广义之分。狭义的文化是指社会的意识形态，即精神财富，如文学、艺术、教育、科学等，同时也包括社会制度和组织机构；而作为文化研究领域里所指的文化则是广义上的大文化，是指人类社会历史实践过程中所创造的物质财富和精神财富的总和。

通过对上述“文化”的概念进行简要梳理，本书认为文化是指建立在一定经济基础之上，与一定的政治制度相适应的人们的精神活动及其物化成果，包括各种艺术、出版、广播影视、娱乐、广告等。当文化与产业相联系时，文化更多的是指以一定物质为载体的精神产品。

（2）创意与创新、创造。创意与创新、创造语义相近，三者均可指通过人类的创造性劳动产生一种前所未有的事物或思想，因此很容易混淆。但是，三个概念在外延上还是存在明显区别的。创造常与发明联系在一起，通常指人们在自然科学、工程技术领域“首创前所未有的事物”。而创意常常与人类的精神文化活动相联系，通常指具有新颖性和创造性的点子、想法。创意的属性有两个：第一个是新颖性，第二个是原创性。创意是新颖性和原创性的统一，缺少任何一个属性就不是创意（张京成等，2011）。在许多情况下，创意也会借助某种物质载体表达出来，如新颖的服装设计、独特的产品造型等。因此，创意可理解为社会文化领域的新观念、新思想、新设计，其满足的是人类的一种精神文化需求，提供的是一种文化体验。创新是目前一个使用频率极高的概念。熊彼特认为，创新就是要“建立一种新的生产函数”，是对生产要素或生产条件的“新组合”，包括引进新产品、采用新生产方法、开辟新市场、获得原料或半成品的新的供给来源、实行新组织形式等。创新并不等同于发明，发明只有应用于经济活动并成功才能算是创新。因此，创新更多的是指经济商务层面的创造性活动。

可见，创意强调的是一种思维、想法，而不是行动的结果；而创新则是实实在在的实践活动。创意是创新的开始，创新始于创意。创新＝创意＋行动（张京成等，2011）。但在不十分严格的语境下，上述三个概念常常被混用。例如，单纯的技术发明有时也称为创新，而借助于一种技术发明的新设想、新观点也被称为创意等（姚东旭，2007）。

2. 文化产业及其相关概念

（1）文化产业（culture industry）。何谓文化产业，目前世界各国并无统一的定义与分类。例如，在美国，文化产业是指版权产业；在日本，文化产业被称为内容产业；在英国，文化产业也称作创意产业（creative industry）；在西班牙，文化产业也叫文化消闲产业；在我国台湾地区，文化产业被称为创意文化产业。虽然文化经济、文化产业、创意经济、创意产业等概念存在着一定的差异，但内涵并没有多大的差别（钱紫华和闫小培，2008）。事实上，西方理论界经常将文化经济、文化产业、创意经济、创意产业等词汇混用，这主要是因为不同学者对这些经济类型有不同的研究视角（赵继敏和刘卫东，2009）。

尽管对文化产业概念的定义和行业范围的界定纷纭多样，莫衷一是（罗佳，2005），但是对文化产业理解却存在着一些共同认识：①文化产业的内容是有关文化产品或文化服务的；②文化产业是文化与经济的联姻，文化与经济相互渗透，经济的发展中有文化的作用，文化反过来推动经济的发展；③文化产业是一种特殊的行业，文化产品既是商品，要追求经济利润，也是精神文化产品，要满足人们的精神文化需求；④文化事业与文化产业的最大不同在于：文化事业的特点主要是以国家投资为主，其他投入为辅，主要目的是为了满足公众文化生活需要，不是为了赢利；文化产业以市场为基础，以企业为主体，主要通过市场来配置文化资源和调节文化活动，目的是为了赢利，进行可持续的简单再生产和扩大再生产。

我国在2004年依据《国民经济行业分类》(GB/T 4754—2002)，制定了《文化及相关产业分类》。但伴随着文化产业在国民经济发展中的地位不断提升，文化新业态不断涌现，同时，我国颁布实施了新的《国民经济行业分类》(GB/T 4754—2011)，联合国教育、科学及文化组织（以下简称联合国教科文组织）发布了《文化统计框架2009》，因此中华人民共和国国家统计局（以下简称国家统计局）于2012年发布了修订后的《文化及相关产业分类2012》。[①] 新标准将文化及相关产业界定为“为社会公众提供文化产品和文化相关产品的生产活动的集合”，包括：①以文化为核心内容，为直接满足人们的精神需要而进行的创作、制造、传播、展示等文化产品（包括货物和服务）的生产活动；②为实现文化产品生产所必需的辅助生产活动；③作为文化产品实物载体或制作（使用、传播、展示）工具的文化用品的生产活动（包括制造和销售）；④为实现文化产品生产所需专用设备的生产活动（包括制造和销售）。可见，相对于旧标准，新标准对文化产业的内涵和外延有着更为清楚的界定，对于理解现代文化产业的形态、统计文化产业的相关数据，更为清晰、便捷，方便使用。

(2) 文化经济。文化经济是满足人们休闲需要的经济及实物经济文化附加值增加的经济，是文化与经济一体化进程中的结合，是“经济文化化”和“文化经济化”两种趋势交叉融合而产生的具有新质的社会系统综合体。文化经济就“文化”而言，一方面，要通过在融入经济、服务经济、促进经济发展的过程中，实现自身的繁荣与发展；另一方面，文化经济就“经济”而言，

① 国家统计局设管司．文化及相关产业分类（2012）．http：//www.stats.gov.cn/tjbz/t20120731_402823100.htm［2012-07-31］．

要解放和发展生产力，运用高科技以支持文化建设，促进文化发展。

虽然文化经济与文化产业的概念相似，但二者之间仍然存在一定的差异性。文化经济是以文化产品（服务）的生产和消费为主要表现形式，文化产业崛起是文化经济兴盛最突出的标志，文化经济的繁荣，也依赖于文化产业的兴盛。

（3）创意产业（creative industries）。创意产业与文化产业最容易混淆，如有将文化产业等同于创意产业的，有将文化产业视为创意产业核心的，也有将文化产业和创意产业视为内涵的广义与狭义的区别的（汪明强和沈山，2004），还有的人认为创意产业和文化产业只是在产业类别上有所重叠（Hesmondhalgh，2002），而我国更多地直接使用文化创意产业的概念。

关于创意产业的定义，引用较多的是 1998 年英国出台的《英国创意产业路径文件》中的定义："那些从个人的创造力、技能和天分中获取发展动力的企业，以及那些通过知识产权的开发，可创造潜在财富和就业机会的活动。"目前，虽然业界、学界在创意产业的功能——创造财富和增加就业机会方面达成了共识，但究竟创意产业是什么样的行业集合，并没有令人信服的行业边界标准；而就其他产业门类来讲，对其能够创造潜在财富和就业机会的功能，似乎也找不出特别具有说服力的根据（张京成等，2011）。因此，创意产业常常与文化产业、文化创意产业、内容产业、体验产业等混为一谈。张京成等（2011）认为，文化创意产业本质是为消费者提供差异化的体验，是创造更高层次、差异化的精神体验，与文化产业、体验产业、创意产业是不同的（表 1-3）。

表 1-3　文化产业、体验产业、创意产业和文化创意产业四者本质特征比较

名称	本质特征
文化产业	文化产品和服务的规模化复制或生产
体验产业	关注消费者的体验需求，根据消费者需求提供产品，产品未必就是差异化的，可能面临激烈的市场竞争
创意产业	挖掘消费者的潜在需求，创造差异化的新体验，包括物质体验和精神体验，通过差异化尽量避免市场竞争
文化创意产业	与创意产业不同之处在于其非物质性，通过挖掘用户潜在需求，创造具有高附加值的"差异化精神体验"

资料来源：张京成等（2011）

澳大利亚学者斯图亚特·坎宁安反对把文化产业归结为创意产业的做法

(李彪，2009)，他认为两者是有区别的，它们之间的差异可以归结为创意产业正在试图描绘出一个历史性的变化，即从被资助的“公共艺术”和广播时代的媒体转变为对创意的新的和更广泛的应用。《香港创意产业基线研究》也认为，文化产业用做代表那些最直接涉及社会意义构成及交流的经济组织。使用文化产业而不是创意产业这样的称谓的关键区别，是强调文化产品生产、发行和产业的社会意义，文化的集体所有权和非营利文化活动的重要意义。新加坡对“创意簇群”的研究中也对文化产业、创意产业、版权产业进行了区分①，认为文化产业可被视为创意产业的子集，广义的版权产业包括创意产业和相关的发行产业（图 1-1），而创意产业是这个产业簇群的推动力。

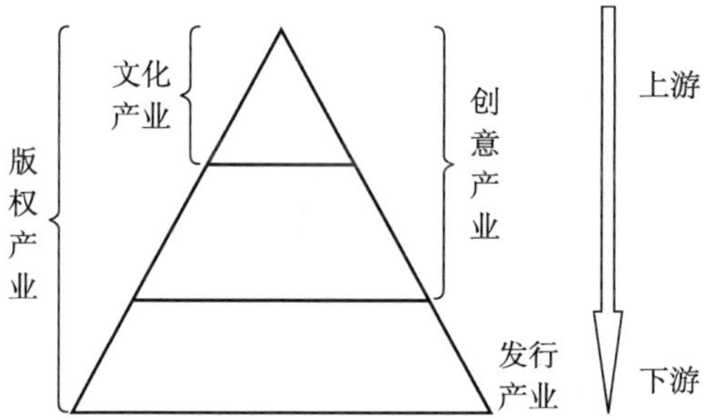

图 1-1　文化产业、创意产业、版权产业、发行产业的相关关系

资料来源：陈光（2010）

3. 文化产业的特征

文化产业作为按工业化标准进行的文化生产、流通和消费现象，一方面具有商品生产的一般属性，同时又由于文化本身的特殊性，使文化产业具有普通产业所没有的特征。这些特征可以概括为：产品的精神性、消费的娱乐性和产业的依附性。

(1) 产品的精神性。文化产业的特殊性，首先表现在其产品的精神性，是人类的精神构成了产品的基本内核。尽管文化产品也有一定的物质形态，如书籍的纸张、DVD 的碟片、音乐的音箱等物质形式，但它们只是一定精神

① 解读：版权产业与文化产业创意产业三者之间关系 . http：//www. chinadaily. com. cn/hqpl/zggc/2012-09-21/content _ 7070356. html [2012 - 09 - 21] .

文化内容的载体，精神的内容才是文化产品的本质。正如人们是“看电视”，而不是“看电视机”一样，人们消费的实质并不是这些物质形式，而是由物质形式承载的精神内容。因此，精神内容的生产，即一般所谓的“内容产业”，始终是文化产业的核心部分和价值源头。

正由于文化产业的产品具有精神性的特征，它具有意识形态性。精神性的产品必然会打上精神内容生产者的主观印记，以及内容生产者的观念、判断和感受，因此生产者的政治思想、道德观念和审美情趣等主观因素，都会自觉或不自觉地物化在产品中。人们在消费文化产品的同时，也就或隐或显地受其影响。所以，文化产品在发挥自己商品功能的同时，也不可避免地发挥着意识形态的功能，如政治舆论功能、教育功能、聚集社会精神功能、培养国民素质功能等。一个国家的文化产业不仅能带来丰富的利润，促进国民经济的增长，同时还塑造着人们的精神面貌。一个国家在出口文化产品的同时，也在输出特定的生活方式和价值观念。文化产业的这种意识形态性，使它可以成为宣扬或抵制其他意识形态的工具。

（2）消费的娱乐性。在消费形式上，文化产业提供的价值主要是娱乐功能，即文化产业消费的娱乐性。人们消费文化产品的主要和直接的原因，就在于它具有娱乐功能。文化产品的精神性，使人们在进行文化消费的时候，能得到教育价值、认识价值和娱乐价值，但对于一般大众文化消费而言，娱乐价值是文化产品价值的主要和基础的价值，其他两种价值都是以娱乐价值为基础，并通过娱乐价值起作用的。如果没有娱乐价值，文化产品的教育意义再大，认识作用再深，也难以发挥广泛的影响。因此，人们的喜闻乐见，就成为文化产品的首要要求和价值判断的主要标准。

由于文化消费与消费者的文化水平和接受能力有关，因此往往存在着“曲高和寡”的现象，层次越高的文化产品，能欣赏的人越少，即所谓“其曲弥高，其和弥寡”；而一些提供低层次娱乐功能的文化产品，由于在一定条件下能得到的消费人数较多，使一些文化生产者为了利润的目的，片面追求“大数原则”，降低文化品位，甚至出现个别迎合低级趣味的东西。长此以往，对国民素质会产生不良影响。

（3）产业的依附性。产业的依附性，是指相对于其他产业而言，文化产业对物质生产力水平的政策、制度环境有更大的附属性和依赖性。一方面，文化产业的发展高度依赖于社会的物质生产力水平。文化产业的迅速发展，只有在一定的社会物质生产力发展水平的基础上才有可能实现。在物质生产力不发达、人们物质生活水平低下的条件下，文化消费只能是少数人的特权，不能成为广大人民现实的社会需求。另一方面，文化产业的发展高度依赖于政策制度、环境。由于文化产业的精神性和意识形态功能，其发展不可避免地要与一个国家的社会的普遍意识形态状况和政治环境发生直接的联系。当文化产业的发展顺应了国家的政策制度和环境时，就能得到快速发展；否则就会减缓，甚至停滞。这提示我们，如果要发展文化产业，一定要多研究国家的政策制度和环境，尊重文化市场所在国家的法律、法规和风俗习惯。另外，从国家管理者的角度来考虑，则应该尽可能地创造宽松的政治环境，为发展文化产业创造良好的政策条件。

综上所述，本书采用国家统计局 2012 年对“文化及相关产业分类”的定义，将文化产业界定为“为社会公众提供文化产品和文化相关产品的生产活动的集合”。这是对文化产业的宽泛理解，涵盖了西方的文化经济、文化产业、创意经济、创意产业、文化创意产业等称谓。因此，本书中的文化及相关产业的范围包括：以文化为核心内容，为直接满足人们的精神需要而进行的创作、制造、传播、展示等文化产品（包括货物和服务）的生产活动；为实现文化产品生产所必需的辅助生产活动；作为文化产品实物载体或制作（使用、传播、展示）工具的文化用品的生产活动（包括制造和销售）；为实现文化产品生产所需专用设备的生产活动（包括制造和销售）。

（二）特色文化产业集群

1. 文化产业集群的概念

文化产业集群是指文化产业在空间上的集聚。按照波特的“集群”标准概念，所谓产业集群，就是在某一产业领域中，由众多独立而又相互关联的企业及相关支撑机构，根据专业化分工和协作关系建立起来的，并在一定区域集聚而形成的产业组织。然而，由于人们对文化产业的理解不同，以及文化产业在空间上存在着地方、区域、国家等不同尺度，因此文化产业集群也就有文化园区（cultural quarter/district）、创意园区（creative park）、创意产业集聚区（creative industry cluster area）、创意产业区（creative industrial district）、文化创意产业集群（cultural creative industry cluster）等不同称谓。在我国政府的相关文件中，还有文化产业示范园区、文化产业试验区、文化产业示范基地等相关称谓。目前，关于文化产业集群的定义主要有以下三种。

第一种是受到波特的“产业集群”定义和竞争优势理论的启发而定义的。例如，向勇（2005）认为，文化产业集群是在文化产业领域中大量联系密切的文化产业企业及相关支撑机构在空间上聚集，通过协同作用，形成强劲、持续竞争优势的现象。刘保昌（2008）声称，所谓文化产业集群，就是在文化产业领域由众多独立而又相互关联的文化企业及相关支撑机构，根据专业化分工和协作关系建立起来的，并在一定区域集聚而形成的产业组织。

第二种是从价值链和分工角度出发来定义。例如，何娣和朱喆（2009）将文化产业集群定义为：在文化产业领域中，由众多独立又相互关联的文化企业及相关支撑机构（包括研究机构），依据专业化分工和协作关系建立起来的，并在一定区域集聚而形成的产业组织。胡惠林（2010）将其称为文化产业中一定领域在一定地域的企业集聚现象，这些企业在特定的地理空间聚集，沿文化产业链的上中下游分布，分担着某一种文化产品从创意、生产、销售到再开发等环节的工作，共同进行文化产品的专业化生产。

第三种是从文化产业集聚的意义和特征表象进行定义。例如，詹成大（2009）认为，文化产业集群亦称文化产业集聚、文化产业园区，是指众多相互关联的文化企业或机构共处一个文化区域，形成产业组合、互补与合作，以产生孵化效应和整体辐射力的文化企业群落或产业集聚，包括创意主体、制作主体、传播主体、服务主体、延伸主体五大主体，以及核心集群（新闻出版业、广播电视业、电影业、娱乐业、艺术业、广告业）、外围集群（文化旅游业、会展业等）和边缘集群（图书馆、文物业、博物馆业、物流体系等）三大产业集群。

可见，不管是从哪个角度来界定文化产业集群，都体现了文化产业集群作为产业集群中的一种，仍然具有产业集群所共有的特征，即地域性（空间的集聚）、产业的关联性（上下游企业围绕主导产业在整个生产经营环节上配套）和整体性（相关辅助机构和服务组织的相互依存，形成整体联动机制，围绕整个产业的发展而非个别企业的发展）。它一般包括文化产业链上所有上下游的企业，即文化产业的五大主体——创意主体、制作主体、传播主体、服务主体和延伸主体。此外，根据文化产业“创意”属性的强弱，可以将文化产业集群划分为核心文化产业集群、外围文化产业集群和相关支撑机构等（史征和李文兴，2011）。其中，核心文化产业集群主要指由图书出版业、报刊产业、电影产业、广告产业、艺术产业等构成的集群；外围文化产业集群主要指由旅游业、体育娱乐业、会展业和网络传媒业等构成的集群；相关支撑机构包括为使文化产业集群获得可持续发展所需的各类外部配套机构的总和，如教育产业、科研机构、资本市场、经济发展水平、物流体系等。这些相关支撑机构的发展与完善保证了文化产业集群能获得可持续的深入发展。

鉴于我国农区文化产业集聚式发展的现状，同时也为了进一步促进农区文化创意经济的发展，本书将文化产业集群界定为在文化产业领域中，由众多独立又相互联系的文化企业及相关支撑机构，依据专业分工和协作分工关系建立起来的，并在一定区域集聚而形成的产业组织。其主要指地方和区域层面上各类文化/创意集聚体，包括文化产业（示范/试验）园区、文化/创意产业集聚区、文化/创意产业集群等，但不包括各类文化产业示范基地。这是因为我国目前公布或命名的大多数文化产业示范基地多为单一公司，尚未形成简单的文化企业集聚。

2. 特色文化产业集群

一般而言，特色是一个事物或一种事物显著区别于其他事物的风格、形式，是由事物赖以产生和发展的特定的具体的环境因素所决定的，是其所属事物独有的。可见，某事物的特色是由其所处的环境而决定的，不同区域的事物也有着不同的特色。因此，特色是无法复制的。

从演化的视角看，某一区域的文化是当地居民与其所处的环境长期互动的结果，是人们的生活、生产经验与传统的累积。因此，本书将特色文化产业集群界定为地方特色文化产业所形成的集聚体。这种特色主要体现为“地方性”，即当地文化产业的同质性与区域文化产业的异质性所形成的地区独特性，并且具备与时俱进的良好传统与经验传承。

二、研究区域

本书将中国中部农区作为研究区域背景，主要原因在于以下几个方面。

1. 中部地区是我国“农业大国”的缩影

中部地区是指位于我国中部的河南、湖北、湖南、安徽、江西、山西六省，整体面积为103万平方公里，占全国总面积的10.7%。目前，中部地区在发展环境、发展水平及存在的问题等方面都存在着相似性（李二玲，2011）。

首先，中部地区“三农”问题突出，农业稳定发展和农民持续增收难度增大。目前，中部地区耕地面积占全国的23.8%，粮食产量占全国的30%，棉花、油料等主要农产品产量占全国的40%。2011年，中部地区总人口为42 374万人，占全国的31.6%。其中，农村人口占全国的30%。城镇化率为47.0%，比全国平均水平低4.27个百分点，正处于城镇化中期的快速发展阶段，大量农村人口需要转移。第一产业的比重比全国平均水平高2.3个百分点，农民人均纯收入为6600元，相当于全国平均水平的93%。从整体上看，中部地区人多地少、农业比重较高、农民收入偏低，是全国“三农”问题较为突出和集中的区域。

其次，中部地区经济发展相对滞后，发展方式依然粗放。目前，中部地区经济社会发展的不少指标仍低于全国平均水平，更大大落后于东部地区。从增速上看，2006～2011年，中部地区年均经济增速虽高于东部，但比西部低0.6个百分点，比东北地区低0.2个百分点。从经济规模上看，2011年，中部六省实现生产总值10.4万亿元，占全国的20%，仅相当于江苏、广东的总量。从人均水平上看，2011年，中部地区人均GDP为29 171元，相当于全国平均水平的83.1%，略高于西部地区，仅为东部地区的一半。从经济结构上看，中部地区农业现代化程度低，工业发展方式粗放，现代服务业发展不足。2011年，中部地区三次产业增加值比例为12.4∶54.1∶33.5，服务业比重却比全国平均水平低9.6个百分点；经济外向度为10.1%，低于全国39.8个百分点；对外贸易量仅占全国的4.5%，进出口额仅占全国的4.5%；人均财政支出刚刚超过5000元，仅相当于全国平均水平的63%，相当于东北地区的62%、东部地区的69%和西部地区的66%，是四大板块中最低的。

最后，中部地区文化资源优势并没有很好地转化为产业优势。在历史长河中，中部地区作为中国传统文化的核心区域和中心地带，形成了丰厚、独特的文化资源，如山西的晋商文化、佛教与边塞文化、太行文化和黄河文化，湖南的湖湘文化，安徽的徽州文化，湖北的荆楚文化，江西的红色文化及河南的中原文化等。例如，在河南农村，民间工艺、民间演艺、民俗文化资源优势明显，民间工艺品丰富多彩。其中，开封汴绣、禹州钧瓷、平顶山汝瓷、洛阳唐三彩、南阳玉雕、朱仙镇木版年画、淮阳泥泥狗、棠溪宝剑等最负盛名。此外，河南各地无论在民间歌舞、民间文学、民间表演艺术，还是在民间美术和民俗文化方面都有许多经典。但由于资金投入不足、技术落后等原因，中部地区丰富的文化资源并没有很好地转化为生产力。2010年，中部地区文化产业竞争力综合得分为0.233分，明显低于东部地区的6.276分。其中，湖南、湖北、河南、安徽四省的文化产业竞争力综合得分高于全国平均水平，分别为0.170分、0.168分、0.143分、0.067分，分居全国第10、11、12、13位；而江西和山西两省的文化产业竞争力综合得分却低于全国平均水平，分别为−0.153分和−0.161分，分居全国第18位和第20位。同时，中部地区文化产业综合竞争力与东部地区的相对差距在拉大。2008年，中部和东部的文化产业综合竞争力相差4.104分，而到了2010年，这一差距扩大为6.043分。[①] 因此，要实现中部崛起，中部地区必须努力提高自己文化资源的“开采能力”，尽快把中部地区的文化资源优势转化为产业优势，转变为现实的文化生产力。

2. 中部农区已形成一批粗具规模的特色文化产业集群

1978年以来，充分利用当地廉价的生产要素，依托于地方丰富的自然资

---

① 中国文化创意产业网．我国31个省市区文化产业竞争力排名．http://www.ccitimes.com/chanye/chanye/2012-06-29/6773967739.html［2012－12－09］．

源和文化资源，我国中部农区先后自发形成了一大批富有地方特色的文化产业集聚体。例如，在河南，先后有两批 75 个村镇被认定为“河南省特色文化产业村镇”。这些村镇，有的已经发展为具有一定规模的特色文化产业集群，如河南禹州市神垕镇的钧瓷产业集群、河南镇平县石佛寺镇的玉雕产业集群、河南宝丰县赵庄乡的魔术产业集群、河南固始县三河尖镇的柳编产业集群、江西进贤县文港镇的毛笔产业集群、江西省婺源县江湾镇大畈村的砚墨文化产业集群、湖南凤凰县沱江镇的扎染产业集群等，并成为促使当地经济增长、文化繁荣、出口扩大、就业安置等的重要动力。但总体上看，这些特色文化产业集群大多数尚处于形成与发展阶段，存在着不少急需解决的问题，急需从理论高度为其发展提供解释、政策依据，并为其发展指明方向。

第三节 文化产业集群相关研究述评

文化产业集群是产业集群的主要组成之一。目前，国内外学界对文化产业集群的研究，一方面借鉴传统的产业集群理论，同时又结合文化产业的特点，形成了一些新观点。本节在回顾西方产业集群研究的基础上，重点评析西方学者对关于文化产业集群形成和发展的影响因素、动力因子等的认识，并概括介绍我国学者对文化产业集群的相关研究。

一、西方学者对文化产业集群的相关研究

对产业集聚现象的研究最早可以追溯到韦伯的“工业区位论”和马歇尔（Marshall）的“产业区”理论。韦伯（1997）从微观企业的区位选择角度，阐明了企业在集聚所得的利益大于因从分散地迁向集聚区而追加的运输和劳动成本时趋向于集聚，强调了产业集聚经济（内部规模经济）与运输成本的均衡。马歇尔（1991）从外部经济与规模经济角度，分析研究了英国菲尔德和兰开夏郡的许多性质相似的小型企业集聚现象，并称之为“产业区”。他把地方性产业的集聚归结为企业追求外部规模经济，并且强调了外部规模经济的三个重要来源：中间投入品的共享、劳动力池和知识溢出。随后，由于福特制大宗生产方式的流行及追求规模经济和利润最大化的大型公司的出现，以中小企业为主的产业区的发展受到忽视。直到 1979 年发达国家经济和传统

生产方式普遍衰退时，伯卡狄尼（Becattini）对意大利持续高速增长的中小企业集聚区有了新的发现，他在马歇尔的基础上，将产业区作为一个社会经济概念，强调企业在本地社区环境的根植和劳动分工、生产专业化的不断产生，称为新产业区。此后，西方经济地理学家开始重新审视“马歇尔产业区”，展开了关于“产业区”的热烈讨论，并出现了意大利学派（新产业区学派）、加利福尼亚学派（新产业空间学派）、区域创新学派（Groupementde Recherche Eupopeensurles Milieux Inoovalieurs，GREMI）三大学派（苗长虹，2006）。后来，美国哈佛商学院的迈克尔·波特教授，在《国家竞争优势》中提出了产业集群的概念，并从竞争力角度对产业集群的现象进行分析和研究，在全球范围内引起广泛影响。概括地说，目前西方学者对产业集群的研究主要集中于以下几个方面。

（一）网络关系与知识概念的产业集群

1. 文化、网络关系、根植性与产业集群

在经济地理学的制度、文化、关系多维转向过程中，文化、网络关系、根植性、学习和创新、管制等方面的内容与产业集群的研究相互交错，其中，网络关系是产业集群研究的核心内容之一。企业及其根植的网络，通过考虑人际关系及其他各种非正式联系，从微观的角度解释了外部经济或社会资本对于空间集聚形成的内在影响，网络中的学习和创新还常用来解释产业集群的创新和升级。另外，网络关系研究将企业网络、产业集群与区域发展联系起来，为区域发展提供新的思路和决策建议。因为经济活动总是根植于当地特定的制度文化建构之中，企业根植的网络关系对于经济活动的空间集聚与产业集群的形成和发展存在着不可忽视的影响（李蕾蕾，2005）。企业间的联系网络等人际关系和结构被认为是产业集群形成的重要因素之一（Harrison，1992），而把具有灵活性的小企业集群当成理想的产业集群类型。在这类产业集群中，大量小企业在生产中的某一个或多个阶段实行专业化生产，相互间密切合作，共享设备、信息及技术人员，形成一个联系的网络。其中，信任起着至关重要的作用，产业集群的形成可以认为是企业网络间信任最大化的结果。

相关理论通过邻近性、根植性、网络关系、隐含知识和学习等，将经济空间放在文化、社会和政治关系中，期望更好地解释集聚现象和产业集群的发展。比如，企业的地理邻近强化其密切交流的环境和背景，减少了互动式学习中的不确定性，增强了网络效应（Camagni，1991）；空间邻近和社会邻近促使全球化背景下的地方产业集群保持高度的创新活力（Storper 和 Walker，1989）。此外，贸易和非贸易的相互依赖、集聚倾向、氛围和环境，以及社会经济学的嵌入性、社会资本等概念也被移植于产业集群及区域发展的研究之中，并与网络关系一起使得产业集群的研究表现出多元化的特点。

2. 从过分强调本地联系到注重外部联系

20 世纪 90 年代，产业集群理论普遍关注本地关系，特别强调地理邻近性（Scott，1988；Bamford，1989；Saxenian，1996；Maillat et al.，1997;）。这些研究者普遍认为地理的邻近性缩小了经济主体之间的交流空间，有助于主体面对面（face-to-face）地交流，从而促进“相互了解与信任”和知识的传递（Malmberg 和 Maskell，2006）。但后来越来越多的研究表明：过度强调本地知识基础的重要性，存在技术锁定的风险（Lorentzen，2006）；仅关注内部联系可能产生过度封闭、排他性和缺乏灵活性的结果（Uzzi，1997；Torre 和 Rallet，2005；Torre，2008）。“过分根植性”（over-embeddedness）（Uzzi，1997）则会使集群内的企业忽略外部技术的新发展，降低其创新能力。有学者批评单纯强调本地关系的理论缺陷，认为传统的邻近性概念过于宽泛，并对其进行了更深层次的分类。例如，Boschma（2005）将邻近性分为组织邻近性、社会邻近性、认知邻近性和地理邻近性，Lagendijk 和 Lorentzen（2007）则将邻近性分为关系邻近性和空间邻近性。其中，关系邻近性包括组织、社会及认知的邻近性，空间邻近性即为地理邻近性。Bathelt 和 Schuldt（2008），Wickham 和 Vecchi（2008），Ramirez-Pasillas（2008）等则在地理邻近性的基础上，区分出嵌入本地、通过本地互动而获得知识的永久性产业集群，以及通过会议、展销会及项目会议等形式，由于短期会面而形成的暂时性产业集群，并认为暂时性产业集群的存在对永久性产业集群获得外部知识具有重要作用。由此可见，单纯强调地理邻近的重要性并非产业集群发展的必要条件，组织的、社会的、认知的及暂时的邻近，同样能提供更多的外部知识来源。

3. 从本地互动到全球联系

在本地根植性和外部联系的激烈争论中，Bathelt 等（2004）从知识创造的角度研究了产业集群，提出了“本地传言-全球管道”的概念，用来解释本地互动和全球联系的关系。他们认为，过去大量文献过分、片面地强调了本地互动学习的重要性。实际上，无论是意会知识还是编码知识的交流，都既可以在本地范围，也可在全球远范围进行。一方面，学习过程的出现可以根植于本地的行为主体中，仅仅是因为它们处在那个社区里，而社区里有“地方传言”（local buzz）的氛围；另一方面，由于企业与该环境之外的知识供应者建立交流的渠道而获得知识，这种渠道并不是自发出现的，而是需要进行专门的投入才能建立起来的。因此，知识的创造不仅需要本地企业之间、人与人之间进行面对面的知识交流，而且需要建立全球的交流管道（global pipeline）。他们批驳了“隐含经验类知识＝本地”、“编码化知识＝全球”的模式（Owen-smith 和 Powell，2004），仅仅因为参与者“在那里”就不断促进并受益于信息的扩散。Bathelt（2002）认为，对文化产业集群的分析不能仅仅集中在对内部关系的考察上，还要分析文化产业集群与外界的关系。首先，他对文化产业集群进行了界定，并建立一个包括五个维度（水平关系、垂直关系、制度维度、外部集群维度和权力关系）的分析框架，并在对莱比锡发展历史的描述和经验数据的基础上，认为莱比锡文化集群是作为一个独立现象出现的，不是政府政策的结果，也不仅仅是商业惯例的持续，而是莱比锡的文化公司自发形成的。莱比锡的文化产业由几个较大的当地公司所控制，虽然还是与外界保持着松散的联系，但还是存在过渡根植的缺陷，这对集群的发展是不利的。

事实上，早在 Bathelt 等提出“本地传言-全球通道”概念之前，Storper 和 Venables（2004），Owen-Smith 和 Powell（2004），Grabher（2004）就已分别使用“传言”、“本地广播”（local broadcasting）、“噪声”等类似的词表述本地互动的意思了。这里的本地传言是指在同行业或同一地区内的公司和个人通过面对面接触，共同参与本地活动创建的信息和沟通环境。这种“互动”包括具体信息及其更新信息，有组织及偶然的会面中有意和无意的学习过程，新知识和技术中相同的解释性计划和相互理解的应用，以及在某一特定技术领域共享文化传统和习惯，并促使公约和其他体制安排的建立。“全球通道”一词于2002年被Owen-Smith和Powell（2004）首次使用，用以描述远距离互动的渠道。他们认为，即使区域网络内部知识溢出比跨越边界更容易发生，可物理距离仍在，也能作为影响知识溢出唯一的因素，而关键性和重大（nonincremental）的创新和知识流动往往是产生于“网络通道”而非自发的“本地广播”。

Bathelt（2002）提出了“本地传言-全球通道”概念之后，相关学者进行了大量的实证研究。例如，Bathelt（2002）发现，波士顿生物技术产业不仅从本地互动中获取新知识，更多的是通过与区域外和有国际影响力的生物公司建立战略合作伙伴关系获得新知识。Scott（2002）对好莱坞电影和娱乐产业集群的研究也验证了这个观点。Laursen和Salter（2006）利用英国2003年全国创新调查数据，证明了集群与外界互动状况直接影响到集群内企业的创新绩效。Maskell等（2006）对永久性产业集群与暂时性产业集群进行对比研究后，发现参与暂时性产业集群，如会展和全球性项目会议等，有助于永久性产业集群内的公司识别目前的市场前沿信息，评估自身的竞争地位，并形成未来的计划等一般性作用和特征，又使知识的获得不只局限于某一特定的位置。

（二）从关系到演化视角的产业集群

最初，集群研究被某些工业区的强劲增长、集群或区域创新系统所吸引，他们将经济活动与文化通过当地非正式交易相结合，从而与社会经济学中的社会嵌入相互呼应。最近的研究中，比如，在第三意大利（Hadjimichalis，2006）、硅谷（Saxenian和Hsu，2001）和好莱坞（Scott和Pope，2007），发生了一个关于集群的从静态到动态变化的演化过程。这在集群研究方面，催生了一个新的演化方法，这个方法主要关注动态变化，从路径依赖性、锁定和产业生命周期等中获取灵感（Frenken et al.，2007；Martin，2010；MacKinnon et al.，2010）。

传统分析方法倾向于关注区域及其经济特性的识别，把区域看做行动者，而通过行动和相互作用创造经济价值的真正主体，个人、企业和其他组织却往往被忽视。关系的视角基于新古典经济学，它通过将空间变量引进经济学模型中来解释经济景象，研究在不同的地方，经济活动如何在空间展开，以及导致更广泛的空间模式（Yeung，2005）。产业集群中的公司和全球价值链，嵌入在知识网络中及“供应商—生产商—用户”关系中，这些都是制定产品、改变策略时的关键。学者从演化的视角认为，企业的竞争是基于自身的知识、惯例和能力，而这些东西是过去并在特定的环境中形成的，因而是其他企业难以模仿的；经济活动的空间集聚并非是基于企业和消费者的理性区位决策，而是地方化知识历史累积的过程；学习、路径依赖和惯例的演化史，是理解技术创新和区域竞争力的基础。演化成分是指经济行动的事实是路径依赖的，过去的决策和传统的社会关系是提供今天的行动的前提条件，从而影响当下的决策（Dosi，1988）。

关系的视角是基于对传统研究的批判之上，主要是静态的，而演化的方法旨在分析经济景象的动态变化，往往是基于演化经济学的。演化聚焦在区域（或国家）水平，大部分的工作是研究选择、突变、变异及变化过程对企业发展的影响。基于“广义演化论”的背景（Essletzbichler 和 Rigby，2010），最近的演化研究工作主要是调查建立在地区多样性和选择性的基础上，本地或区域产业部门之间的“相对多样性”具有溢出过程，能够支持创新和区域生产优势的发挥（Frenken et al.，2007）。随着时间的推移，选择过程导致形成特定的区域发展路径，形成区域发展的路径依赖和潜在的锁定进程。

（三）区域路径依赖与集群生命周期

1. 区域路径依赖

传统静态模型解释当地危机和结构变化的失败，引起了产业集群动力研究的高涨。由于产业集群的形成因素是多方面的，支持其持续增长就是一个动态化的过程。目前，许多关于产业集群形成和发展动力研究的文献，往往关注的是路径依赖的观点和与演化论相关的路径锁定的观点。从演化经济学或者是生物演化论到演化经济地理学，演化论认为在区域层面上产业集群是实现路径依赖的过程，在这个过程中，技术壁垒、外部性或制度惯例都对其产生重要影响。一个企业在互动学习过程中，通过地方文化和制度环境，企业的战略选择和组织惯性引导企业不断在同一个地方形成集聚。

根据产业集群的路径依赖性，历史上的偶然事件可能主导长期的选择和演化，通过规模效应、学习效应、技术（制度）效应和预期增强效应等自我强化机制主导未来的区位选择。即使有更好的选择，在个体意义上的转换成本也不高，人们的选择将还是锁定于既定的区域之中。

进一步探究演化论的观点在产业集群中的应用，发现历史固然重要，但是历史并不能预测未来产业集群的发展轨迹。同时，路径依赖似乎过分强调了区域发展的连续性和稳定性，而对区域发展中同样重要的间断点和结构危机却很少进行研究。产业集群的结构变化和路径依赖的一致性，需要对产业集群进行一种不同的解释。

传统的路径依赖模型将产业集群作为同质性的实体，作为一个整体单元进行分析。尽管企业的社会关系在一个新路径的本地化过程中是被普遍承认的（Storper 和 Walker，1989），但关注的重点仍然是本地网络的整体性，而不是它们的内部结构，更不用说社会关系的网络结构中结构的变化了。因为网络中的位置影响代理商能够接受的知识类型，一个多元化的代理系统很可能与更多元化的地方知识和网络结构相联系（Frenken et al.，2007；Boschma 和 Iammarino，2009）。因此，在代理商交互作用的驱动下，产业集群的新路径更可能发生在不同的结构区域中。关注区域的异质性和多样化的本质使得演化论观点在产业集群中振兴。在社会变革的大背景下，关注当地代理商之间的关系已经证明：没有多样化的网络将引起产业集群的空心化发展，而不是重建产业集群。通过在政治学中将区域作为复合的系统和从演化的观点中牵引出来的灵感观察，Martin（2010）提出了一种从路径依赖到强调动态路径的备择模型。通过检验代理商在不同网络位置中的交互作用，Sydow 等（2010）努力将路径依赖的概念与 Giddens（1984）的结构理论结合，从而试图解释相关机构在产业集群创建新路径过程中的作用。

演化的观点尽管对于产业集群新路径创建有结构性的影响，但是演化视角仍然受到一个相对狭隘的分析的限制。演化论凭借路径依赖——产业集群的单一动力居于支配地位，但集群动力学仍然受到理论和工业、技术和体制结构中的经验主义的限制。相比之下，关于经济、技术、体制和社会文化领域的共同演化方面是进一步研究的一个关键问题（Martin 和 Sunley，2006），在区域分析演化动力学中的单一视角中也具有重要地位。在传统的研究中，产业集群的演化主要集中在地方层面，MacKinnon 等（2010）批判演化经济地理学忽视了更宏观层面上的社会结构、劳资关系和资本积累。在全球化的竞争环境中，尤其是在资本密集型的产业中，国际和国内两个尺度对于理解产业集群的演化过程是不可或缺的（Eich-Born 和 Hassink，2005）。促进产业集群之间合作与竞争关系的国际组织，对于超越产业集群演化论的区域化理论也进行了推动。

2. 集群生命周期

其他的产业集群演化理论主要是产业或产品生命周期理论（Vernon，1966；Abernathy 和 Utterback，1978；Klepper，1997）。产品生命周期理论提到主导产业的设计在工业发展的早期阶段并不存在，而且技术仅仅在选定的区域内繁荣。随着技术的日益成熟，市场变得更加稳定，知识变得更加规范化，主导技术也应运而生。因为隐性知识和技术革新是创新型集群的关键性特点，生命周期理论的一种自然推论是创新型产业集群更可能处在其发展的早期阶段而不是处在工业发展的成熟期（Staber，1997）。这一观点指出，产业集群的演化符合和遵循形成自身产业基础的产业技术规范。

产业集群的生命周期通常是一个区域性版本的产业生命周期，重点强调技术在集群动力学众多方法中的角色。当使用技术模式来解释产业集群的升级或衰退的时候（Kenney 和 von Burg，1999），出现了一个后验简单化推理的危险（Saxenian，1999）。当回顾历史的时候，很容易就能解释一个产业中的技术变革，但是却很难预测未来将会发生什么。因此，只有产业集群经历了成功或者失败，技术体制的合理性才能够被完全理解。然而，在实践中，技术改变并不是决定产业集群演化的外部因素，但相互关联的企业的决策和行为的结果却伴随着产业集群的动态演化。产业集群、产业和产品生命周期理论能够预测技术变更的决定性方式，但不能解释技术作为如产业集群创新的起源问题。

其他的周期理论认为产业集群的生命周期是存在的，但还没系统的理论被构建。其他的相关研究注重揭露产业集群生命周期在每个阶段的典型推动力，产业集群从一个阶段进入另一个阶段，其推动力不同是确定的（Pouder 和 John，1996；Swann，2002；Maskell 和 Malmberg，2007；Menzel 和 Fornahl，2009）。早期关于产业集群生命周期的类型的讨论，暗示集群经历了一个单向的阶段性发展。为了将集群从这种确定性的推理中解放出来，Menzel 和 Fornahl（2009）补充了反馈循环理论，使得集群在可持续或下降阶段可以跳回到更早期的阶段。然而，这种放宽阶段的刚性仅缓解了集群周期的机械性。假设单一生命周期能够覆盖多样化产业集群在不同的现实世界环境中的演化，这显然是有问题的。尽管 Martin 和 Sunley（2011）试图将集群动力学作为一个依据演化生态学产生的模型来概念化，也不能完全覆盖它的自然发展轨迹。他们认为产业的集群演化可以通过不同的阶段形成持续的周期，但是也可能会陷入不断地适应、稳定、重组或更新，甚至是集群的消亡。

3. 文化产业集群的演化过程

国外对产业集群的时空演化过程的研究主要从企业/产业集群形成与发展阶段的视角论证的。例如，Brusco（1990）以意大利研究为基础将产业集群分为无政府干预的集群自发成长阶段，成长到一定规模后政府或当地行业协会开始干预集群成长并提供更多社会化服务阶段；Tichy（1998）借鉴产品生命周期理论，从时间角度将集群生命周期分为诞生阶段、成长阶段、成熟阶段和衰退阶段；Ahokangas 等（1999）基于时间维度的产业集群成长过程，提出由“起源和出现、增长和趋同、成熟和调整”三阶段构成的演化模型；Guerrieri 和 Pietrobelli（2004）根据意大利的经验研究，将集群发展分为区域生产专业化阶段、地区生产系统化阶段、区域系统化阶段；Molina-Morales 和 Martínez-Fernández（2009）以西班牙夫斯特利翁-德拉普拉托陶瓷产业区为例，剖析了社会资本视角下的产业区内部的同质性，发现至少存在核心网络和边缘网络同时出现在产业区的社会网络之中；Sacchettia 和 Tomlinson（2009）以英格兰斯塔福德郡北部的陶瓷制造区、意大利普拉托纺织区为代表的欧洲成熟型产业区为例，讨论了全球新经济趋势中成熟型产业区面临的挑战和管治策略，以促使产业区再生或融入到区域长期发展战略的路径之中。

(四) 西方文化产业集群形成和发展的影响因素与动力因子

西方对于产业集群形成和发展的研究，较多地集中在一般制造业产业集群上。通过对一般传统制造业集群的研究，认为网络结构、企业家精神、技术进步等是产业集群形成和发展的主要影响因素。而对于文化产业集群，西方的研究发现除了上述影响因子以外，还受到文化认同、集群根植性、创新人才、创新环境等因素的影响（Jeffcutt 和 Pratt，2002）。例如，Galina Gornostaeva 和 Paul Cheshire 通过计算欧洲各国大都市文化产业的区位商来判定欧洲各国文化产业的集聚趋势，认为文化产业公司间的地理接近是受外部经济的驱动的，外部经济包括劳动市场的互动、外部供应商及时供应、分包安排、顾客的互动、公司网络、合作和竞争、集体学习和创新；Bathelt（2002）分析了莱比锡文化产业的经济关系，认为对文化产业集群的分析不能仅仅集中在对内部关系的考察上，还要分析文化产业集群与外界的关系，他认为莱比锡的文化产业由几个较大的当地公司所控制，这些公司促进了莱比锡文化产业集群的形成和发展。

而不同地方的文化产业的创意能力之所以不同，可能原因在于地方环境的差异，也即创意环境的影响不同。例如，Landry（2000）认为，文化创意存在着一个最适宜的成长环境，即创意环境。Florida（2002）则指出，美国创意经济兴盛的原因在于其“创意社会结构”。Drake（2003）通过研究英国伦敦、伯明翰和雪菲尔的文化产业，指出特定地方内的物质资源与景观刺激、紧密的社会网络、地方声誉与传统、地方创意社群是影响个人创意能力的四种要素。而在 Scott（2006）看来，由于都市内存在着“创意场域”（creative field），能产生特定外部性促进集群的形成与知识交流。这些研究均指出地方环境是影响个别创意行动者能力的因素。

1. 历史积淀：地方文化

特定传统、惯例和技巧等地方文化，存在于特定的区域，可以形成具有地方独特性的地方产品。这些产品虽能被其他地方模仿，但不可能被完全复制，特别是在新的文化经济中，文化产品时刻拥有与直接起源地点相关的特征，如巴黎的时装、伦敦的剧院、那什维尔的音乐、意大利卡尔塔吉龙（Calmgirone）的陶器等。

Santagata（2002）认为，生产的地方性代表了最终产品独一无二的特性，这些地方资产的经济价值是如此巨大，以至于地方通过贸易记号（trade mark）和地理起源证书方式致力于保护其地方品牌。当地方文化作为经济因素进入产品的设计并加以特殊化时，其本身产出的象征意义反过来又开始吸收更多的地方文化资产，促使地方文化资产更具有丰富性和价值性，形成最终产品的地方文化和产品性质之间的关系递归强化。这种地方特性和产品性质的紧密联系在好莱坞建立了几乎一个世纪，由此解释了地方文化、好莱坞和产业之间的递归强化关系（Scott，2002）。

Scott 和 Storper（2003）指出，纽约、洛杉矶、伦敦、巴黎及东京当今五大全球城市皆是以文化经济维持其优势竞争地位的。这些城市是当今人们渴望朝圣的文化之都，也大量输出各式各样的文化产品至世界各地。文化产业可能是现代城市经济中增速最快的部门，随着已有资源和制造业的下降，文化正移入经济中心阶段，可以被看做是欧洲许多城市的挽救者。

正是由于文化对推动经济增长有“不可估量的作用”，“文化”被认为是一些旧仓库的“魔法替代品”（Sharon，1995），而这正是文化产业集群最初开始的地方。Storper（1997）认为，“地方和文化是孪生姐妹关系，因为地方一直被理解为人类密集活动关系的所在地，而文化是倾向有密集地方特殊性特征的地方，帮助一个地方不同于另一个地方。更确切地说，一些设计和创意活动一般都倾向于在大都市核心专业化氛围内高度‘地方化’”。文化遗产（cultural heritage）是过去创造力的总和，这种创造力的结果使社会不断前进和向前运动。创造力不仅是不断对新事物的发现，也是怎样合理地处理旧事物。文化产业集群即为这种由“文化遗产”旧事物的“文化特色”所激发而寻找到的合适的处理方式（Landry，2000）。

2. 人文素质：创意人才

Hall（1998）认为，“创造力的发生依赖于某个地方的某一群人”，这一群人正是佛罗里达称之为“创意阶层”的创意人才。Landry（2000）认为，理解创造力有两个重要议题：一是创意人才的动力；二是文化作为创意来源的重要性。佛罗里达认为，人是区域增长的引擎，城市正是因为具有吸引创意人群的功能而刺激经济增长。佛罗里达认为，创意阶层是城市发展和文化产业集群形成及发展的根本动力。年轻人是现代文化创意经济增长的关键引擎，原因有两个：第一，他们是做重活的人，他们能从事时间更长和更累工作的原因，最主要是他们更倾向于冒险，因为他们年轻也没有小孩。在快速变化的文化创意产业中，刚毕业的年轻人占了多数，因为他们拥有现代的和最新的技术；第二，单身的时间更长，结婚年龄比过去一代要晚 5 年。因此，城市为了在文化创意时代繁荣，必须着力培养和造就大量的创意人才来满足这个社团的社会兴趣和生活方式的需要。这些“新新人类”，被 Zukin 称为“城市先锋者”（urban pioneers），他们追求城市的多样化和差异性，而他们又是形成城市多样化和差异性的主体，从而使城市成为创造力的汇集地。

3. 社会基础：柔性劳动力市场

文化产业集群发展需要不断有“创新血流”的替换和更新（Hall，2000），才能保持高度的创意。而此“创新血流”的更新，有赖于高度密集的地方劳动力市场的柔性化。柔性劳动力也强调企业的社会分工，但企业员工之间的阶层界限更具模糊性，更强调发挥每一名员工的创新积极性，从而使企业内的劳动力成为学习型的劳动力。

Florida（2002）认为，柔性劳动力市场在文化产业集群发展中有其特殊的重要性，主要表现在两个方面：第一，在柔性劳动力市场中各种劳动力可以方便地获得；第二，组织的柔性化。Florida（2002）把这种“创意人才不断更新”称为“即插即用”型工作方式。如果缺乏完善的柔性劳动力雇佣系统和相应的市场，创意人才常会担心下一次工作在哪里寻找，由此诱发他们中的大量人员准备成为永久居民，从而使创意氛围就此停止（Scott，2004）。

4. 创意源泉：创意氛围

从潘罗斯（Penrose）于 1959 年开创的企业成长理论开始，创新环境，尤其是宽松和多样化的创意氛围一直被认为是文化产业集群内企业成长的重要动力。Grabher（2004）认为，良好的网络环境是创意传递的最基本动力，集群网络内松散的联结为企业参与相互学习和创新提供了满意的条件，因为网络提供了纷繁复杂的信息资源，便利了企业与其他组织之间面对面的交流，特别是获取隐含经验类知识，这类知识是企业持续成长的关键。

城市便利的设施和公共空间的营造有利于吸引创意阶层。Florida（2002）认为，城市的各种各样的便利条件会吸引创意阶层，而为了能得到这些受过高等教育的劳动力，企业也会跟随着创意阶层来到这些城市。但并不是所有的便利性都会给城市带来活力，大型的体育场馆、剧院、游乐园等设施的建设会浪费大量的人力和财力，创意阶层也对这些去处无太大兴趣。相反，酒吧、咖啡店、有特色的餐馆、小剧场、书店等小规模的街区水平的各种便利设施和各种艺术展等文化活动对创意阶层更具有吸引力。Landry（2000）也谈到过城市空间和便利设施对城市创造力的作用，他认为公共空间因为允许人们超越家庭、职业和社会关系的范围交流，更有助于形成创造力。

一般而言，创意氛围的形成还要依托硬件设施形成创意网络，提升创意网络的创造力。创意网络的形成在地域上要求空间上相邻，方便交流和相互联系。因此，城市成为创意网络集聚的主要空间，尤其是城市中心周围过剩的产业建筑（即内城衰败区），可以为其提供创意场地（Landry，2000）。

5. 技术支撑：新经济

文化产业集群的发展与一般产业集群的发展的最大区别在于其是原创性新经济龙头产业的基地，而新经济的发展又推动了文化产业集群的发展，具体表现在以下几个方面。

（1）提供技术支持。新经济的技术发展和发达的信息为文化产业集群提供了技术支持和想象实现能力。以《哈利·波特》这一创意小说的成果为例，其系列小说、电影和后续产品等的开发和商业化运作，与新经济的技术支持是分不开的。新经济技术的发展使得小说中魔法想象变成可视的图像资源，这在新经济之前是无法实现的。由于新经济和技术的支持与辅助，才使《哈利·波特》这一创意想象获得巨大的产值，形成了庞大的产业链。

（2）促使市场范围不断扩大。新经济全球化、信息化和网络化的特点在于其能使信息快速获得和传播，并产生了通过基于电子商务网络来创造新的全球市场的可能性，从而使文化产业集群的产业大小的改变，扩大地方与全球的联系难以预测。

（3）促使生产网络快速形成。生产网络是指“价值链”和“生产链”上的各种活动相互协调、规范和控制而组成的网络。按生产要素在全球范围和本地范围内流动的情况，可以分为全球性生产网络和地方性生产网络。文化产业集群的发展有赖于生产网络的形成，这是由文化产业集群立足本地文化、面向全球市场的特点决定的。它的重要性在于，专业化和互补企业密集网络的形成可以精确地提供柔性化生产，并能使文化产业集群中的个体生产单元在多方位网络联系中，相对容易地在有限的时间范围内发现新产品。另外，文化产业集群的发展依赖于相关辅助设施，这些辅助设施构成了文化产业集群的社会生产网络，为其提供相关劳动力、技术、学习和创业氛围等。新经济柔性化生产、快速市场反映和地理集聚倾向的特征，促使文化产业集群生产网络快速形成。在文化产业集群内，具有创业精神的创意人才利用新经济技术，快速形成地方生产网络，把创意转化为生产，通过新经济的网络化和信息化发展快速传播，最终形成产业，进而通过互联网等新经济技术手段形成全球生产网络。在此，互联网这一新经济技术起到了关键作用。

6. 制度激励：政府的作用和功能

新增长理论则比较强调政府对经济增长的贡献和作用，巴罗（Barro）等把政府作用内生化，并把政府支出看做是“增长的催化剂”，在生产过程中是一种“公共资本品”。在文化产业集聚发展过程中，政府有着不可或缺的作用，具体表现在制定吸引投资的一系列优惠措施，提供良好的基础设施、优质高效的公共服务，建立公平严肃的法律环境等方面。

Mitchell（1999）认为，城市需要正确的政策吸引模式来保持创新，特别是营造愉快和积极向上的地方环境、高质量的教育和医疗服务、大量灵活的交通设施和丰富的公共设施供给等，为经济活动提供了快速重建布局模式的基础。

制度构建和政策行为虽然与文化产业集群增长之间没有线性联系，但是政府为城市提供公共设施，保护环境质量，提供良好的服务和医疗条件是创意城市产生的前提条件和文化产业集群发展的根本动力。

总之，文化产业集群是在经济、社会、文化和制度环境等各方面因素的共同作用下而发展起来的，其形成和发展的动力因素主要有地方文化、创意人才、柔性劳动力市场、创意氛围、新经济和制度激励作用等。这些因素构成了文化产业集群发展的根本动力——创新力。

（五）西方文化产业集群的研究方法

在文化产业集群研究方法上，西方学界的研究方法表现出以下特点。

1. 研究方法丰富多样

西方文化产业集群的研究方法既有多学科、多视角的知识综合法，如综合运用经济学、社会学、艺术学、地理学学科等学科的理论知识研究文化产业集群，也有图绘（mapping）法；既有深入访谈法、问卷调查法，也有时间-地理学方法，还有统计分析方法、焦点小组方法、实地实验对照方法、内容分析法等（李蕾蕾和彭素英，2008）。但 Gibson 等（2002）认为，目前绝大多数文化创意产业的研究应用的都是传统经济地理学，特别是政治经济学的方法，是单一的规范的文化经济，忽视了文化的复杂性，需要进行批判性的反思。

2. 计量方法的运用有限

由于文化产业定义的非连续性，很难获取可靠的统计数据（Gibson et al.，2002；Scott，2001），计量方法仅仅突出地运用在对文化产业的就业分析（如区位熵的分析），对地方经济的作用分析（如投入-产出分析）中，在其他方面则很少得以运用。例如，Scott（1996）测算了影视业、多媒体等在洛杉矶的集聚度，认为洛杉矶和纽约是美国文化产业的集聚区；Gornostaeva 和 Cheshire 通过计算欧洲各国大都市文化产业的区位熵来判定欧洲各国文化产业的集聚趋势，此外，他们还测算了文化产业子产业的集聚程度和集群在伦敦的地理分布（欧培彬等，2009）。

3. 社会学方法明显突出

首先是一些社会学的研究方法，被广泛地运用进来，比如，问卷调查和访谈，这些都成为揭示文化产业发展机制的重要手段；其次是一些社会学的理论，比如，贝克的“风险社会”理论就被积极地引入到对文化产业集聚体“项目”导向协作的分析中，对于揭示一些内在的机理有较好的效果。另外，社会学学者习惯性的行文方式也被地理学者所采用，比如，社会学学者通常在进行大量访谈之后，习惯性地将访谈者的对话直接予以引用，从而来阐述自己的观点（钱紫华，2007）。

二、我国学者对文化产业集群的相关研究

国内关于文化产业集群的理论研究相对于各地政府进行的实践，具有比较显著的落后态势。现有研究基本上是以业已形成的文化产业集群作为研究对象，从集群内部探究其本质，总结其形成机理，梳理其演化过程，对未来趋向进行预测。

（一）我国文化产业集群形成与发展的影响因素

国内学者研究文化产业集群形成与发展的影响因素，主要集中在区域经济学、人文地理学、产业经济学、工商管理等学科，主要是总结国外研究理论并结合中国上海、北京、杭州等大都市的典型案例，采用样本调查、因子分析、主成分分析及相关检验，对国外理论总结的模型进行修正（马仁锋和沈玉芳，2010），其中代表性的观点有以下几种。

罗佳（2005）运用因子分析方法，选取影响浙江省文化产业集群形成和发展的因素，包括四大类 18 个指标，结果显示对浙江省文化产业集群形成起主要促进作用的要素是：政府行为、人力资本和市场需求。其中，政府行为对浙江省文化产业集群发展起到了决定性的作用。在政府对文化产业投入较多的地市，文化产业相对发达，而政府投入不足的地市，往往也是文化产业发展相对滞后的地区。刘蔚（2007）在分析文化产业在全球城市层面集聚的基础上，剖析了影响文化产业集聚区域不均衡的因素：需求、劳动力、资本、信息、知识和文化资源及产业关联，并以上海、北京和广州为例，测算了其集聚程度的相关影响因素。喻亚男（2007）分析了影响上海创意园区的外部环境，认为政府导向和市场运作主体是影响上海市创意园区发展的主要因素。邬亮（2007）利用生态群落理论，初步分析了数码创意产业群成长过程的影响因素，认为外部环境的提高、适度竞争与共生有利于群落的成长。王洁（2007b）对中关村、北京 798、张江文化科技产业基地和昂立设计创意园，采用随机走访区内企业的方法，并结合理论总结得出 5 类 15 个因子，利用因子分析和主成分分析得出文化产业集聚的四个主要影响因素分别为创新环境、区位环境、创意产业特性和政府的扶持及参与。马地（2008）利用产业集聚理论分析了北京 798 文化产业集聚区形成的主要因素，并认为其独特的在建

筑空间上的实用性与低廉的租金，以及区位便利等因素是其快速成长的主要因子。孙福良和张遒英（2008）从社会因素、经济因素、文化因素、政治因素等方面梳理了创意产业集聚区的形成因素。蒋雁和吴克烈（2009）针对杭州的四大创意产业区，利用统计分析、因子分析、信度检验等方法，得出影响创意产业区形成与发展的影响因素为产业特征、创新环境、网络环境和政府支持四大维度，并认为创意人才、高校及科研机构、中介机构、创意氛围和政府的市场管理对杭州创意产业区的发展起到了最主要的作用。褚劲风（2009a）选取上海市挂牌创意园区，采用专家和行家问卷调查确定主要因子的方法，建立多元线性回归模型，回归模型分析的结果显示，人口密度、单位面积发明专利申报数对创意集聚具有明显的影响。

少数学者研究了农区文化产业集群形成与发展的影响因素。相对于西方学者比较强调农区文化/创意产业发展的外生性，我国学者更注意我国农区文化/创意产业集群形成的内生性（李学鑫等，2010；李学鑫和田广增，2011）。例如，李学鑫等（2010）认为，影响我国农区文化创意产业集群的形成演化的主导因素，与城市的并不完全相同。在我国农区，尽管没有城市那样集中的市场，以及大学、科研机构或其他便利的公共基础设施，但农区可利用其厚实的血缘、亲缘和地缘关系，整合地方文化资源，形成与发展创意产业集群。其中，乡村悠久的历史文化传统、技术工艺传承与厚重的文化氛围是农区文化创意产业集群形成的关键（李学鑫，2012）。有关政府的适时介入、引导和强化是必要的。何文（2009）将影响江西文港毛笔产业集群形成和发展的因素归结为手工业和商业发达的历史传统、产业特定性的知识沉淀与人才、专业市场、专业化分工、地方政府、社会网络和地方企业家。

由此可见，目前国内大多数学者主要通过对某一城市或地区文化产业集群的案例进行分析和实证研究，认为区位和历史是影响文化产业集群形成的主导因素，其次是外部经济，包括劳动市场的互动、外部供应商及时供应、分包安排、顾客的互动、公司网络、合作和竞争、集体学习和创新。此外，政策驱动和跨国公司的推动被认为是文化产业集群形成中颇具影响力的动因。

（二）我国文化产业集群的发展模式

发展模式是指产业集群在成长过程中，政府、相关企业和市场等力量究竟谁居于主导地位的一种概括。我国文化产业集群的发展模式研究，现在已经突破了分类标准体系，主要从经济空间动力角度、现存模型分析角度和城市功能转换及市域空间集散的特征进行研究。例如，肖雁飞（2007）从创意园区成长的经济空间动力角度，归纳出上海创意产业区的发展模式分别为市场主导下的渐进式动力模式、制度主导下的“蛙跳”式动力模式和市场及制度共同主导下的协同式动力模式，并且总结出这几种动力模式交互作用形成的四种空间创新模式：空间转换模式（大学和科研院所依托型、老建筑改造型、新区创建型）、价值链接模式、互动增长模式（自主创新模式、精明增长模式）、系统集成模式。田巧芳（2008）对文化产业发展较快的纽约、伦敦、上海和深圳四个城市进行了模式抽象研究，总结出“点轴极化扩散模式、楼宇集聚关联模式”两大类。褚劲风（2009a，2009b）通过对上海的研究，分别从市域空间聚散的特征和内生空间视角，将文化产业集聚模式区分为“都市工业园的伴生模式、中心城区圈层的裂变模式、‘人’字形的多轴延展模式”，以及“市场需求自发型、政府主导导向型、自发与导向协同型”3种动力模式。张京成等（2011）则将文化创意产业集群发展模式分为政策主导型、区位诱导型、垂直关联型、水平关联型和龙头企业带动型5种集聚模式。邵培仁和杨丽萍（2010）将国内文化创意产业园区的发展模式概括为政策导向型、艺术家主导型、开发商主导型、资源依赖型、成本导向型及环境导向型6种。而刘学等（2007）则从发端途径（自上而下/自下而上）、业态类型（大型公共文化设施/小型商业文化设施）、经济职能（文化生产/文化消费）、管理体系（政府管理/企业运作）4个维度对南京市典型文化产业集群的发展模式进行了识别。

可见，目前国内学者对文化产业集群的成长模式研究主要集中在集群（集聚或动力）形成模式、基于价值链分析的文化产业商业模式两方面，应用的研究方法主要为：国外理论与经验研究的总结、抽象，根据中国文化产业在大城市发展的差异，应用集聚理论、因子分析、系统分析和价值链分析等方法（马仁锋和沈玉芳，2010），探讨中国文化产业集群的起源、发展模式和商业运营模式。

（三）我国文化产业集群形成与发展的动力机制

动力机制历来是研究产业集群的热点和难点，近年来我国学者主要从集群（群落）和新产业区的视角研究文化产业集群。值得肯定的是，现有研究都紧跟国外先进的研究视角和研究方法，创造性地提出了较多概念及其内涵体系。从研究区域上看，目前国内关于动力机制的研究内容，基本上形成了城市创意产业集群和农区文化产业集群两种不同的类别。

1. 城市文化产业集群形成与发展的动力机制

目前，我国创意产业集群的研究主要集中在大城市，以北京、上海、深圳、杭州等大城市为例，基于集群、自组织、共生等理论（陈秋玲和吴艳，2006），从产业集群的外部宏观因素、内部微观动力与元素考察产业集群形成的动力机制，认为创意产业区演化的主要动力源于内部动力（集聚与分散、弹性专业化、竞合、企业家精神）、外部动力（市场、政府）、系统功能动力（网络、信任、学习、创新）（肖雁飞，2007），其中企业在群内集聚的创新与学习过程是集群整体发展的能量之源（李舸，2008）。例如，范桂玉（2011）将文化创意产业集群的动力机制分为外生机制与内生机制，前者包括外部经济效应、节约交易成本、产业链的吸聚效应、区位品牌效应，后者包括学习效应、竞争与创新机制。钱紫华（2007）则把深圳文化产业集聚体的发展机制分为宏观机制和微观机制。其中，宏观机制主要包括全球化进程与国际产业转移；大型跨国公司对文化产业的发展介入；我国长期落后的文化体制；港深“前店后厂”关系的形成；香港的回归与《关于建立更紧密经贸关系的安排》（*Closer Economic Partnership Arragement*，*CEPA*）的签署；深圳的经济转型与政府对文化产业集聚体建设的推动；深圳创意的培育与技术人才的不足；深圳高级服务业发展落后。微观机制主要包括企业空间集聚的机制（路径依赖、业务和信息的获取、劳动力的获取、社会阶层化和创意阶层的崛起、对政府政策扶持的响应等）、生产网络的联结机制（产业分工的形成、大量民营企业的发展、各种信任关系的维系等）、创新网络的联结机制（对生产网络的依托、院校科研机构的人才培养作用、政府的附属或下级机构的作用及协会的快速发展等）。毛磊（2010）将文化创意产业集群自组织成长和进化归纳为群内企业创新竞合机制、组织学习机制及集群与外部环境协同演化三种动力共同作用的结果。周尚意和沈小平（2008）以北京的798艺术区、宋庄画家村、观音堂文化大道为例，从嵌入性的视角探讨了美术创意产业集群发展与地方制度文化和意识形态文化的关系，发现集群企业向地方社会文化网络嵌入具有必要性，没有充分性。

2. 农区文化产业集群形成与演化的动力机制

少数学者以农区为研究对象，从文化传统、企业自身等内在动力考察农区文化产业集群的动力机制。我国农业产业区形成的初始动力是家庭联产承包制，其次是水平分工、垂直分工和产业分工（王栋，2009）。其中，具有企业家精神的农户是专业村形成的核心动力（李小建等，2009）。李学鑫和田广增（2011）通过运用行动者能力与选择性环境互动的分析框架，以宝丰县赵庄乡魔术产业集群为例，研究了我国农区特色文化产业集群的演化机理，认为农区特色文化产业集群的演化过程不仅是一个不断试错的过程，而且还是行动者能力与选择性环境互动的结果。而后，李学鑫（2012）又以石佛寺玉雕产业集群为例，提出了中部农区文化创意产业集群的形成发展机制，认为农区技术工艺传承与厚重文化氛围是文化创意产业集群形成的关键，有关政府的适时介入、引导和强化非常必要，农区特有的血缘关系、亲缘关系、地缘关系和业缘关系等社会资本，对集群早期的农户间模仿与地方知识系统的构建尤为重要，市场—集聚—市场的因果累积循环，以及集群与外界知识交流管道的不断拓展，推动着集群的进一步演化。郑永彪和王雨（2012）认为，河南禹州市神垕镇钧瓷文化产业集群的形成首先依靠的是当地传统技艺和资源优势，其演化则是创新与模仿的交互作用、相对较低的要素价格和管理成本、文化市场的成长和政府的扶持和拉动等合力推动的结果。

（四）我国文化产业集群形成和发展的生命周期

国内对文化产业集群的动态研究相对较少，且主要集中在传统产业集群和时间维度的生命周期分析上，对空间过程的研究较少。肖雁飞（2007）认为，文化产业集群的演化按照生命周期的规律，一般经历“萌芽—形成—发展—成熟—停滞—衰退”阶段，与一般产业区不同，文化产业集群似乎永无真正意义上的衰退期（肖雁飞，2007；毛磊，2010）。阮爱清（2008）提出了“集群租金”理论分析框架，并据此将产业集群分为核生长期、网发展期、群成熟期、区域转型升级期四个阶段；李舸（2008）将产业集群分为互不干扰阶段、定居阶段、发展阶段、进化阶段；罗军（2008）根据传统农区集群的成长特征、发展速度，综合考虑其各阶段成本收益情况、市场竞争能力、创新能力及其类型、主导产业不同特性等情况，将传统农区文化产业集群生命周期划分为形成期（起步期）、成长期、成熟期和衰退期四个阶段；王栋（2009）认为，中国农业产业区形成过程可分为三个阶段：从事多种农产品生产的农户最后集中到只生产一种或少数几种农产品（水平分工）、专门从事农产品加工销售和农资采购的企业/农民专业合作社（垂直分工）的形成、专门农户与龙头企业和农民专业合作社服务机构的形成（产业分工）。

可见，我国学者对文化产业集群的演化研究，主要集中于集群生命周期的阶段划分及其标准体系，划分的标准主要有：①内部的均质性与异质性程度，如联系强度、网络结构发育程度、创新能力；②与地方的相互作用，如根植性（社会资本、文化认同、制度政策等）、地方生产网络的形成与结构变化等；③整体视角的产业区规模与功能的演进等。

（五）我国文化产业集群的空间组织

当前，我国研究文化产业集群的空间组织的文献还很少。一方面集中在对城市文化创意产业集群的研究上，并且主要为人文地理学科对上海市域的研究，仅有少量文献采用区位基尼系数和行业集中率 CRn 指标测度了我国内地省级单元文化产业行业集聚和地域集聚情况；另一方面集中在对农区文化产业集群的研究上。

1. 城市层面

现有研究的视角还局限在文化产业集群自身成长及其在城市市域空间集中分布的特征上，研究空间分布主要分为以下两个层面。

一是从全国城市单元分析某些典型的文化产业集群的集中度。例如，王洁（2007a）选取部分文化产业集群的行业，运用区位基尼系数和行业集中率

CRn 指标对我国文化产业集群的空间分布进行研究。结果表明：我国文化产业及创意产业所选子行业的集聚程度高于一般工业产业；且广东、上海、浙江、江苏、北京等省（自治区、直辖市）是文化产业的主要集聚区域，中西部地区产业集聚程度与其相比相差较远。

二是研究北京、上海、深圳等城市文化产业集群的空间组织。对于北京文化产业集群的研究，周尚意等（2006）从定量的角度，根据北京基本单位调查数据，利用罗伦兹曲线、集中化程度指数、文化企业年产值的等值线图来刻画北京城区范围内文化产业现有空间分布状况，研究表明：北京文化产业空间集聚明显，主要集中在四环以内；文化产业内各行业的集聚中心各不相同；文化企业更多地分布在城区北部。对于上海文化产业集群的研究，肖雁飞（2007）认为，上海创意园区在空间态势上形成了“苏州河沿岸圈层、黄浦江沿岸圈层和大学周边圈层”，在整体格局上，上海创意产业区主要分布在中央商务区（Central Business District，CBD）以外和外环线之间的区域，尤其是以 CBD 和内环线之间的内城中心区域；虞雪峰（2007）依托集聚理论从创意产业集聚发生的基础——文化发展、环境因素（包括市场环境和产业基础环境）、外界引导因素（包括政府引导和学会协调）、产业链引导机制（包括分工协作和价值扩散）及园区内集群机制五个方面，建构上海创意产业集聚发展的模型；褚劲风（2009b）从上海城市功能转换和前四批挂牌创意园区在上海市域空间聚散的特征，将上海创意产业空间集聚模式分为三种类型：都市工业园的伴生模式、中心城区圈层裂变模式、“人”字形多轴延展模式。对于深圳文化产业集群的研究，钱紫华（2007）以文化产业集聚体为切入点，对深圳文化产业展开相关研究，研究发现深圳文化产业就业中“劳动密集型”的部门占据的比重较大，“创意密集型”的部门就业量较小；在深圳的文化产业就业中，“创意密集型”的产业就业从特区中心向特区外地区呈现向心分布，“劳动密集型”的则相反；深圳的文化产业集聚体在一定程度上承担了发达国家大城市的卫星产业区的作用。李蕾蕾等（2005）运用地理信息系统（Geographic Information System，GIS）识别了深圳广告业在城市空间的分布和集群形态，深圳广告业集群的形成和关联机制具有广告主导型、媒体依赖型、产业关联型、成本导向型、环境氛围导向型和社会关系型 6 种模式，由“广告公司—广告主—广告媒介”组成的三角博弈关系及三方各自可能到达的地理空间范围，共同作用构成了广告公司生存、发展、区位选择、空间流动和地域拓展的核心动力机制。

2. 农区层面

对农区的研究，研究者的视角主要集中在文化产业集群的形成和发展上，尤其是发展现状、存在问题及下一步的发展对策等方面。周慧来等（2007）强调文化产业集群的可持续发展，他通过研究南阳玉雕产业的发展现状，提出南阳玉雕产业持续发展的 BFL（brand-franchise-logistics）模式构想，即玉雕生产地品牌化模式（brand）、玉雕产业连锁经营模式（franchise）、玉雕产业第三方物流信息化模式（logistics）；董金友（2008）的研究重点在于文化产业集群对地方经济的促进作用，提出利用当地产业集群的规模优势，通过集中力量培育主导产业，为建设园区搭建发展平台，营造良好的发展环境等举措，形成传统文化产品对地方经济的促进带动作用；魏崇周（2010）概括了河南文化产业特色村产业集聚的模式，主要有：自发自足式、公司＋农户模式、联合发展模式、大户承包及股份制承包模式、经济小区和工业园区模式。

第四节 方法与框架

由于在农区特色文化产业集群的发展过程中，涉及许多经验性资料，而这些资料并无系统的记录，更不必说有具体的统计资料了。故本书对于中部农区特色文化产业集群的发展过程、形成与演化的影响因素、技术学习、发展模式等资料的收集，除通过对二手资料的收集、整理与分析外，主要通过田野调查的方式取得，经过直接观察和多回合的半结构式访谈，逐渐累积中部农区特色文化产业集群形成与演化的信息，并通过不同受访者取得信息的相互交叉、比对与印证，逐步修正而逐渐接近事实。

一、研究方法

1. 文献回顾法

改革开放以来，在我国中部农区自下而上形成了众多不同于城市的典型文化产业，如工艺美术品的生产（雕塑工艺品制造、金属工艺品制造、漆器工艺品制造、花画工艺品制造、天然植物纤维编织工艺品制造、抽纱刺绣工艺品制造、地毯挂毯制造、珠宝首饰及有关物品制造等）、文化艺术服务（文艺创作与表演）、群众文化服务（群众文化活动）、陈设艺术陶瓷制品制造、办公用品的制造、乐器的制造。关于这些产业的形成历史背景、发展历程、政府相关政策、措施等内容，相关的文献（如专题研究报告、学术论文、学位论文、平面媒体的新闻报道与访谈、地方政府有关的政策性文件等）已对此进行了报道或研究。因此，对这些文献资料进行收集、整理，进而加以延续利用，不仅可以节约大量的人力、物力与时间，而且还可以借鉴相关的观点，理清解决问题的思路。

2. 深度访谈法

深度访谈（in-depth interview）是社会学定性研究中经常采用的资料收集方法之一，主要是利用访谈者与受访者之间的口语交谈，达到意见交换与建构，是一种单独的、个人的互动方式。受访者通过访谈的过程与内容，发现、分析出受访者的动机、信念、态度、做法与看法等。

本书将访谈工作分为三个阶段进行。首先为概念形成阶段，通过初步访谈对农区特色文化产业集群概况进行了解，属于研究的基础概念的建立阶段。其次为研究核心阶段，除适当反馈、修正初步概念外，特别针对农区特色文化产业集群形成与演化的地方社会资本、网络关系、技术学习等进行提问，以强化研究逻辑及论点。最后为概念收敛阶段，针对前述总结出的研究论点，进一步加以聚焦归纳，并针对不足之处进行二次访谈。针对中部农区特色文化产业集群形成与演化中的不同主题，本书对不同的行动者进行了访谈。

3. 参与式观察法

所谓参与式观察法，就是研究者深入到所研究对象的生活背景中，在实际参与研究对象日常社会生活的过程中所进行的观察。与其他研究方法相比，参与式观察导致研究者把自己的看法和观点强加于他试图理解的那个社会世界的可能性最小，它常常是在“没有先入之见”的情况下进行这种探讨的。因此，它为获得社会现实的真实图像提供了最好的方法。尤其重要的是，参与观察时，由于身临其境，观察者可以获得较多的内部信息。

为了了解中部农区特色文化产业集群如何在特殊文化地理空间中形成与演化，如其空间环境氛围、行动者之间的互动等，我们深入到河南省的民权县王公庄、宝丰县赵庄乡周营村、镇平县石佛寺镇、禹州市神垕镇等研究对象的群体及社区中间，观察当地居民的生活、文化习惯、产品制作工艺流程、专业化生产与协作现状、产业集聚情况等，以期扩大我们对研究问题的感性认识，拓展思维，获得新的发现。

4. 统计分析法

为精确描述、解析当前中部农区特色文化产业集群的发展规模、演化机理，本书还利用收集的数据资料，利用相关社会学、经济学的统计分析软件，建构数理模型，进而研究变量之间的关系，得出被研究对象的演变规律或相应的结论。

5. 实证研究法

首先，在借鉴制造业产业集群相关理论的基础上，结合我国中部农区特色文化产业集群的实际，对农区文化产业集群的内涵与特征、形成与演化机理、生命周期、技术学习与技术吸纳能力、发展模式等进行了理论抽象、概括与总结。其次，以中部农区一些较为典型的特色文化产业集群，如河南省的民权县王公庄画虎产业集群、宝丰县赵庄乡魔术产业集群、镇平县石佛寺镇玉雕产业集群、禹州市神垕镇钧瓷产业集群、鄢陵花木产业集群、许昌发制品产业集群等为例，对集群形成与演化因素、技术学习与创新进行实证研究。最后，在案例比较分析的基础上，通过与城市文化产业集群和农区制造业集群的对比，提炼、概括出河南农区文化产业集群的发展模式。

二、研究框架

本书主要针对中国中部农区特色文化产业集群进行研究。首先，在文献综述与理论探讨的基础上，系统分析影响中部农区特色文化产业集群形成的因素；其次，侧重从技术学习与创新的视角，尝试分析农区特色文化产业集群的演化机理；再次，从形成主导因素和动力方面，归纳中部农区特色文化产业集群的形成与发展模式，明晰各发展模式存在的问题；最后，从政策角度，设计促进我国中部农区特色文化产业集群持续发展的战略对策。详细分析框架，如图 1-2 所示。

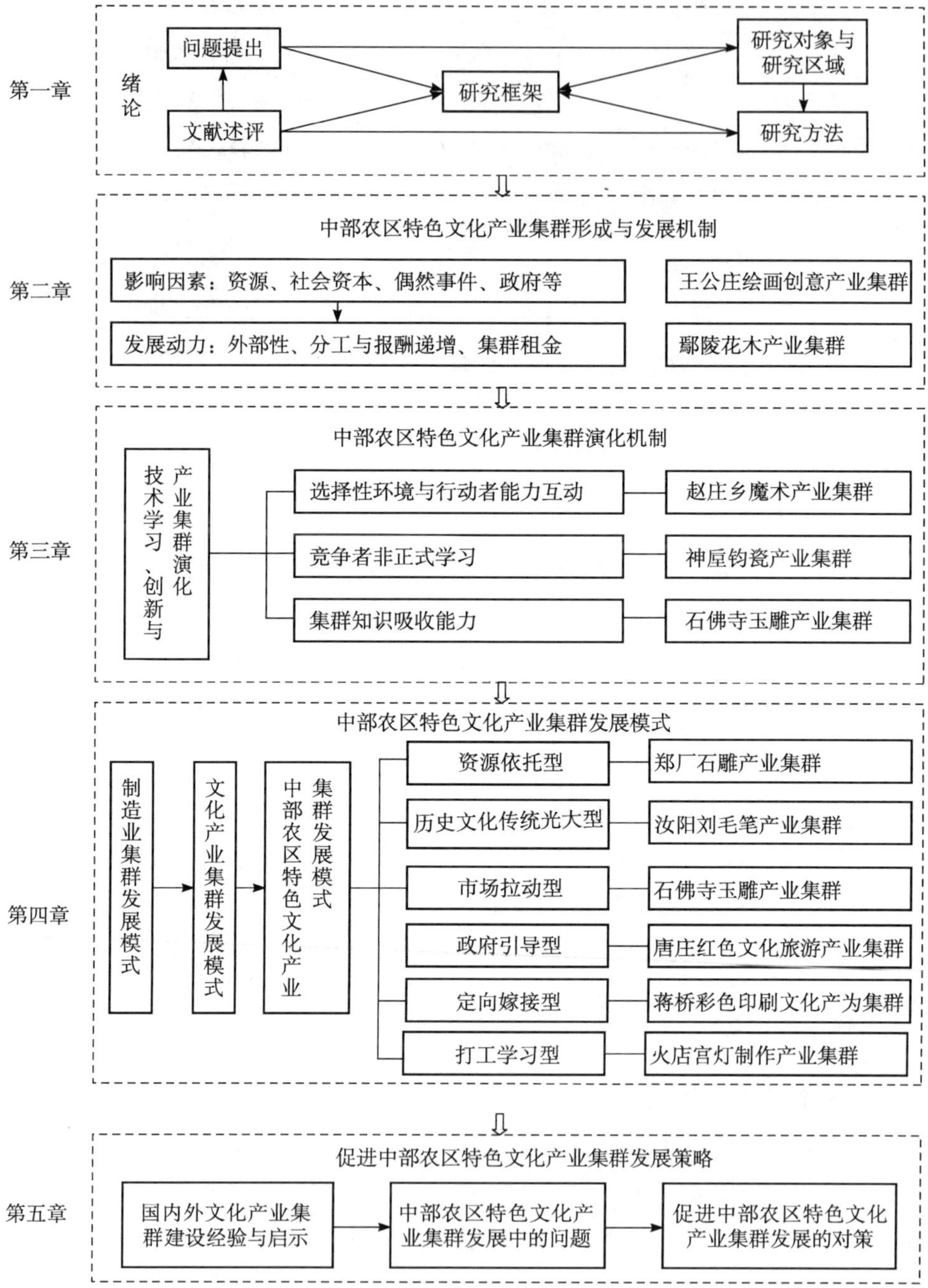

图 1-2 研究框架

参考文献

波特.2002. 国家竞争优势. 陈小悦译. 北京：华夏出版社：66－164.

陈光.2010. 文化产业的文献综述. 金卡工程，14（3）：340.

陈秋玲，吴艳.2006. 基于共生关系的创意产业集群形成机制：上海18个创意产业集群实证. 经济地理，26（增刊）：84－87.

褚劲风.2009a. 创意产业集聚空间组织研究. 上海：上海人民出版社：65－237.

褚劲风.2009b. 上海创意产业空间集聚的影响因素分析. 经济地理，29（1）：102－108.

董金友.2008. 镇平县玉雕产业集群形成机理与启示. 河南科技，(9)：1144－1146.

范桂玉.2011. 文化创意产业集群——演化机理及实证研究. 北京：首都经济贸易大学博士学位论文.

何娣，朱喆.2009. 江苏文化产业集群发展对策研究. 江苏社会科学，(5)：234－236.

何文.2009. 江西省文港毛笔产业集群研究. 南昌：江西财经大学硕士学位论文.

胡惠林.2010. 我国文化产业发展战略理论文献研究综述. 上海：上海人民出版社：99.

蒋雁，吴克烈.2009. 基于因子分析的创意产业区影响因素模型研究. 上海经济研究，24（1）：65－72.

李彪.2009. 文化产业概念的演变及其基本特征分析. 湖南科技学院学报，30（9）：119－121.

李二玲.2011. 中部农区产业集群与中小企业网络. 北京：科学出版社：5－7.

李舸.2008. 产业集群的生态演化规律及其运行机制研究. 长春：吉林大学硕士学位论文.

李蕾蕾.2005. 当代西方"新文化地理学"知识谱系引论. 人文地理，82（2）：77－83.

李蕾蕾，彭素英.2008. 文化与创意产业集群的研究谱系和前沿：走向文化生态隐喻？人文地理学，(2)：33－38.

李蕾蕾，张晓东，胡灵玲.2005. 城市广告业集群分布模式——以深圳为例. 地理学报，60（2）：257－265.

李小建，罗庆，樊新生.2009. 农区专业村的形成与演化机理研究. 中国软科学，(2)：71－80.

李学鑫.2010. 中国农区文化创意产业集群形成演化机理：以民权县王公庄绘画产业集群为例. 地理科学进展，29（8）：1011－1017.

李学鑫.2012. 中部农区文化创意产业集群形成发展机制研究：以石佛寺玉雕产业集群为例. 改革与战略，28（1）：154－157.

李学鑫，陈世强，薛诺稳.2010. 中国农区创意产业集群的影响因素研究：以"画虎村"为例. 地域研究与开发，29（2）：16－21.

李学鑫，田广增．2011. 选择性环境、能力与农区特色文化产业集群的演化：以宝丰县赵庄乡魔术产业集群为例．人文地理，26（3）：122－127.
刘宝昌．2008. 文化产业集群研究三题．江汉论坛，(6)：135－138.
刘蔚．2007. 文化产业集群的形成机理研究．广州：暨南大学博士学位论文．
刘学，张敏，汪飞．2007. 南京市文化集群的特征与模式．现代城市研究，(10)：24－31.
罗佳．2005. 文化产业集群的发展研究——以浙江省为例．杭州：浙江大学硕士学位论文．
罗军．2008. 传统平原农业区产业集群形成与演化机制研究．开封：河南大学博士学位论文．
马地．2008. 创意产业区形成及影响因素研究．管理观察，28（8）：93－95.
马仁锋，沈玉芳．2010. 中国创意产业区理论研究的进展与问题．世界地理研究，19（2）：91－101.
马歇尔．1991. 经济学原理．朱志泰，陈良壁译．北京：商务印书馆：284.
毛磊．2010. 文化创意产业集群发展研究．镇江：江苏大学博士学位论文．
苗长虹．2006. “产业区”研究的主要学派与整合框架：学习型产业区的理论建构．人文地理，92（6）97－103.
苗长虹，魏也华．2009. 分工深化、知识创造与产业集群成长——河南鄢陵县花木产业的案例研究．地理研究，28（4）：853－864.
欧培彬，李敏，郭丽群．2009. 文化产业集群形成动因研究综述．商场现代化，(3)：239－241.
祁述裕．2008. 中国文化产业发展战略研究．北京：社会科学文献出版社：27－65.
钱紫华．2007. 深圳文化产业集聚体研究．广州：中山大学博士学位论文．
钱紫华，闫小培．2008. 文化/创意产业、创意城市等相关概念辨析．世界地理研究，17（2)：95－101.
阮爱清．2008. 产业集群演化机理与成长效应研究．南京：南京航空航天大学博士学位论文．
Shahid Y，Alataf M，Kaoru N. 2005. 全球生产网络与东亚技术变革．中国社会科学院亚太所译．北京：中国财政经济出版社：65－71.
邵培仁，黄清．2012. 中国文化创意产业园区发展概况及其启示．中国文化产业，(3)：18－29.
邵培仁，杨丽萍．2010. 中国文化创意产业集群及园区发展现状与问题．文化产业导刊，(5)：62－69.
史征，李文兴．2011. 不同层次文化产业集群发展的差异化轨迹与特征——以浙江为例．北京交通大学学报，10（3)：29－33.
孙福良，张遒英．2008. 中国创意经济比较研究．上海：学林出版社：34－48.
泰勒．1992. 原始文化．连树声译．上海：上海文艺出版社：1.
田巧芳．2008. 北京市文化创意产业的发展模式研究．北京：中国地质大学（北京）硕士学

位论文 .
汪明强，沈山 . 2004. 创意产业与国际艺术授权 . 文艺研究，(6)：147 - 149.
王栋 . 2009. 我国农业产业集聚区形成机理研究 . 北京：中国传媒大学出版社：92 - 105.
王洁 . 2007a. 我国创意产业空间分布的现状研究 . 财贸研究，19 (3)：147 - 149.
王洁 . 2007b. 产业集聚理论与应用的研究 . 上海：同济大学博士学位论文 .
韦伯 . 1997. 工业区位论 . 李刚剑，陈志人，张英保译 . 北京：商务印书馆：118.
韦森 . 2003. 文化与制序 . 上海：上海人民出版社：9.
魏崇周 . 2010. 河南文化产业特色村产业集聚的模式分析 . 河南教育学院学报，(5)：94 - 96.
邬亮 . 2007. 数码创意产业的生态群落形成机理与演替模式研究 . 上海：复旦大学硕士学位论文 .
向勇 . 2005. 北大文化产业前沿报告（第二期）. 北京：北京大学出版社：199 - 200.
肖雁飞 . 2007. 创意产业区发展的经济空间动力机制和创新模式研究 . 上海：华东师范大学博士学位论文 .
姚东旭 . 2007. 文化创意产业的界定及其意义 . 商业时代，(8)：95 - 96.
虞雪峰 . 2007. 上海创意产业的集聚效应分析 . 上海：华东师范大学硕士学位论文 .
喻亚男 . 2007. 创意产业集聚——以上海创意产业园区为例 . 上海：复旦大学硕士学位论文 .
詹成大 . 2009. 文化产业集群及其发展模式 . 浙江经济，(9)：47 - 48.
张京成，李岱松，刘利永 . 2011. 文化创意产业集群发展理论与实践 . 北京：科学出版社：112 - 115.
张永丽，甘露 . 2012. 我国农村文化产业研究综述 . 经济问题探索，(3)：63 - 68，128.
赵继敏，刘卫东 . 2009. 文化创意产业的地理学研究进展 . 地理科学进展，28 (4)：503 - 510.
郑永彪，王雨 . 2012. 中国钧瓷文化产业集群的成因、演化机理与发展战略研究 . 首都师范大学学报（社会科学版），(3)：146 - 150.
周慧来，吴帅，余海玉等 . 2007. 南阳玉雕产业持续发展的 FBL 模式构想 . 河南科技，(13)：8 - 9.
周尚意，姜苗苗，吴莉萍 . 2006. 北京城区文化产业空间分布特征分析 . 北京师范大学学报（社会科学版），198 (6)：127 - 133.
周尚意，沈小平 . 2008. 北京美术产业对地方文化的嵌入性程度分析 . 人文地理，(2)：26 - 32.
Abernathy W J，Utterback J M. 1978. Patterns of industrial innovation. Technology Review，80 (7)：40 - 47.
Ahokangas P，Räsänen P，Hyry M. 1999. Small technology-based firms in fast-growing regional cluster. New England Journal of Entrepreneurship，1 (2)：214 - 239.

Bamford J. 1989. Small Firms and Industrial Districts in Italy. England：Taylor & Francis Group.

Bathelt H. 2002. The Re-emergence of a media industry cluster in Leipzig. European Planning Studies，10（5）：583－611.

Bathelt H，Malmberg A，Maskell P. 2004. Clusters and knowledge：local buzz，global pipelines and the process of knowledge creation. Progress in Human Geography，28（1）：31－47.

Bathelt H，Schuldt N. 2008. Between luminaires and meat grinders：international trade fairs as temporary clusters. Regional Studies，42（6）：853－868.

Bell D，Jayne M. 2010. The creative countryside：policy and practice in the UK rural cultural economy. Journal of Rural Studies，26（3）：209－218.

Boschma R. 2005. Proximity and innovation：a critical assessment. Regional Studies，39（1）：61－74.

Boschma R，Iammarino S. 2009. Related variety，trade linkages，and regional growth in Italy. Economic Geography，85（3）：289－311.

Brusco S. 1990. The idea of industrial districts：its genesis. //Bruso S，Sengenberger W. Industrial Districts and Cooperation. Geneve：ILO：187.

Camagni R. 1991. Local "milieu"，uncertainty and innovation networks：towards a new dynamic theory of ecocspace. //Camagni R. Innovation Networks：Spatial Perspectives. London：Belhaven Press：121－142.

Dosi G. 1988. The nature of the innovative process. //Dosi G，Freeman C，Nelson R R，et al. Technical Change and Economic Theory. London，New York：Pinter：221－238.

Drake G. 2003. This place gives me space：place and creativity in the creative industries. Geoforum，34（4）：511－524.

Eich-Born M，Hassink R. 2005. On the battle between shipbuilding regions in Germany and South Korea. Environment and Planning A，37（4）：635－656.

Essletzbichler J，Rigby D. 2010. Generalized Darwinism and evolutionary economic geography. //Boschma R，Martin R. Handbook of Evolutionary Economic Geography. Cheltenham：Edward Elgar. 43－61.

Florida R. 2002. The Rise of the Creative Class. New York：Basic Books：48－50.

Frenken K，van Oort F G，Verburg T. 2007. Related variety，unrelated variety and regional economic growth. Regional Studies，41（5）：685－697.

Gibson C，Connell J. 2004. Cultural industry production in remote places：indigenouspopular music in Australia//Power D，Scott A. The Cultural Industries and the Production of Culture. London，New York：Routledge：243－258.

Gibson C，Murphey P，Freestone R. 2002. Employment and socio-spatial relations in Australia's cultural economy. Australian Geographer，33（2）：173－189.

Giddens A. 1984. The Constitution of Society：Outline of the Theory of Structuration. Cambridge：Polity.

Grabher G. 2004. Cool projects，boring institutions：temporary collaboration in social context. //Starkey K，Tempest S，Mckinlay A. How Organizations Learn：Managing the Search for Knowledge. Cengage Learning，EMEA：439.

Guerrieri P，Pietrobelli C. 2004. Industrial districts' evolution and technological regimes. Technovation，24（11）：899－914.

Hall P. 1998. Cities in Civilization：Culture，Innovation，and Urban Order. London：Weidenfeld & Nicolson，New York：Pantheon Books：296.

Hall P. 2000. Creative cities and economic development . Urban Studies，37（4）：639－649.

Hadjimichalis C. 2006. The end of Third Italy as we knew it? Antipode，38（1）：82－106.

Harrison B. 1992. Industrial district old wine in new bottles. Regional Studies，26（4）：469－483.

Hesmondhalgh D. 2002. The Cultural Industries. London：SAGE Publications.

Jeffcutt P，Pratt A. 2002. Managing creativity in the cultural industries. Creativity and Innovation Management，11（4）：225－233.

Kenney M，von Burg U. 1999. Technology，entrepreneurship and path dependence：industrial clustering in Silicon Valley and Route 128. Industrial and Corporate Change，8（1）：67－103.

Klepper S. 1997. Industry life cycles. Industrial and Corporate Change，6（1）：145－181.

Lagendijk A，Lorentzen A. 2007. Proximity，knowledge and innovation in peripheral regions：on the intersection between geographical and organizational proximity. European Planning Studies，15（4）：457－466.

Landry C. 2000. The Creative City：a Toolkit for Urban Innovators. London：Comedia：132－157.

Laursen K，Salter A. 2006. Open for innovation：the role of openness in explaining innovation performance among UK manufacturing firms. Strategic Management Journal，27（2）：131－150.

Lorentzen A. 2006. Global and local knowledge networks in innovation：a case study of polish manufacturing enterprises. //European Network on Industrial Policy (EUNIP) International Conference University of Limerick. http：//vbn. aau. dk/files/4542027/AL-Eunip-2006. pdf [2013－06－12].

Lorentzen A. 2007. The geography of knowledge sourcing：a case study of polish manufacturing enterprises. European Planning Studies，15（4）：467－486.

MacKinnon D，Cumbers A，Pike A，et al. 2010. Evolution in economic geography：institutions，political economy，and adaptation. Economic Geography，85（2）：129－150.

Maillat D，Lechot G，Lecoq B. 1997. Comparative analysis of the structural development of milieu：the watch industry in the Swiss and French Jura Arc//Ratti R，Bramanti A，Gordon R. The Dynamics of Innovative Regions：the GREMI Approach. Aldershot，Brookfield：Ashgate：109－137.

Malmberg A，Maskell P. 2006. Localized learning revisited. Growth and Change，37（1）：1－18.

Martin R. 2010. Rethinking regional path dependence：beyond lock-in to evolution. Economic Geography，86（1）：1－27.

Martin R，Sunley P. 2006. Path dependence and regional economic evolution. Journal of Economic Geography，6（4）：395－437.

Martin R，Sunley P. 2011. Conceptualizing Cluster Evolution：Beyond the Life-cycle Model? Papers in Evolutionary Economic Geography：Urban & Regional Research Centre. Utrecht ：Utrecht University：178－213.

Maskell P，Bathelt H，Malmberg A. 2006. Building global knowledge pipelines：the role of temporary clusters. European Planning Studies，14（8）：997－1013.

Maskell P，Malmberg A. 2007. Myopia，knowledge development and cluster evolution. Journal of Economic Geography，7（5）：603－618.

McGranahan D，Wojan T. 2007. Recasting the creative class to examine growth processes in rural and urban counties. Regional Studies，41（2）：197－216.

Menzel M P，Fornahl D. 2009. Cluster life cycles：dimensions and rationales of cluster evolution. Industrial and Corporate Change，19（1）：205－238.

Mitchell P. 1999. Shape constancy and thoery of mind：is there a link? Cognition，(70)：167－190.

Mitchell C J A，Bunting T E，Picionni M. 2004. Visual artists：counter-urbanites in the Canadian countryside? The Canadian Geographer，48（2）：152－167.

Molina-Morales F X，Martínez-Fernández M T. 2009. Does homogeneity exist within industrial districts? Papers in Regional Science，88（1）：209－230.

Norcliffe G, Rendace O. 2003. New geographies of comic book production in North America: the new artisan, distancing and the periodic social economy. Economic Geography, 79 (3): 241 - 263.

Owen-Smith J, Powell W. 2004. Knowledge networks as channels and conduits: the effects of spillovers in the Boston biotechnology community. Organization Science, 15 (1): 5 - 21.

Pouder R, st John C. 1996. Hot spots and blinds spots: geographical clusters of firms and innovation. The Academy of Management Review, 21 (4): 1192 - 1225.

Ramirez-Pasillas M. 2008. Resituating proximity and knowledge cross-fertilization in clusters by means of international trade fairs. European Planning Studies, 16 (5): 643 - 663.

Sacchettia S, Tomlinson P. 2009. Economic governance and the evolution of industrial districts under globalization. European Planning Studies, 17 (12): 1837 - 1859.

Santagata W. 2002. Cultural districts, property rights and sustainable economic growth. International Journal of Urban and Regional Research, 26 (3): 9 - 23.

Saxenian A L. 1996. Regional Advantage: Culture and Competition in Silicon Valley and Route 128. Cambridge: Harvard University Press: 352 - 428.

Saxenian A. 1999. Comment on Kenney and von Burg, "technology, entrepreneurship and path dependence: industrial clustering in Silicon Valley and Route 128" . Industrial and Corporate Change, 30 (8): 105 - 110.

Saxenian A, Hsu J Y. 2001. The Silicon Valley-Hsinchu connection: technical communities and industrial upgrading. Industrial and Corporate Change, 28 (10): 893 - 920.

Scott A J. 1988. New Industrial Space: Flexible Production, Organization and Regional Development in North America and West Europe. London: Pion.

Scott A J. 1996. The craft fashion and cultural-products industries of Los Angeles: competitive dynamics and policy dilemmas in a multisectoral image-producing complex. Annals of The Association of American Geographers, 86 (2): 306 - 323.

Scott A. 2001. Capitalism, cities and the production of symbolic forms. Transaction of the Institute of British Geographers (New Series), 26 (1): 11 - 23.

Scott A J. 2002. A new map of hollywood: the production and distribution of american motion pictures. Regional Studies, 36 (9): 957 - 975.

Scott A. J. 2004. Cultural products industries and urban economic development. Urban Affairs Review, 39 (4): 461 - 490.

Scott A J. 2006. Entrepreneurship, innovation and industrial development: geography and the creative field revisited. Small Business Economics, 24 (1): 1 - 24.

Scott A J, Pope N E. 2007. Hollywood, Vancouver, and the world: employment relocation and the emergence of satellite production centers in the motion-picture industry. Environment and Planning A, 39 (4): 1364-1381.

Scott A J, Storper M. 2003. Regions, globalization, development. Regional Studies, 37 (5): 579-593.

Sharon Z. 1995. The Cultures of Cities . Oxford: Blackwell: 156.

Staber U. 1997. An ecological perspective on entrepreneurship in industrial districts. Entrepreneurship and Regional Development, 40 (9): 45-64.

Storper M. 1997. Territories, flows, and hierarchies in the global economy//Cox K Z. Spaces of Globalization: Reassessing the Power of the Local. New York , NY: Guilford: 19-44.

Storper M, Venables A J. 2004. Buzz: face-to-face contact and the urban economy. Journal of Economic Geography, 4 (4): 351-355.

Storper M, Walker R. 1989. The Capitalist Imperative: Territory, Technology and Industrial Growth. Cambridge: Blackwell: 273-315.

Swann P. 2002. Towards a model of clustering in high-technology industries//Swann P, Prevezer M, Stout D. The Dynamics of Industrial Clustering: International Comparisons in Computing and Biotechnology. Oxford: Oxford University Press: 52-76.

Sydow J, Lerch F, Staber U. 2010. Planning for path dependence? the case of a network in the Berlin-Brandenburg optics cluster. Economic Geography, 86 (5): 173-195.

Tichy G. 1998. Clusters: less dispensable and more risky than ever//Steiner M. Clusters and Regional Specialization. London: Pion.

Torre A. 2008. On the role played by temporary geographical proximity in knowledge transmission. Regional Studies, 42 (6): 869-889.

Torre A, Rallet A. 2005. Proximity and localization. Regional Studies, 39 (1): 47-59.

Uzzi B. 1997. Social structure and competition in interfirm networks: the paradox of embeddedness. Administrative Science Quarterly, 42 (1): 35-69.

Vernon R. 1966. International investment and international trade in the product cycle. The Quarterly Journal of Economics, 80 (7): 190-207.

Wickham J, Vecchi A. 2008. Local firms and global reach: business air travel and the Irish software cluster. European Planning Studies, 16 (5): 693-710.

Yeung H W C. 2005. Rethinking relational economic geography. Transactions of the Institute of British Geographers, 30: 37-51.

第二章　中部农区特色文化产业集群的形成与发展机制

农区特色文化产业集群作为地方性文化产业的空间集聚体，其形成与发展是历史与空间多种因素相互耦合的结果。本章首先详细阐述自然资源、历史文化传统、社会资本、偶然事件、地方政府、人力资本等因素对农区特色文化产业集群形成与发展的影响；其次分别从外部性与集聚经济、分工与规模报酬递增、集群租金等方面，系统解析农区特色文化产业集群形成与发展的动力机制，并比较经济学和地理学的观点的异同；最后分别以河南民权县王公庄绘画产业集群和河南鄢陵县花木产业集群为例，从实证研究中部农区特色文化产业形成与发展的影响因素及作用机理。

第一节　农区特色文化产业集群形成与发展的影响因素

影响产业集群形成与发展的因素很多，既有来自集群外部的因素，如集群所在区域的自然资源禀赋、历史文化资源、历史偶然事件、市场结构与需求、人力资本、制度环境等，也有集群内部的因素，如企业发展战略、从业人员的素质、生产网络、相关支撑产业、基础设施、社会资本等。本节主要分析自然资源、历史文化资源、社会资本、偶然事件、地方政府、人力资本等对农区特色文化产业集群形成与发展的影响。

一、自然资源

1. 自然资源的概念与分类

（1）定义。关于什么是自然资源，许多学者和机构曾基于不同的目的，从不同视角给出了大同小异的定义。例如，《辞海》中关于自然资源的定义是："一般指天然存在的自然物（不包括人类加工制造的原材料），如土地资源、矿藏资源、水利资源、海洋资源等，是生产的原料来源和布局场所。"这一定义强调了自然资源的天然性，也指出了空间（场所）是自然资源。联合国环境规划署1972年强调："所谓自然资源，是指在一定的时间和技术条件下，能够产生经济价值，提高人类当前和未来福利的自然环境因素的总称"。显然，这一定义是"以人为本"的。《大英百科全书》中的自然资源是指："人类可以利用的自然生成物，以及作为这些之源泉的环境功能"（蔡运龙，2007）。这一定义明确指出环境功能也是自然资源。我国学者蔡运龙（2007）指出，现在的自然资源中已融进了不同程度的人类劳动成果，因此自然资源"是人类能够从自然界获取以满足其需要的任何天然生成物及作用于其上的人类活动结果，是人类社会取自自然界的初始投入"。可见，尽管不同定义的侧重点有所不同，但都认为自然资源是天然生成物，与人类的需要和开发利用能力有关。

（2）特点。一般来说，自然资源具有以下三大特点：一是数量的有限性，指资源的数量，与人类社会不断增长的需求相矛盾。此特点要求必须对自然资源进行合理的开发利用与保护。二是分布的不平衡性，指存在数量或质量上的显著地域差异；某些可再生资源的分布具有明显的地域分异规律；不可再生的矿产资源分布具有地质规律。三是资源间的联系性，指每个地区的自然资源要素彼此有生态上的联系，形成一个整体。因此必须综合研究与综合开发利用自然资源。

（3）类型。根据不同的划分依据，自然资源可分为不同的类型。①按其在地球圈的分布，可分为矿产资源、气候资源、水利资源、土地资源、生物资源五大类。②按其利用限度，可分为再生资源和非再生资源。前者指可以在一定程度上循环利用且可以更新的水体、气候、生物等资源；后者指储量有限且不可更新的矿产等资源。③按其数量及质量的稳定程度，可分为恒定资源和亚恒定资源。前者指数量和质量在较长时期内基本稳定的气候等资源；后者指数量和质量经常或不断变化的土地、矿产等资源。

2. 自然资源对资源型产业集聚的作用

许多研究指出，尽管产业集群与自然资源之间不是简单的对应关系，有些产业集群未必在自然资源丰富的地区形成，但是自然资源却是产业集群形成的基础和重要诱因。Ellison 和 Glaeser（1999）对美国产业集群的实证分析得出结论："自然优势"因素可解释 20%左右的产业集群现象。事实上，在某些产业内，出于运输成本的考虑，一些企业总是倾向于集中于生产原材料或原料丰富的地区。对此，马歇尔和韦伯曾有过经典的论述。

马歇尔（2006）指出，"工业的地区分布是由许多原因造成的；但主要原因是自然条件（如气候和土壤的性质）、附近的矿山和采石场，或者是水陆交通的便利。因此，金属工业一般是在矿山附近或是在燃料便宜的地方。英国的炼铁工业最初建在木炭丰富的区域，后来又迁到煤矿的附近。斯塔福德郡出产的各种陶器，一切原料都是从很远的地方运来；但该地有廉价的煤和制造重型的'火泥箱'（即烧制陶器用的箱子）所需的优质黏土。制草帽用的麦秆的主要产地是贝德弗德郡，该地的麦秆含有适当的二氧化矽，强韧而不脆……"。

1909 年，韦伯在其《工业区位论》一书中，也系统地阐述了自然资源与工业区位之间的关系。在探讨工厂的最优区位前，韦伯首先对工业原料的性质进行了研究。按照空间分布状况的不同，他把原料分为遍在原料和局地原料两类。其中，任何地方都存在的原料为遍在原料，例如，普通砂石等；只存在于特定场所的则为局地原料，例如，铁矿石、煤炭、石油等。而后，韦伯根据原料生产过程中重量转换状况的不同，进一步将局地原料分为纯原料和损重原料（即粗原料）。其中，纯原料的全部重量都会融入到产品中，而损重原料最终只会有部分重量融入到产品中。在此基础上，韦伯提出了著名的"运费指向论"。他认为，原燃料费、劳动力成本和运费是影响所有工厂的一般区位因子。其中，运费对工业区位起着最基本的作用，运费指向奠定了工业区位的基本格局；劳动费的差异则可使由运费定向的基本工业区位格局产生第一次"偏移"；集聚力的影响则可使由运费和劳动费共同决定的工业区位格局再次产生"偏移"。假如只考虑运输成本不考虑其他因素，工业将被吸引到那些具有最低运输成本的地方，既要顾及到消费地又要顾及到原料地（原材料地和燃料地）。为降低原燃料和产品的运输成本，若生产中大量使用损重原料，企业就会布局在原料、燃料地；若生产中大多使用遍在原料，工厂的位置就会靠近消费地；若生产中大量使用局地原料的纯原料，企业区位可以在原料地或消费地自由选择（李小建等，2006）。

3. 自然资源对农区特色文化产业集群形成与发展的影响

在我国中部农区，许多自发形成的特色文化产业集群，如雕刻、陶瓷、乐器、编织、乐器等，很大程度上依赖于当地或其附近丰富而优质的自然资源。

（1）自然资源品质对农区特色文化产业集群形成的影响。受地质、气候、水文、土壤、植被等自然条件的影响，各地农区不仅存在着不同类型的自然资源，而且其品质也有着较大的差异。其中，一些地方可能具有某种或多种特别适合发展某些文化产业的自然资源。依托于这些优质的自然资源，很容易产生某文化产业的先驱企业。如果这个先驱企业发展顺利，并能产生良好的技术外溢效应，就会有一批企业逐渐聚集在该企业的周围，最终出现一个文化产业集群。

例如，我国著名的景德镇陶瓷产业集群的形成，就与当地优质的矿产、水和森林等资源息息相关。首先，景德镇地区具有优质的瓷土资源。在遥远的时代，景德镇地区曾是浅海，经过亿万年的地质演变，形成了大量的花岗岩岩体，这些岩体又经过长期的地质作用和风化蚀变，就形成了景德镇独特的瓷石和高岭土。[①] 瓷石是一种天然配好的制瓷原料，包含有瓷胎所需要的多种成分，单一的瓷石原料就能在1200多度的温度下烧结成瓷。用一种钾、钠含量较高的瓷石原料（釉果）配制草木灰，在高温下能形成灰釉。景德镇所产的瓷石品质优良，铁含量低，所以很适合生产白瓷或青白瓷。而高岭土是配制高级硬质瓷胎的原料，含有很高的氧化铝成分。它虽不能单独成瓷，但如果在瓷石原料中加入一定的高岭土，则所制的瓷胎不但更加洁白，而且瓷胎烧成范围扩大，烧成温度提高，高温下也不易变形（曹建文和余志琴，2010）。景德镇地区的高岭土也是极为优质的。《天工开物》称“土出婺源、都门两山。一名高梁山，出粳米土，其性坚硬。一名开化山，出糯米土，其

---

① 因这种原料在世界上以景德镇浮梁县高岭所产的最为有名，所以早在19世纪，国际科学界便用高岭来命名这种原料。

性柔软。两土和合，瓷器即成”[①]。

其次，陶瓷是土与火的艺术，除了瓷土之外，烧瓷的燃料也是很重要的。由于“烧窑很少完全成功，常常彻底失败”，往往需要烧掉大量的窑柴。历史上，景德镇所在地的浮梁县以及周围各县如祁门、婺源、德兴、乐平、万年、余干、都昌等地，都有丰富的森林资源，尤以松树、杉树为主，而这些正是景德镇烧瓷制瓷的主要燃料和材料。松木具有油脂多、火焰长、烧成温度高、灰尘少、易于形成还原气氛等优点，是当时烧瓷的最佳燃料。同时杂树、杉树又是造坯房和窑房、制料板的主要材料（刘善庆等，2007）。

再次，水利资源。景德镇位于昌江中游。昌江源自祁门大洪岭和西坑，水流充沛，流至江西境内后，河道水流平缓，在古代能运载瓷器和原材料。昌江水杂质少，用来调和瓷土也就很少有杂质，十分有利于瓷器的质量。昌江支流有东河、南河、西河、小北河、梅湖河、建溪河，呈叶状分布，还有数十条小溪，遍布乡村。这些支流除可以运输原料、燃料、材料，还可利用流水坡降落差作为动力，装置水轮车和水碓，用以粉碎坚硬的瓷石原料和淘洗瓷土原料（解敦亮和张纯，2007）。

例如，河南省兰考县堌阳镇民族乐器产业集群的形成也与当地优质的泡桐有关。堌阳镇所处的兰考县由于独特的地理位置、土壤和气候条件，不仅拥有丰富的泡桐，而且其材质极为优秀。兰考县位于河南省东部的黄淮海平原，历史上，黄河多次在此决口泛滥，境内形成了大面积的沙丘、沙荒、盐碱地。20世纪60年代初，焦裕禄任兰考县县委书记期间，带领当地百姓大量栽种泡桐树以改造生态环境。现在，这些治理风沙、盐碱地的泡桐，在兰考县的路旁、田野、村舍随处可见，桐木资源储量巨大。同时，由于当地土壤疏松、透水透气性能好，桐木根部往下生长的阻力小，因此有利于水分和养分的充分吸收，使泡桐成为速生树种，同时也使泡桐细胞颗粒又肥又圆，木质松软，是制作乐器的上好材料。因此，兰考泡桐疏松性和透气性非常好，板材的共鸣性也好，毛孔比较大，被外界称为会呼吸的木材。加之兰考县的南北过渡气候，空气既不像南方那样过于潮湿，也不像北方那样非常干燥，

① 《天工开物》第七卷《陶埏》。

这不仅有利于木材的自然干燥，而且制作出来的乐器也不易干裂变形。

然而20世纪70年代，兰考人并不知道泡桐能做乐器，泡桐多被制作成当地烧火用的风箱、电线盒、家具等一些产品。据说，上海乐器厂的一位技师来兰考县出差时，碰巧听到了桐木风箱在鼓风时发出的悦耳声音，认为泡桐很适合做乐器音板的材料。不久，消息在业内迅速传开，上海、扬州、北京、苏州等大型民族乐器厂家纷纷前来兰考县订购泡桐板材。1985年，北京乐器研究所对全国各地的桐木板材研究鉴定后，发现受地理、土质、气候等条件的影响，在沙质土壤中生长的兰考泡桐材质轻柔，结构均匀，不翘不裂不变形，耐腐蚀耐高温，制成的乐器音质优美，是制作古筝、琵琶等乐器的首选材料。1992年，原中华人民共和国轻工业部组织各地的乐器专家到兰考县考察后，一致认为兰考泡桐疏松度适中，不易变形，制成乐器的音板纹路清晰美观，共鸣程度高，透音性能好，具有优良的声学品质，是国内制作古筝、琵琶等乐器面板的最佳材料，遂把兰考县确定为全国乐器音板定点生产基地。

(2) 自然资源数量影响农区特色文化产业集群的持续发展。毫无疑问，充足的自然资源是保证资源型文化产业集群规模不断扩大的重要保证。例如，景德镇陶瓷产业集群长盛不衰的原因，除了其优质的瓷土资源、森林资源和水资源外，还与其丰富的蕴藏量密切相关。目前，景德镇累计探明的瓷矿资源总量约为1340万吨，仍可开采300多年（解敦亮和张纯，2007）。但是，由于许多自然资源，如瓷土、玉石、石灰石等属于非再生性资源，长期、大规模地开采必然造成资源储量的急剧下降，甚至枯竭。另外，森林资源虽然属于可再生性资源，但若不能育采合理结合，同样也会造成资源的短缺。自然资源的短缺必然制约农区资源型特色文化产业集群的持续发展。

一方面，资源短缺会限制资源型集群规模的扩张。例如，在堌阳民族乐器产业集群的形成和发展过程中，泡桐是重要的原材料。然而，1990年以后，随着民族乐器生产企业的快速增加和生产规模的不断扩大，市场对泡桐的需求量急剧上升。10多年来的泡桐多伐少栽，终于导致了21世纪初的兰考泡桐资源紧缺、价格飞涨，一度限制了堌阳民族乐器产业集群规模的扩张。直到2006年，兰考县县委、县政府制定政策，调动全县人民大量种植泡桐的积极性，规定农民每种一棵泡桐，政府补贴1元钱；要求政府有关部门利用节假日义务植树。经过多年的持续种植，目前兰考县泡桐资源储量大幅增加，能完全保障民族乐器生产企业对泡桐的需求。

另一方面，资源短缺也会使传统生产技艺的传承与创新面临危机，进而可能削弱集群的特色。例如，我国最大的玉雕生产销售集散地——河南省镇平县石佛寺镇，其集群的发展最初得益于附近的独山玉（南阳玉）。独山玉与新疆和田玉、郧县绿松石、岫岩县岫玉同属我国四大名玉。其不仅质地细密、硬度适中、光洁温润、透明度高，而且颜色达百余种，既有纯色玉，又有多彩玉，纹饰靡丽、千姿百态，被誉为“南阳翡翠”。利用独山玉丰富的色彩，南阳玉雕逐渐形成了兼具南北工艺的“宛派”风格。然而，由于长期的大量开采，目前独山玉料越来越少，当地政府已限制开采。为保持生产，现在的石佛寺不得不从外地大量购买其他原料，如新疆和田玉、辽宁岫玉、俄罗斯白玉、阿富汗玉、南非绿玉、巴西东陵石、水胆玛瑙等。这样虽然解决了原料的短缺的问题，但也产生了不少负面问题。例如，由于目前国际玉料市场的经营多为地方垄断，不仅造成了石佛寺所进的玉料价格昂贵，而且也很难购买到大量的高档玉料，结果中低档产品泛滥。更为重要的是，以外地玉料为主，也使“宛派”玉雕失去了技艺传承与创新的大量载体，集群特色正面临着新的考验。

二、历史文化资源

1. 历史文化资源的内涵与类型

（1）内涵。历史文化资源是指在人类历史活动过程中形成的各种文化资源的总和。相对于自然资源，历史文化资源具有以下特征（向志学和向东，2006）：第一，从本源上看，具有时代性、历史性。它们不是自发的自然历史进程的产物，而是人类祖先和大自然的共同恩赐，深深打着时代和历史的烙印。第二，从性质上看，它们具有人类灵性和自然物性交融的特点，是人类智慧（思想）、人类劳动（实践）和自然资源、自然奥秘的奇妙结合，是人文荟萃的“第二自然”、“人工自然”，是“人类本质力量的对象化”。从本质上看它是人性化的自然资源。第三，从功能上看，历史文化资源的功能极其繁富，是社会精神功能和自然物质功能的统一。第四，从价值上看，历史文化资源则往往是复合的价值载体，是一种具有宝贵信息价值的资源。第五，从构成形式上看，历史文化资源多为复杂的有机复合体，不仅物质结构复杂多样、巧夺天工，其精神内涵更是博大精深，往往成为后人挖掘不尽的宝藏。第六，历史文化资源的时代性和历史性决定它所承载的历史信息、历史材料、历史文化内涵、历史地位作用是不可再生的，无可替代的。但使用类似材料，采用类似的智慧，可以进行仿制、模拟、修复、重建。

（2）类型。关于历史文化资源的分类，目前并无统一的认识。一般从形式上可将历史文化资源划分为有形历史文化资源和无形历史文化资源两大类。前者如历史遗存遗址（古城墙、古城遗址、古建筑、陵墓）、特色民居建筑、历史文化名城名镇、近现代史迹等；后者如历史事件、名人轶事、学术文化、文学艺术、工艺特产、民俗节庆等。在中国农村，历史文化资源是指农耕时代遗留下来的民间传统生产方式、生活方式与文化方式，主要表现为民间生产生活形式（衣、食、住、行、用）、民间手工艺、民间游艺、民间风俗、民间传说、民间戏曲、民间特产等。

2. 中部农区历史文化资源的特点

中部地区是中国传统文化的核心区域和中心地带，具有根源性、聚合性和发散性等特点。历史上，中部地区是华夏文明的发祥地，具有悠久深厚的历史文化底蕴，拥有丰富的历史文化资源。这不仅表现在中部地区的物质或非物质文化遗产众多，各类遗迹、景点星罗棋布，如目前中部地区有中国历史文化名镇 36 个，占全国总数的 19.89%，有中国历史文化名村 67 个，占全国总数的 39.64%（表 2-1），有 335 个中国民间文化艺术之乡①，占全国总数的 22.47%（表 2-2），并且这些丰富的历史文化资源也各具地域特色，如中原文化、晋文化、楚文化、徽文化、湖湘文化、赣鄱文化等。这为农区特色文化产业集群的形成与发展，提供了无法“复制”的比较优势。

① “中国民间文化艺术之乡”是 1987 年文化部为推动民间文化艺术事业的繁荣发展，丰富活跃基层群众文化生活而设立的一个文化品牌项目。1987～2003 年，文化部通过命名挂牌的方式，共在全国命名了 486 个“中国民间艺术之乡”和“中国特色艺术之乡”。2007～2008 年，文化部在总结以往经验的基础上，为规范“中国民间文化艺术之乡”的命名和管理，制定并颁布了《中国民间文化艺术之乡命名办法》，将名称统一为“中国民间文化艺术之乡”，并在全国范围内重新组织开展了命名工作，迄今已有两批共 1491 个县（市、区）、乡镇（街道）和社区被命名为“中国民间文化艺术之乡”。

表 2-1　中部地区的“中国历史文化名镇名村”　　（单位：个）

项目	河南		山西		湖北		湖南		江西		安徽	
	名镇	名村	名镇	名村	名镇	名村	名镇	名村	名镇	名村	名镇	名村
第一批			1	1				1		1		2
第二批	2	1	1	3	2	1	1			2		2
第三批	1		2	4	3	1		3	1	3	2	3
第四批	3	1	1	5	3	1	2		1	6	3	3
第五批	1		2	10	1	2	2	4	1	5		2
总计	7	2	7	23	9	5	5	8	3	17	5	12

表 2-2　中部地区的“中国民间文化艺术之乡”　　（单位：个）

项目	河南		山西		湖北		湖南		江西		安徽	
	县市	乡镇	县市	乡镇	县市	乡镇	县市	乡镇	县市	乡镇	县市	乡镇
第一批	10	37	17	22	10	27	4	40	18	7	11	13
第二批	1	22	12	7	16	6	6	20	11	3	11	4
总计	11	59	29	29	26	33	10	60	29	10	22	17

3. 农区历史文化资源对特色文化产业集群的影响

（1）区域文化对农区特色文化产业集群形成与发展的影响。区域文化是农区特色文化产业集群形成与发展的“根基”，它可以从需求与供给两方面来影响文化产业集群。例如，河南镇平县石佛寺镇的玉雕产业集群的形成，首先得益于中华民族厚重的玉文化。在中国玉文化传统中，玉是天地精气的结晶，人神心灵沟通的中介物，具有不同寻常的宗教象征意义、等级身份地位的象征意义。更为重要的是，炎黄子孙把玉自身具有的一些自然特性比附于人的道德品质，作为“君子”应具有的德行而加以崇尚歌颂。“宁为玉碎”象征着高超的爱国民族气节，“化为玉帛”倡导着团结友爱的风尚，“润泽以温”体现了无私奉献的品德，“瑜不掩瑕”彰显着清正廉洁的气魄，“锐廉不挠”昭示了开拓进取的精神。因此，一方面，国人爱玉、戴玉可以为玉产品营销及集群发展提供广阔的国内外市场；另一方面，玉雕加工者可以凭借着对玉文化的理解，从玉的质地、形状、颜色等方面，挖掘创作的灵感（李学鑫，2012）。

（2）传统工艺光大是农区特色文化产业集群形成与发展的重要动因之一。在中部农区，许多特色集群的形成与当地悠久的手工艺传统是分不开的。例如，“中国笔都”——江西进贤县文港镇，其毛笔产业集群的形成就得益于其悠久的毛笔制作历史。据文献资料记载，文港制笔始于秦，迄今已有 1600 多年的历史。长期以来，文港许多家庭都以做毛笔为生计，并逐渐形成“外出一担笔，回家一担皮”的经商模式，并培养出了无数的能工巧匠，如邹发荣、周虎臣等。这些世代相传的专业技能，加上头脑灵活、善于经营的个体，构成了文港镇特殊的人力资本优势。“义利并重”、“工商皆本”的历史文化传统，也孕育了人们的商业头脑和务实品质，这些观念和思想是人们在长期实践中形成的价值观念和行为方式的集中反映，并成为文港镇特有的文化。这些历史文化传统在改革开放的环境中，极大地推动了文港镇毛笔产业集群的形成和发展。何文（2009）的研究也证实了这一点。在对文港镇 16 家毛笔生产企业的调查问卷中，关于企业为何从事毛笔生产，所有企业都回答是因为制作毛笔是父辈留下来的传统，其中 6 家企业是连续三代以上都从事毛笔生产。

（3）历史文化资源是构建文化旅游产业集群的重要依托。在中部农区，历史文化资源既有非物质类，也有物质类。物质类历史文化资源如果赋存丰富、集中连片，也可以开发为文化旅游产业。例如，河南永城市芒砀山镇文化旅游产业集群的形成，就得益于其特色鲜明、丰富的汉梁文化遗存（遗址）。芒砀山镇境内历史悠久，文化遗存众多。不仅有春秋时期孔子周游列国在此避雨晒书的夫子崖、中国历史上第一位农民起义领袖陈胜之墓、郭沫若手书碑文、三国猛将张飞在此筑寨伐魏的张飞寨，以及水浒英雄李衮、项充、樊瑞聚义的三圣殿等，更有丰富的汉梁文化遗存，如高祖庙、刘邦斩蛇处、御龙泉、紫气岩、皇藏峪、赤帝峰等，以及 21 座西汉梁国王陵墓群。其中，梁孝王墓、梁孝王王后墓、柿园西汉壁画墓、僖山金缕玉衣墓、僖山西汉梁王墓、汉代梁王室陵墓群、僖山画像石墓等皆属国家级文物保护单位。依托于这些历史遗存，目前芒砀山镇已初步形成了汉文化特色突出，包括“三大景区（保安山景区、夫子山景区、芒砀山主峰景区）、三园（汉兴源、陈胜墓园、文圣园）、一馆（汉文化博物馆）、两中心（汉礼仪体验服务中心、汉文化研究中心）”的旅游产业集群。

三、社会资本

1. 社会资本的内涵

自从法国社会学家布迪厄（Bourdieu）于 20 世纪 80 年代初提出“社会

资本”这一概念以来，社会资本就开始受到社会学、政治学和经济学等领域学者的广泛关注和研究。目前，有关社会资本的研究已取得一定成果，但学界关于社会资本的概念及内涵却仍未达成共识。例如，布迪厄（1997）认为社会资本“是实际的或潜在的资源的集合，这些资源是与由相互默认或承认的关系所组成的持久的网络有关，而且这些关系或多或少是制度化的”。科尔曼（1989）认为社会资本的定义由其功能而来，它不是某种单独的实体，而是具有各种形式的不同实体。其共同特征有两个：它们由构成社会结构的各个要素组成，它们为结构内部的个人提供便利。Putnam（1993）将社会资本界定为“社会组织的特征，例如，网络、规范和信任，它们有助于人们为了共同的利益进行协调与合作”。林南（2005）指出，社会资本是“行动者在行动中获取和使用的内嵌于社会网络中的资源。这个概念包含两个重要的方面：一是它代表的是内嵌于社会关系中而非个人所有的资源：二是这种资源的获取和使用取决于行动者”。可见，尽管不同学者对社会资本定义的表述有所不同，但指向基本一致，即都把社会资本看做一种与物质资本、人力资本不同的资源；它为社会结构中的行动者提供便利，包括信任、规范与网络三大基本要素。

2. 中国农村社会资本的特点

在中国传统社会中，中国人对自家人和外人的信任既会受到先天性血缘关系的影响，也会受到后天地缘及基于血缘所泛化出来的亲缘关系的制约。在这种模式的作用下，同乡、同姓、哥们、朋友和家庭亲属等，直接构成了传统农村社会中的关系网络，从而使中国人所信任的人群中既包括家属、亲戚和家族成员，也包括一些与自己具有拟亲属关系的其他人。由此可见，中国人群中的关系网络是离“已”越近，则关系越亲密，信任感也就越强。“以‘已’为中心，像石子一般投入水中，和别人所联系成的社会关系，不像团体中的分子一般大家立在一个平面上的，而是像水的波纹一般，一圈圈推出去，愈推愈远，也愈推愈薄。”（费孝通，1998）可以说，血缘特性、熟人特性和差序格局是中国传统社会关系网络的基本特征。

中国农村是中国社会的“特殊世界”。长期的城乡二元经济结构和社会结构使得农村具有许多与城市截然不同的特质。农村社会资本是农村社会中由于社会成员的长期交往、互利合作，以及历史传统、习俗等原因而形成的人际及组织关系网络，这种参与网络将产生某一共同体内部成员之间的信任、互惠、合作，并通过信任和互惠最终促进该共同体成员之间以共同收益为目的的集体行动的达成。因此，如果从关系层面上看，农村社会资本主要指农民可通过投资或动员来获取社会稀缺资源的关系，它以各种“人际关系”的形式存在，如基于血缘的家庭关系、以家族为中心的亲缘关系、基于感情基础或交往基础的地缘关系或业缘关系、新建立的业缘和朋友关系。如果从结构层面上看，农村社会资本主要指农村中结构化的关系网络资源，主要包括两类：一是结构化关系网络本身；二是依附于结构化关系网络之上的信任和规范等。如果从环境层面上看，农村社会资本主要指“内化于”农村社会结构中的文化、制度等环境资源，它们通过非正式制度和正式制度两种主要形式表现出来。

与城市社会资本相比，农村社会资本具有以下特点：第一，从形式来看，农村社会资本以关系网络和非正式制度为主，组织类和正式制度类社会资本相对较少；而在城市社会中，法人组织、正式制度和关系网络等社会资本并重，非正式制度类社会资本相对较少。第二，从现状来看，农村各类社会资本表现出明显的乡土特色，城市各类社会资本则具有现代特征。以人际关系类社会资本为例，在目前的农村社会中，传统的亲缘和地缘关系仍是其主体，规模相对较小，同质性和稳定性相对较高；而城市中人际关系类社会资本主要以单位制的业缘关系为主，规模相对较大，同质性与稳定性也相对较低。第三，从分化程度来看，农村社会资本村内之间分化程度相对较低，村与村之间分化程度较高；城市社会资本在城内之间分化程度较高，城与城之间分化程度较低。第四，从运作风险来看，农村社会资本在强大的特殊信任基础的支撑下，运作风险相对较低；而城市社会资本在特殊信任基础丧失，而普遍信任还没有形成的前提下，运作风险相对较高（马红梅和陈柳钦，2012）。

3. 农区社会资本对特色文化产业集群形成与发展的影响

(1) 农区社会资本有利于集群内部交易成本的节约。首先，农区社会资本有利于集群成员间的彼此信任与合作，从而节省了协议谈判、拟定和执行的时间、精力与费用。在中部农区特色文化产业集群中，基于血缘、亲缘、地缘等关系的“人际圈”实际上是一种高度信任的、能将各参与者连接起来的合作机制，提供了群体成员共同处罚机会主义的特别机会，从而鼓励合作。农区密集的社会网络，不仅可以减少合作中的协调与摩擦成本，而且在一定程度上也减少了不正当行为，同时也减少了可靠信息的流失，促使承诺的形成，有利于共享隐性信息的传播，使得成员可以共享信息，进一步增进企业相互间的信任与合作。其次，农区社会资本也可以节约成员的信息费用，降低了信息获取成本。因为在农区集群网络中，企业彼此相互非常了解，所知信息相差无几，通过社会关系可以减少交易搜寻成本；此外，农村特有的相互的高度信任降低了机会主义的可能性，并且加强了相互监督，降低了信息搜寻成本（刘梅生，2008）。

（2）农区社会资本有利于早期农区特色集群的资源动员与企业创生。在中部农区特色文化产业集群中，企业间的交往大多建立在传统的社会资本之上。在市场经济不成熟、法制和体制不完善的前提下，这种传统的社会资本有效地替代了以法制和规则为内核的现代型社会资本，非常有利于产业集群网络的初期扩张和发展。首先，创业者的社会资本是创业机会信息的主要来源，个人的社会资本越丰富，个体所接触到的信息数量也就越多，质量也就越高，识别出创业机会的可能性就越大。其次，创业者的社会资本是创业资源的重要来源。在创业过程中，创业者往往不可能掌握开发机会所必需的所有资源。但通过其拥有的社会资本，创业者不仅能以较低的成本获得资源，而且能获得他人难以获得的稀缺资源，如创业资金、首份订单、核心员工等，并且创业者的社会资本存量越大，获得创业资源的能力和概率就越大。例如，在江西进贤县文港镇，毛笔制造企业创立时所需资金主要来源于家族内部（表 2-3）。此外，通过血缘关系及日常交往中建立的社会资本，为创业者以较低的成本获取创业资源提供了有效途径。在中部农区特色文化产业集群中，由于有人缘、地缘、血缘、共同的文化背景和制度环境，创业者易与产业集群内部的政府部门、科研机构、金融机构等掌握关键创业资源的人员建立起较高水平的信任关系，在创业过程中能够以较低的成本获取创业资源，克服创业初期资源不足的弱点（胡蓓和杨辉，2011）。

表 2-3　文港企业开始经营时资金来源统计

资金来源方式	自有资金	向亲戚朋友借	向银行贷款
企业数量（家）	10	16	2
所在比例（%）	36	57	7

资料来源：何文（2009）

(3) 农区社会资本有利于集群技术的学习与创新。在中部农区，基于地理临近性，许多企业之间是朋友和家族关系，依靠亲缘、血缘等关系紧密联系在一起，形成了一个紧密的社会网络，地方根植性突出。在这种密集网络里，大多数或全部行动者与所有其他人都有联系，网络密度的提高提升了信任和相互关系。随着密集网络的增多，在这种闭环网络里企业更紧密地靠近在一起。集群中的这种紧密关系非常有利于敏感信息和隐含知识的溢出、传播。例如，在江西进贤县文港镇，制作毛笔的知识最初是以家庭为单位相互学习，每个家庭都有各自的风格，有的工艺高超，有的成本低，有的装饰独特等，这些经验首先在家庭内部以父传子、母传女的方式传播。但随着姻亲脉络（文港、李渡和长山宴乡的通婚习俗）的扩展，工艺传承开始突破家庭的界限，逐渐形成了知识传播的立体网络结构（刘继云和李建德，2005）。毫无疑问，农区集群中的社会资本越是丰富、关系越是密切，企业之间非正式的信息交流频率和效率就越强，集群内部知识获取就越多样化[①]（图 2-1）。因此，各种信息碰撞所触发的火花，使创新的概率大大提高。

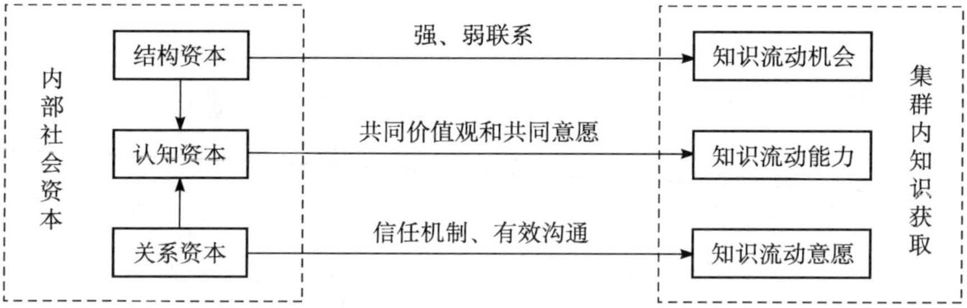

图 2-1　基于社会资本的产业集群内部知识获取机制

资料来源：庄芳丽等（2009）（略有修改）

① Nanapiet 和 Ghoshal（1998）曾将社会资本分为结构、关系与认知三个维度。其中，结构资本是指网络参与者之间联系的总体模式，关系资本是指网络成员之间的信任程度，认知资本是指网络成员之间互相理解的程度。

四、偶然事件

1. 偶然事件是产业集群形成的重要诱因

关于产业集群形成的初始原因，西方学者一般将其归结于历史偶然事件。Mishan（1971）指出，企业及相关机构的聚居一处与明显的外部性有关，这种外部性则是由偶然发生的意外事件引起的而不是出于故意。波特（2003）认为，“对产业簇群的诞生而言，机遇是很重要的。一个地方早期出现的企业，通常与当地有利的状况无关，而是反映出创业的行动。换句话说，这些企业也会出现在其他类似的地点。产业簇群的先驱者卡拉威高尔夫球（Callaway Golf）在卡尔斯巴德而不是在南加州的其他城镇成立，机遇便是其中的关键因素”。克鲁格曼（2002）甚至认为，产业集群的产生由历史和偶然事件决定。一个产业在哪里集群，很大程度上取决于最初的公司是在哪里干起的。“在美国，制造业非常地方化；当你试图寻找地方化的原因时，你会发现它可以追溯到一些历史上看似微不足道的偶然事件……”；“美国工业化的整个过程都有类似的故事：一些小的偶然事件导致了一个或两个的久盛不衰的生产中心的兴起……”；“一次偶然事件导致了在某个地区建立了一个行业，在此之后，累积过程便开始发挥作用……”。对此，克鲁格曼还以美国多尔顿地毯业集群形成的典型案例来进行论证。

“1895 年，伊万斯小姐做了一个床罩作为礼物送给她的朋友，没想到收到礼物的人和他的邻居都非常喜欢该礼物，于是后来她又做了许多植毛的东西。1900 年她发明了一种将丛毛镶嵌在衬垫里的方法，然后，她开始出售床罩，并且和她的朋友们在当地创办了一个手工艺作坊，开始向外地批量出售手工艺品。第二次世界大战结束后不久，发明了一种用机器来生产植毛地毯的技术，到那时，已经开始用机器编织地毯了。而植毛被证明非常便宜。你猜，在哪里能找到懂植毛技术、能洞察它的潜力的人呢？在 20 世纪 40 年代末、50 年代初，多尔顿及其周围出现了许多小的地毯制造商，还有许多辅助性厂商，提供衬垫、染色等。东北地区原有的一些地毯制造商们最终不是遭到多尔顿的后起之秀的驱逐而歇业，就是将它的业务从传统的东北地区转到多尔顿。因此，这个佐治亚小城成为美国的地毯之都。”（克鲁格曼，2002）

2. 偶然事件并非集群形成的充分必要条件

事实上，因“偶然事件”而成功触发产业集群的背后有更多没有成功的相似“偶然事件”被忽略。比如，浦江水晶玻璃加工产业集群的形成发端于上海的4位师傅偶然来浦江办厂，这4位师傅后来又到其他类似地方做同样的尝试，但都没有获得如浦江那样的成功（谭江涛和何伟军，2010）。就连克鲁格曼（2002）本人也坦言，“这里重要的并不是最初的偶然事件，而是使此类偶然事件有如此大而且持久影响的积累过程”。因此，在集群表面的偶然事件后面，一定有必然性在起作用。我国学者徐康宁（2006）在进一步分析了多尔顿地毯集群现象之后发现，除了伊万斯小姐发明的床罩外，至少有下列三个重要的原因，使得多尔顿地区成为美国地毯业的中心：第一，多尔顿和佐治亚州地区自有良好的商业环境，为其发展地毯业提供了条件；第二，多尔顿地区的便捷的交通为地毯制造业的快速发展提供了便利，从多尔顿市地毯制造业发展的过程来看，其迅速发展的时间为20世纪初期，这正是这一带交通大为改善的时候，铁路和高速公路为多尔顿作为地毯制造业的中心，便捷地把产品运出和把原料运入创造了条件；第三，佐治亚州有着充足的安于从事地毯制造的劳动力，佐治亚州的人们观念传统，他们习惯并且安于传承父辈的工作，没有过多的创新想法。

3. 偶然事件在农区文化产业集群形成中的作用

历史偶然事件不仅在制造业集群的形成中扮演着关键的角色，而且在农区特色文化产业集群的形成中也常常会看到它的身影。例如，河南尉氏县蔡庄镇鹿村玉雕产业集群的形成就与一次偶然事件有关。改革开放前的鹿村是豫东平原上一个极其普通的小村庄，这里既没有传统的玉器加工历史，也远离玉料产地。然而，一个偶然事件却改变了鹿村的产业发展轨迹。20世纪70年代，村子里有一个人在密县玉雕厂做厂医。当时的蔡庄公社领导有意通过他联系，在本地也建一个玉雕厂，以繁荣地方经济。后来，这个厂医的侄子周卫平和其他几个年轻人就被派去那里学习技术。然而，由于多种原因，玉雕厂最后并没有办起来。改革开放后，当地村民在解决了温饱后开始在致富路上各显神通。聪明的周卫平想起了自己的手艺，大胆地在自己的庭院里开始了玉雕加工。没有想到，他的产品一出世便供不应求，外地客商登门购买，左邻右舍也纷纷求艺，没有几年，玉雕便在全村遍地开花。现在，全村已有玉雕专业户210多家，800多人常年从事玉雕的加工、销售与服务等，吸纳周边务工人员600多人，年产值2300万元，产品遍及全国各地，70%的产品畅销北京、上海、港澳台地区，还有30%远销日本、韩国、新加坡及欧美等国家和地区。鹿村玉雕业的发展也辐射带动了周边的郑坡、北孟、胡张等10多个村庄玉雕产业的兴起，初步形成了以仿古玉器为主的产业集群。

五、地方政府

1.“市场失灵”与政府介入集群的必要性

“市场失灵”是指通过市场这只“看不见的手”无法实现资源的最佳配置、效率最高的情况。一般认为，“市场失灵”的原因是市场垄断、非对称信息、商品的外部性和公共物品的存在。产业集群作为介于市场和企业之间的一种中间性组织，尽管具有比单纯市场组织形式和企业组织形式更多的优势，但同样也面临着市场失灵的问题。

(1) 产业集群的“拥挤效应”。“拥挤效应”就是指当产业集群内的企业发展到一定规模时，就会引起生产要素价格上涨，从而削弱集群的竞争能力。由于产业集群具有巨大的示范效应，使得集群外的企业进驻集群内部，同时也加速了集群内新企业的诞生，造成众多的企业集中在一个相对狭小的区域的局面。一旦集群内企业数量超过最佳规模，就会引起产业集群内企业的生产成本增加，经济利益下降。具体表现在集群成员的增加引起对生产资料的需求的大幅增加，从而引起生产要素价格的上涨。同时，公共产品的供给也会由于过多地使用而变得沉重不堪，增加企业的额外负担。大量企业的进入，加剧了企业之间的竞争，不但增加了企业的经营成本，同时也会加大企业创新活动的成本，降低企业的创新动力，其结果是企业边际生产利润和创新利润的下降。随着产业集群规模的扩大，本地的要素资源日趋紧张，集群就会出现拥挤效应，企业为了能够降低成本，投资的区域就会出现转移，这种效应使得通过集群所获得的竞争优势荡然无存，进而将最终导致区域产业集群优势削弱（李长才，2009）。

(2) 产业集群本身无力组织与实现自身所需的公共物品的有效供给。产业集群的形成与发展，必须以产业发展及相关经济主体共享的设施、产品与劳务为前提。正是由于公共物品具有消费的非排他性与非对抗性，经济主体在共享利益的同时，大多乐意坐享其成，不愿提供公共物品，其结果只能是直接导致公共物品的缺乏，降低社会资源配置的效率，阻碍产业集群的升级与发展（陈勇江，2009）。

（3）产业集群的路径依赖与技术锁定，无力推进技术和制度创新。由于产业集群是企业在某一特定领域内互相联系的、在地理位置上集中的集合。这一“特定领域”提高了集群的资产专用性，资产专用性的提高导致机会主义行为的出现，虽然企业集群结成网络可以阻碍机会主义行为，但是正是这种企业集群网络，又会结成“结构锁定”。集群内企业宁可对过时的生产工艺墨守成规，也不愿放弃与现存技术连为一体的聚集经济利益，这使得产业集群内企业面临巨大的市场风险和技术风险，造成整个产业集群被锁定（陈雪梅，2007）。

（4）产业集群的信息不对称。信息不对称是指在市场经济活动中，各类人员对有关信息的了解是有差异的，掌握信息比较充分的人员，往往处于比较有利的地位，而信息贫乏的人员，则处于比较不利的地位。由于市场信息不对称，造成了市场交易双方的利益失衡，出现了不法企业“搭便车”现象。低质量的产品将会驱逐高质量的产品，从而使市场上产品的质量持续下降，这不仅影响有潜力的大企业的成长，也削弱了小企业的赢利能力和发展空间，阻碍了产业链的延伸，危及集群的自我发展和集群竞争力的提升，还影响了集群的整体品牌和声誉，损害消费者利益，最终损害了区域的品牌，导致集群发展受到损害，甚至是消亡（陈雪梅，2007）。

鉴于上述产业集群中“市场失灵”问题的存在，因此，为促进产业集群效应的有效发挥，政府必须及时介入其中。

2. 政府在产业集群形成与发展中的作用

政府是影响产业集群形成与发展的重要因素。对此，波特（2003）曾有过非常经典的阐述：“在经济上，政府不可避免要扮演多重的角色。政府最大的角色，是保持宏观经济稳定。政府的第二个角色是，改善经济体中微观经济的一般能力。政府的第三个角色，是建立整体的微观经济规则，监督竞争的诱因，使此种竞争有助于生产力的提升。尽管政府的这些角色是促成经济进步的必要条件，但是有了这些仍未必足够。政府必须履行它更基本的角色，也是第四个角色：使产业集群的发展与升级更顺畅。这个角色也更加重要。政府最后的角色是，发展与执行一个积极、有特色、且长期的经济活动方案，或改变流程，使政府、企业、机构和人民，既能提升一般的商业环境品质，也能形成本地的各种产业集群。”

概括而言，政府可以通过以下不同途径影响产业集群的形成与发展。

第一，制度供给。在一定程度上，产业集聚的形成和维系是需要得到政府的制度保障的。因为产业集聚的形成，将会导致某一区域的经济结构呈现一种单一性，而且集聚的企业将成为地方政府的主要管制对象和公共品的接受者，因此政府对产业集聚的作为或者是不作为将直接影响到该类企业是否能够在本地区出现集聚。

第二，公共品供给。产业集聚的优势之一，就是能够获得比分散布局更有利的外部经济。在集聚区域内，不同企业可以分享公共基础设施和专业技术劳动力资源，从而大大节约了生产成本，提高了效率。因此，搞好这些公共基础设施的供给就是地方政府对产业集聚的一项重要的促进作用。良好的基础设施建设和其他公共产品的供给，不仅将提高集聚企业的经济效益，而且还将在客观上给集聚区域增加吸引力，使区域外企业加入本地的企业群落，从而提高集聚的优势和区域竞争力。反之，则会降低区域的集聚力，甚至导致已有的集聚瓦解。

第三，提供有效的公共服务。例如，提供技术和需求预测，诱导资源集聚走向；开办公共培训机构，实施优秀人才引进战略，形成地方专业化人才市场，为企业的选择提供方便；举办各种信息交流会、发展论坛、产品博览会等，以提高本地知名度，树立良好形象，以增强对资源的吸引力；建立大型专业化市场，通过市场的辐射作用来扩大本地生产规模，以促使集群诞生（蒋东仁和李福康，2006）。

第四，创建区域创新系统。例如，引进大学、科研院所，加速产学研一体化的建立，通过技术成果的扩散，发挥“孵化器”的作用来促使集群诞生，刺激企业的创新活动，降低企业风险，提升区域内的创新能力。

第五，扶持中介组织发展。集群形成初期，企业特别是中小企业的实力较弱，政府直接出资注入专业化服务结构，能降低其向企业提供服务和信息的价格，以间接的方式向企业实行补贴，能壮大企业力量，迅速扩大企业集聚的规模。政府的扶持随着集群的发展和成熟逐渐淡出，以免给集群的发展带来不利影响。这样做可以减少政府对经济过多的干预，在一定程度上缓解了市场信号的扭曲。

第六，市场环境维护。除了提供优良的公共产品和有利的制度保障之外，作为经济秩序的维护者和仲裁者，政府还必须要努力提供一个安全、法制、公平和有信的本地创业环境、就业环境和市场竞争环境。只有这样，政府才能够保证本地的产业集聚得以持续发展，而不丧失集聚优势。比如，产业集聚区域将会由于本地的企业集群而获得一种区域品牌优势。而区域品牌优势将会由于本地的集聚企业的行为而得到增加或者是减少。

第七，经济指导。政府最重要的经济职能是营造促进资源配置效率提高的发展环境。因而政府在供给公共产品、提供制度保障、维护市场环境之外，还需要对集聚区域内的一些基本生产要素的配置进行有效、适度的干预，提高这些要素的配置效率，减少本地要素市场的泡沫，保持本地经济和集聚体的可持续发展。

3. 地方政府对农区文化产业集群形成与发展的影响

在中部农区，大部分特色文化产业集群的形成是自发的，故在集群的早期萌芽阶段，地方政府的作用并不大。然而，一旦集群形成了一定规模后，地方政府意识到集群对提高当地的“知名度”，以及促进社会经济发展的巨大作用后，便会积极主动地介入，进而扮演“促进人”的角色。

例如，河南镇平县石佛寺镇玉雕产业集群的发展壮大就与当地政府的积极介入密切相关。尽管石佛寺具有悠久的玉雕加工传统，但在 20 世纪 80 年代末，这里的生产经营基本上还属于小规模、分散经营。1992 年以后，当地政府主动介入到玉雕产业的发展中，先后采取了一些有效措施，使石佛寺一跃成为全国最大的玉雕生产、加工、销售集散地。这些措施主要表现在以下三个方面。

（1）确定了“大市场带动产业大发展”的战略思路。通过科学规划，石佛寺镇政府自 1992 年以来，先后斥巨资建成了贺庄玉摆件市场、榆树庄玉镯与玉白菜市场、石佛寺翠玉玛瑙市场和玉雕湾综合市场四大玉雕专业市场；修建了13公里的“U”形玉雕长廊，连通了7个玉雕专业村和玉雕湾综合市场；建设了玉博苑市场、榆树庄小挂件批发市场和玉雕湾民营经济小区。通过大市场与基础设施的建设，不仅引导了有关企业相对合理的集中，而且吸引了许多外商前来投资办厂，还搭建了各类企业交易的良好平台。“市场—集聚—市场”的良性因果累积循环，最终形成了以市场核心区为龙头、众多个体玉雕加工户为龙身的规模发展现状（李学鑫，2012）。

（2）规范市场行为，构建社会化服务体系。针对集群形成初期的市场恶性竞争、产品质量低劣等现象，石佛寺镇政府一方面组织有关部门重拳出击，打击假冒伪劣产品，净化市场；另一方面，引导相关企业成立石佛寺镇玉器行业协会，加强集群内企业自律行为，使各企业由无序竞争向良性互助方向发展。同时，不断转变职能，成立了玉器行业贷款担保、互保基金，主动为银企合作牵线搭桥。目前，已注入担保资金500万元，按照与金融部门达成1∶3的担保协议，可为集群内企业提供1500万元的贷款担保，有效地解决了中小企业融资难的问题，实现了银企共赢。

（3）积极搭建集群技术学习平台。自1993年开始，石佛寺镇已成功地举办了12届玉雕节。节会期间，全国乃至世界的玉雕界专家、学者云集镇平，研讨玉雕理论，切磋玉雕技术，传播玉文化知识，提升了玉文化研究的层次和品位；组织参与全国“天工奖”玉雕精品展评会、玉雕产品展销会、玉文化研讨会、获奖作品现场拍卖会等活动，扩大了石佛寺镇玉雕品牌的影响，促进了技术、人才等与外部的交流。

六、人力资本

产业集群的形成和发展归根结底是人及组织为追求利润而对资源禀赋加以利用的结果。因此，人力资本在产业集群的形成和发展过程中具有举足轻重的地位。

1. 人力资本的内涵与类型

（1）内涵。虽然目前学界对人力资本尚无一个明确统一的定义，但基本认为人力资本不同于人力资源。人力资源是指一定范围内的人口总体所具有的劳动能力总和，而人力资本是已经开发了的人力资源，是通过教育、培训、保健、劳动力迁移、就业信息获取等方式获得的凝结在劳动者身上的技能、学识、健康能力和水平的总和。因此，人力资本的载体是人，表现在人身上；人力资本是后天获取的，必然是要花费一定的投资才能得到的；人力资本投资能增加未来的收益。

（2）类型。根据人力资本形成的难易程度，可将其分为一般人力资本、专业人力资本和企业家人力资本（林钦，2007）。其中，一般人力资本是指所具备完成一般劳动的能力。一般以体力劳动或者说常规劳动为主，这种能力信息比较公开，比较容易确定。这类人力资本适宜于从事任务明确，所需知识比较简单，具有规范的操作程序，任务的完成与否及优劣都有比较明确的指标可以衡量的工作。而专业人力资本是指具有某种特殊技能的人力资本，其社会角色是具有专业技能的专业人士。他们要接受较长时间的培训和教育，一般要接受高等教育，再通过实践的训练而获得专业的知识和技能。企业家人力资本主要的功能就是创新，这种创新包括组织、市场、制度、产品等方面的创新。拥有企业家人力资本的人，其配置资源的能力、发现新机会的能力、洞察企业发展过程的能力、管理协调的能力等相对突出，他们具有强烈的创业和成功的欲望、吃苦耐劳的精神、良好的人际沟通能力、非凡的组织管理能力。他们可以定义新的生产函数，拥有非凡的创造力和应付非均衡的能力。他们的工作带来了社会发展过程中的某些重大变化。他们一般至少受过中等教育，而且不能被其他两类人力资本替代。企业家人力资本是最重要的人力资本，大多数表现为异质性，是社会经济发展和变革的主要发起人和推动者。

2. 人力资本对农区特色文化产业集群形成与发展的影响

（1）一般人力资本的影响。一个农区一般人力资本的丰盈程度，往往可能会影响许多传统产业集群的区位选择。如果一个农区有丰富的一般人力资本，可能会吸引许多劳动密集型产业的进入，因为大部分传统产业集群都是一些技术含量低或附加值低的行业，往往需要依靠成本上的优势，来达到产品价格在市场上的优势，而丰富的一般人力资本正好满足了传统产业集群成本优势上的需要。

（2）专业人力资本的影响。如果说一般人力资本对集群的影响主要体现在劳动力工资与企业的生产成本上，那么专业人力资本则影响着集群企业的技术学习与创新能力。美国学者佛罗里达在其《创意阶层的崛起》一书中强调，“从根本上看，文化产业的高速发展依靠文化人力资本模式的更新”，并且提出“文化人才能力的培养和发展需要一种适合他成长的环境和组织”。我国是人口大国，农村具有大量的富余劳动力。因此，制约我国农区文化产业集群持续发展的不是一般人力资本，而是专业人力资本，即各种专业技术人员和各类精通技术、懂管理的复合型专业人才。

（3）企业家人力资本的影响。企业家作为促进专业化区域形成和演化的最关键要素，近年来正受到越来越多国内外学者的重视。Feldman（2001）认为，创业家是产业集群形成的“内部增长方案”（home grown solutions）：在产业集群形成的初期，区域经济是惰性的，外界的环境变化将潜在的创业家转换为现实的创业家，打破了原来经济发展的路径依赖，在当地创立了新的产业；第一个创业家的成功会引起其他创业家的追随，并为新创业家创造机会，减小了他们的进入风险，使创业家群体扩大，并逐步建立起自我支持的产业组织体系和产业声誉，吸引新的创业家进入，促进产业集群的发展。

企业家精神对农区特色文化专业村的发展起着至关重要的作用。在专业村形成的初期阶段，当潜在企业家受到外部冲击被激发时，他就会利用当地的资源基础、区位条件、市场及传统习惯创办新事业。在这里，企业家既塑造了本地环境也被本地环境所塑造。因而，企业家可被看做是专业村积极的、不可缺少的组成要素。一旦第一次冒险开始，企业家精神的过程就是一个典型的试错或“干中学”的过程。同样，本地企业（农户）学习和适应新事件的能力是专业村发展的一个重要决定因素。假设一个传统农区中有一农户的户主具有企业家精神，他会在当时当地的改革政策、技术条件和市场需求状况中迅速捕捉适宜信息，并将这些信息、发展观念与当地的地理区位、传统文化、资源禀赋相结合，创立新的经济活动。这种经济活动存在风险，但也可能成功。如果成功，该专业户通过演示效应，带动周围群众，从而出现专业农户群，并进而带动更多农户从事该农业活动，形成专业村（图 2-2）（李小建等，2009）。

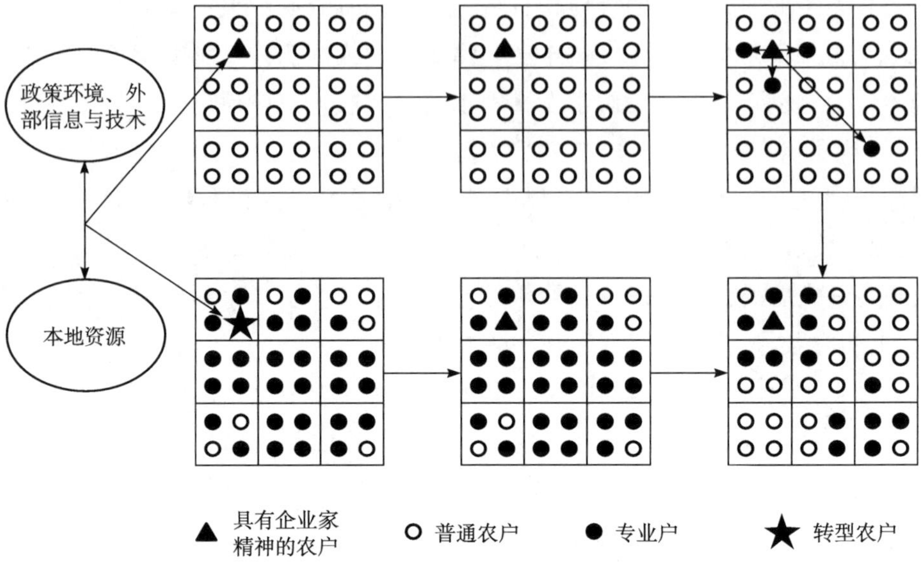

图 2-2　企业家精神、专业农户与专业村形成

资料来源：李小建等（2009）

第二节　中部农区特色文化产业集群的发展动力

虽然目前关于文化产业集群形成与发展动力的研究并不多，也不系统，但有关产业集群形成与发展动力的研究却相当丰富，对此经济学、管理学、地理学等不同学科曾给予了不同解释。这些研究为解释农区文化产业集群的形成与发展提供了重要的理论依据和经验启示。本节首先基于经济学的视角，从外部性与集聚经济、分工与规模报酬递增、集群租金等方面，对文化产业集群的发展动力进行分析。然后分析地理学对文化产业集聚动力的认识。最后简要地比较经济学与地理学有关文化产业集聚的观点的异同。

一、经济学对产业集群发展动力的解释

（一）外部经济

马歇尔首次较系统地研究了产业集群现象，通过研究工业组织，间接表

明了企业为追求外部规模经济而集群。他认为产业集群是因为外部规模经济所致，是为了获取外部规模经济提供的利益，这种利益包括提供协同创新的环境，共享辅助性工作的服务和专业化服务性行业，以及平衡劳动需求结构和方便顾客等。

1. 外部经济及其类型

“外部经济”最早是由英国经济学家马歇尔提出的，是指当整个产业的产量（因企业数量的增加）扩大时（企业外部的因素），该产业各个企业的平均生产成本下降。马歇尔（2006）指出：“我们可把因任何一种商品生产规模的扩大而产生的经济分为两类：第一类是依赖于该工业一般发达情况的经济；第二类是依赖于从事该工业的个别企业的资源、组织和经营效率的经济。我们可称前者为外部经济，后者为内部经济。在本章中，我们主要研究了内部经济；现在我们要继续研究非常重要的外部经济，这种经济往往由于许多性质相似的小企业集中在特定的地方（即通常所说的工业地区分布）而获得。”马歇尔认为，外部经济包括市场规模扩大提高中间投入品的规模效益、劳动力市场供应、信息交换和技术扩散。前两者称为金钱的外部性（pecuniary externalities），后者被称为技术外部性（也称“纯”外部经济），它并不与收益递增的市场结构有关。

（1）中间投入品共享。当生产同类产品的企业在某个地方集中后，辅助的工业就会在附近的地方产生，为它提供设备和原料，为它组织运输。辅助性工业还可以使用高度专业化的机械为集中在一起的众多企业进行辅助性产品的生产，比起各个企业使用高价机械自行生产这些辅助性产品来，更为经济和专业。马歇尔说：“在同一类的生产的总量很大的区域内，即使用于这个行业的个别的资本不很大，高价机械的经济地使用，有时也能达到很高的程度。因为，辅助工业从事于生产过程的一个小的部分，为许多邻近的工业进行工作，这些辅助工业就能不断地使用具有高度专业化性质的机械，虽然这些机械的原价也许很高，折旧率也许很大，但也能够本。”

（2）劳动力池。在劳动力可以自由流动的市场环境下，劳动力总是趋向于向可提供充足就业机会和发展机会，以及较高的要素报酬的地方流动，同样，企业也总是趋于在能够容易找到丰富的劳动力和专业化的劳动力的地方进行生产。随着集群的扩大，形成了一个庞大的人才市场。由于劳动力日益专业化和在附近的公司间的流动，增加了企业和工人之间劳动力“匹配(matching)”的机会，降低了雇佣成本和不确定性，从而对雇主和劳动者双方都有利。“雇主们往往都能找到他们所需要的具有优良的专门技能的工人的地方去，同时，寻找职业的人自然到有许多雇主需要他们既有的技能的地方去，因而在那里技能就会有良好的市场……。”劳动市场共享造成了企业集聚活动，使企业节约了劳动力要素成本、搜寻成本、培训时间及搜寻时间。别的企业的专业化技术工人可以通过各种方法为我所用，现有的专业化劳动力使企业可以专心生产，而不用担心劳动力的短缺与非专业化。

(3) 知识外溢。马歇尔认为，产业在特定地区的聚集有利于新主意、新知识和新技能在聚集一起的企业之间传播和应用，因为信息在当地流动比远距离流动更容易。“一种工业已经选择了一定的地方后，一般会长久地设在那里：因此，从事相同行业拥有同样技能的人互相从同行间得到的好处是很大的。行业的秘密不再成为秘密；而正是由于这种公开，他们的后代就不知不觉地学到了许多技巧。优秀的工作成果受到正确地赏识，机械的发明与改进以及制造方法和企业组织上的发明和改进得到及时的研究；一旦有人有了某种新思想，就被别人采纳并与别人的意见结合起来，因此，它就成为更新的思想的源泉。”（马歇尔，2006）正是基于对技术溢出的追求，企业才有了集群的倾向，产业才会在地理空间上集聚，从而形成产业集群。企业通过创新不仅获得源于技术上的超额垄断利润，而且通过群体效应形成共同的技术标准，进一步扩大垄断优势。产业集群利用地理接近性、正式或非正式的合作，以及技术标准在产业集群内容易被认同，采纳的企业越多，产业集群的外部效应就越大。

2. 外部经济与农区特色文化产业集群的发展

在中部农区特色文化产业集群的形成与发展过程中，外部经济，特别是劳动力池和知识溢出起到了关键作用。由于农区特色文化产业集群多为自发型，尽管目前一些地方也新建了文化产业集聚区（园区），但由于多种原因，如企业的入住率并不高，基础设施不完善和辅助产业残缺依然没有太大的改观，因此中间投入品共享在集群发展中的作用并不突出。相对而言，由于历史累积和农村特有的社会资本，劳动力市场共享和技术溢出在中部农区特色文化产业集群中非常普遍。一方面，我国农区集群大多兴起于改革开放初期，经过 30 多年的发展，现在很多村镇已集聚了大量的技术熟练工人及市场销售人员。例如，在江西进贤县文港镇，仅从事毛笔制作、销售及相关人员就有 1.5 万人，如果再加上周围的李渡、前途、长山晏、温圳、张公等乡镇，从业人员可高达 2 万多人，这为集群企业的创生与规模扩张提供了雄厚的人员保障。另一方面，在农区产业集群，由于地理临近、关系临近和认知临近，知识溢出的渠道非常多样。企业既可以凭借地理临近进行监视性学习，也可以通过劳动力流动获取技术与信息，还可以依托社会资本进行传言学习。

（二）规模报酬递增

从经济学视角看，产业集群的发展是一个渐进累积和自我增强的系统演化过程，其自我增强动力机制来源于由专业化分工产生的报酬递增。一方面，分工深化促进了企业的发展，而企业为了减少交易成本，增加报酬递增，就越来越多地集聚在一个地区，从而促进产业集群的形成和发展。另一方面，产业集群以其企业规模、降低成本、协作创新的功能，通过纵向专业化分工和横向经济协作，提高了交易效率，降低了交易费用，促进了分工的发展。

1. 规模报酬递增的源泉——专业化分工

规模报酬递增是指在生产函数中，产出水平提高的比率大于要素投入规模的增加比率。报酬递增主要依赖于分工。关于规模报酬递增与专业化分工，古典经济学、新兴古典经济学和新经济地理学给予了相承又发展的解释。

（1）古典经济学的认识。以亚当·斯密为代表的古典经济学认为，分工带来的专业化导致技术进步，技术进步产生报酬递增，而进一步的分工依赖于市场范围的扩大。分工既是经济进步的原因又是其结果，这个因果累积的过程所体现出的就是报酬递增机制。因此，在亚当·斯密看来，专业化和分工应该是研究经济增长和社会发展的出发点。亚当·斯密虽然洞见了劳动分工对经济增长的作用，但却未能看到分工与市场之间的相互作用。

Young（1928）重新阐释了亚当·斯密关于分工与市场规模的思想，第一次论证了市场规模（范围）与迂回生产、产业间分工相互作用、自我演进的机制，从而第一次超越了亚当·斯密关于分工受市场范围限制的思想。杨格（Young）认为，第一，只考察单个厂商和一个特定行业的规模变化效果时，报酬递增机制可能被误解。“仅仅注意到单个企业或产业规模的不同，还无法说明报酬递增的机制，不断发展的劳动分工和专业化是实现报酬递增的重要过程。”（Young，1996）因为累进的行业分工和专业化才是实现报酬递增过程的一个基本组成部分。第二，报酬递增取决于劳动分工的发展，现代形式的劳动分工的主要经济，是以迂回或间接方式使用劳动所取得的经济。劳动分工水平的大小是由个人专业化水平、间接生产链条的长度、此链条上每个环节中产品的种类数综合决定的。第三，劳动分工取决于市场规模，而市场规模又取决于劳动分工。第四，需求和供给是劳动分工的两个侧面，每个人的需求都是由其供给决定的（何雄浪，2006）。

（2）新兴古典经济学的认识。以杨小凯为代表的新兴古典经济学认为，制度变迁和组织创新对分工深化有着决定性的影响，而能否实现高水平分工则与交易效率有关；分工和专业化水平决定着专业知识的积累速度和人类获得技术性知识的能力，决定报酬递增。分工的深化取决于交易费用与分工收益的相对比较，呈现出一个自发演进的过程。因此，通过大量的关于分工组织的试错实验，人们可以获得更多关于分工组织的制度性知识，从而选择更有效的分工结构，改进交易效率，提高分工水平，使他们获得技术性知识的能力提高，形成内生技术进步和经济发展。

（3）新经济地理学的认识。克鲁格曼认为，区域产业聚集的发展，是规模报酬递增、运输成本和需求的交互作用的结果。在他看来，产业集群可以在任何区位出现，但为了节约运输成本，企业一般会选择在当地需求较大的地点投资。产业集群的产生和最初的分布是由历史即初始条件、偶然或者预期决定的。由于存在报酬递增和路径依赖，产业集群一旦建立起来将倾向于自我延续下去。

2. 分工促进产业集群形成与发展的机理

（1）分工深化与集群形成。在社会大生产的条件下，社会分工呈现出不断细化的趋势，产业生产的垂直分离加深，企业生产的专业化趋势日益明显，生产效率大大提高。但随着分工的增加，企业间的交易次数也随之增多，交易费用也会增加，进而导致交易效率的下降。“当交易效率低下时，分工的好处要被交易费用所抵消”（汤敏和茅于轼，1962），“如果交易效率极低，则因层系增加以及进一步的横向和纵向分工，所得的收益会不够补偿交易费用。在这种情况下，每个人都会选择自给自足，即自给所有的中间产品和消费品。”（杨小凯和黄有光，1999）此时也不会存在产业集群。另一方面，为了减少运输成本，共享公共设施，减少信息失真和不确定性风险等，企业的自利决策行为有本能地聚集在一起的偏好。当专业化程度发展到足够高时，不同产品生产者之间以及和其他厂商与机构间出现高水平分工时，则所有交易集中在同一地点进行要比在多个地点进行多个双边交易更有效率，此时就出现了产业集群（董赟，2004）。

（2）产业集群促进分工。分工深化会促进集群的形成和发展，集群的发展反过来又会提高交易效率，降低交易费用，从而促进分工的演进。集群具有专业化的特征，通过纵向专业化分工和横向经济协作实现弹性专精的生产和经营活动。集群之所以天然的能促进分工的演进，是由于集群有如下三大功能：一是降低成本。在利益驱动下，很多企业愿意集聚发展，各类生产要素会尽可能汇聚到集群网络中。集群内部存在着激烈的竞争和紧密合作，因满足了资源的共享、知识的快速扩散和价值链上的相互需求，减少了搜寻成本，降低了交易费用；大量交易的就地成交，提高了交易效率。这些都将进一步促进集群内分工的发展。二是利于创新。集群内部通常具备良好的发展环境，如庞大的市场规模、发达的分工网络、宽松的人文环境，以及规范的市场机制，能将分工产生的先进经验和技术知识向周围扩散，带动区域经济的发展。同时，集群内企业之间近距离互动，能在彼此信任的基础上传递着有价值的默示知识，通过思想、经验和信息在集群网络内的碰撞、激荡，频繁反馈，促进各种创新的产生和分工的不断深化。三是便于孵化。在集群网络里，分工产生的递增收益会带来企业收入和政府财政收入的增加。前者能改善企业的小环境，增加研发投入；后者能通过改善公共基础设施建设，来提高集群整体的交易效率。这样，集群通过提供一系列有利于企业发展的资源网络、管理支持、创业服务环境等，使人们有更多从事专业化工作的机会，能在短时间内积累到非专业化状态下要花数倍时间才能积累到的经验，创造出显著的熟能生巧的动态效果，从而促进分工的持续发展。

（3）分工深化、规模报酬递增与集群演化。产业集聚过程一旦开始，往往可以产生显著的高回报效应，吸引更多的企业进一步集中。随着集群内分工的不断深化，迂回生产链条进一步延长，集群企业的专业化生产水平进一步提高，结果提高了专业化企业对其专门领域内知识与技能的积累效率与速度，促进新技术、新机器的发明与使用。同时，分工深化与专业化水平的提高，也会使现有交易水平和交易效率开始限制知识积累和专业化分工的进程。但集群企业会根据所从事专业生产的特点和需要，有针对性地调整交易方式，完善和规范交易规则，改进交易手段，提高交易的效率，使分工进一步深化，专业化水平进一步提高，生产效率得到进一步提高，产业集群分工网络进一步发展，所实现的收益递增进一步加强（陈柳钦，2007），从而形成循环累积的正反馈机制，促进产业的演化。

（三）集群租金

1. 分工理论的不足

如前文所述，现有的经济学理论对产业集群的解释大多数以分工、外部性和报酬递增为逻辑出发点，认为报酬递增主要依赖于分工，而分工水平又受制于市场规模，后者是前者能否得以实现的必要条件。但这却存在着逻辑矛盾。因为在产业集群成长到一定的规模之前，市场容量还不一定足以达到分工所要求的规模。故集群的形成过程应该是先有集群的萌芽和随之而来的市场需求规模的扩大，然后产生分工，最终才有分工带来的报酬递增和外部性效应。其次，即使撇开市场需求规模的约束，承认“分工取决于分工自身”，仅仅依赖分工机制还是不能对产业集群萌芽做出圆满的解释。藤田昌久和雅克-弗朗科斯·蒂斯（2004）的研究表明，“在不存在报酬递增和非完全竞争的情况下，经济人之间非市场的交流……也能导致各种类型的集聚发生”。此外，产业集群的衰败也非分工协作、报酬递增和外部性理论所能解释的。分工协作自然不是衰败的理由，报酬递增则只是解释产业集群成长的机制。如果借用外部性的思路分析集群衰败，自然使人联想到产业集群的负外部性效应，但是，只从集群的负外部性效应来认识产业集群的衰败也是不全面的。例如，由于产业的衰败而导致集群衰败的现象就不能简单归因于负外部性效应。因此，生产要素在空间的集聚，其初始动因不仅仅局限于分工、外部性和报酬递增效应；分工与报酬递增效应是集聚的结果，而不是集聚最初始的动因（臧旭恒和何青松，2007）。

2. 产业集群租金及其源泉

生产要素为什么会集聚，各独立的经济主体（企业等）为什么愿意加入产业集群，一些学者认为在于产业集群能够创造“集群租金”，而且各经济主体预期能够分享集群租金（臧旭恒和何青松，2007；陈赤平和丁建军，2009；严北战，2011；庄晋财和吴碧波，2008）。如果没有集群租金，产业集群就不会出现；如果集群成员得不到合理的集群租金，部分成员就可能退出，集群组织就会变得很不稳定甚至解体。所谓产业集群租金，实际上是租金的概念在集群层面的拓展。“租”最早特指那些具有特质性的自然资源所带来的收益，后来随着对“租”认识的加深，这个概念的内涵与外延得到进一步丰富。经济学家把使用资源获得的超过竞争性收入的部分都称为“租”。不仅单个资源可以产生“租”，资源的特定组合也会产生“租”。因此，产业集群作为特质性能力的资源组合，也会产生“租”，即产业集群租金。

阮爱清（2008）通过建立系统动力学模型，进行计算机仿真，发现产业集群租金与时间存在着“S”形变化规律（图 2-3）。

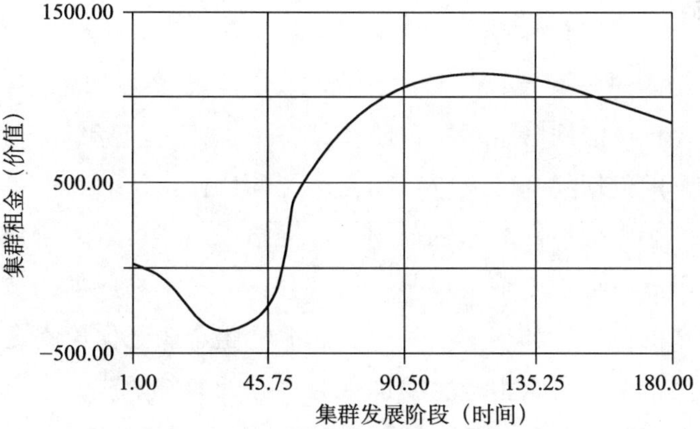

图 2-3　产业集群租金的系统动力学仿真结果

资料来源：阮爱清（2008）

根据租金来源不同，产业集群租金可以分为集群剩余和价值链剩余两个组成部分（陈赤平和丁建军，2009）。其中，集群剩余是来自集群内部效率提升带来的额外收益；价值链剩余则是由于产业集群组织作为整体在全球价值链中由于竞争力的增强所带来的额外收益。臧旭恒和何青松（2007）则根据产业集群的地理特性、组织特性和产业特性，将产业集群租金分为地理租金、组织租金和产业租金。

（1）地理租金。地理租金是指生产要素只有接近特定空间才能获得的租金。由于经济空间的异质性，生产要素可通过地理空间的接近，获得空间非自由流动资源的使用权和控制权。这些资源具有稀缺性与不可模仿性，与特定地理空间不能分离的生产经营环境为生产要素带来超额利润，成为地理租金。影响集群地理租金的既有先天拥有的要素，如自然资源、气候、地理位置、人口统计特征等，更有后天通过长期投资和培育才能形成的要素，如通信基础设施、人文习俗、复杂和熟练的劳动力、市场供求、产业集群支撑组织等。

（2）组织租金。组织租金也称为网络租金、集聚租金，是指在产业集群网络组织制度条件下，通过网络资源与能力的提高和整合，形成垄断性的网络组合式资源与能力，使得所有网络成员所创造的总利润在抵消了他们单干利润的总和或其一体化经营利润后的一个正的剩余，从而形成一种超额利润性质的垄断租金（卢福财和胡平波，2006）。更通俗地说，组织租金就是企业身处产业集群中所能获得的更多的好处（谭江涛和何伟军，2010）。在产业集群中，企业个体的决策与行为必然受到集群内其他企业决策和行为的影响。企业相互作用形成的网络组织不仅能使得各个主体之间降低交易费用，而且可以在比较高的信任度基础上进行相互学习和协作，从而具有单个企业所不具备的、可产生巨大协同效应的能力，给网络组织成员带来价值收益，形成交易收益。因此，组织租金主要包括两部分：一是交易成本的节约；二是交易收益所带来的部分，如李嘉图租金、熊彼特租金、张伯伦租金和理查德租金。在产业集群中，组织租金主要体现为资源的互补效应、学习与创新过程的正外部性、规模效应和市场控制势力的放大效应等。

（3）产业租金。产业租金是指一个产业集群所从事的产业的市场结构影响产业集群获得的租金（臧旭恒和何青松，2007）。市场结构是影响企业利润的重要原因。一个行业的市场结构取决于如下因素：供应商议价的实力、客户议价的实力、新进入者的威胁、替代品或服务的威胁、既有竞争者之间的竞争程度（波特，2003），这五种作用力共同影响一个行业的平均获利潜力。有实力的供应商具有提高价格、降低货物质量与服务品质等议价能力，如果下游企业无法将增加的成本反映在销售价格上，产业利润就会受到供应商的剥削；强势的客户议价能力较大，企业在与客户的博弈中就会失去在边际成本之上控制价格的能力，从而损失生产者的剩余；如果产业内同行业竞争激烈、存在潜在厂商和替代品的竞争，企业就难以从容地享受超额利润，而为实行限制性定价、阻止进入性定价等竞争手段而付出代价，残酷的“价格战”使整个产业无利可图。所以，不同的市场结构为等量要素带来的租金不同，选择进入良好市场结构的产业，生产要素的获利能力就强，预期获得的租金也多。

3. 集群租金与产业集群的形成与发展

根据臧旭恒和何青松（2007）的研究可知，集群租金的变化会影响产业集群的演化。

（1）地理租金、产业租金与产业集群的萌芽。根据流动性程度，生产要素可分为空间自由流动要素和空间黏滞性要素。前者是指能在不同地区之间自由流动的生产要素；后者则指只能在特定区域从事生产的生产要素。就空间自由流动要素而言，其对生产所在的区位和产业进行选择，与特定的空间和技术条件相结合，追求收益的最大化。离开特定的空间环境，这些要素的经济效益与收益就会降低，甚至有些要素根本得不到开展特定产业所需的基本运行条件。因此，流动性要素在经济空间上产生一定的集聚倾向。当要素获得的地理租金大于零时，就会产生空间集聚，形成产业集群萌芽。就空间黏滞性要素而言，其在实现最大化收益时，能够选择的不是区位，而是只能在区位给定的情况下，结合主客观条件，决定进入什么样的产业。在特定空间，可以获得的技术和能够开展的产业是有限的，空间黏滞性要素在备选的技术与资源约束下，在当地选择租金最大的产业。当一个地区出现利润较高的产业时，通过知识外溢和信息共享，生产要素从低利润产业转移到利润相对比较高的产业。如果在一个地区内由其他产业转移到某一高利润产业的生产要素足够多，就可能形成产业集群萌芽。

（2）组织租金与产业集群的兴盛。在产业集群萌芽产生后，市场需求规模逐渐扩大，为社会分工提供了条件。在市场情报系统、广告不发达时，很多相距遥远的企业，虽然可以通过分工协作提高经济效益，但因相互间信息搜寻成本过高，从而使这些可能的经济分工结构出现的概率几乎为零。产业集群通过地理空间上的邻近，实现了组织上的接近，克服了由于距离带来的高昂交易成本形成的沟通障碍。随着市场需求规模的扩大，产业集群内部分工逐步展开，企业的专业化程度提高，生产迂回增加，获得组织租金。另外，由于分工的深化，企业无法凭借个体的能力满足市场的最终需求，企业的运行、风险和战略决策绝不是仅仅停留在基于自身能力的资源交易上，它们必须跨越自身的边界，通过相互之间的资源共享，实现优势互补，同时降低风险成本。随着企业之间合作的频繁，关系逐渐稳定，产业集群内部专用的特质性技能得以发展，集体行动提高了产业集群的整体效率。在这一阶段，产业集群内的企业信任度增加，相互合作频繁，形成网络组织，要素对于空间产生的依赖性不仅来自地理租金，而且组织租金也成为重要吸引力。在分工合作网络中，基于正式契约的经济网络和基于非正式契约的社会网络相互嵌套，相互促进，螺旋上升，产业集群成长为有组织的产业集群。

当集群内部的组织之间具有较强的关系资产和非贸易的相互依存关系时（如隐性知识所需要的面对面交流），企业的创新从线性模式向网络模式转变，集群内生产要素通过创新获得创新租金，创新租金成为产业集群租金的重要来源，产业集群演变为创新型集群。

（3）租金的耗散与产业集群的衰亡。产业集群租金是产业集群产生的动因，同时也是产业集群存在的理由，当产业集群租金耗散的时候，产业集群也会走向衰亡。一是产业租金随着产业的衰败而耗散。网络组织增加了产业集群抵抗市场风险的能力，但对产业的衰退、技术与需求的冲击则无能为力。如果产业受到新兴产业替代的威胁，通过技术进步该产业也不能再生，那么产业将衰退，并导致产业集群衰亡；当需求不足、行业生产能力过剩的时候，产品的需求价格弹性和收入弹性非常低，导致价格低于边际成本甚至平均成本，价格战等恶性竞争频繁，产业利润急剧下降，大量要素退出该产业，同样也会导致集群的衰亡。二是地理租金是会耗散的。当一个地区特有的矿藏等资源枯竭时，或者原有的要素禀赋等地理优势在新的技术条件下变得不再重要时，地理租金会因此消失殆尽。另外，由于生产要素的集聚，拥挤成本上升，要素价格提高，地理租金逐渐被高昂的生产成本所抵消，产业集群租金消失。此外，当产业集群没有差异化竞争时，往往出现假冒伪劣产品，导致产业集群的集体声誉声名狼藉，产业集群整体的市场销售陷入困境，集聚反而产生了负外部性。当产业集群所嵌入的社会沦落为一个思想因循守旧、没有进取动力的社会时，产业集群中弥漫的保守气氛扼杀了产业集群的发展，产业集群由于缺乏与外界的交流而失去了活力。三是组织租金也可能耗散。当关系性嵌入过于强大时，网络化的合作也可能导致集体思维的僵化和集体行动的迟缓与非理性，使合作处于低效率状态。失衡的关系性嵌入可能导致产业集群被锁定在特定的技术轨道与合作范围内，创新的缓慢甚至停滞使产业集群租金受到侵蚀。

二、地理学对文化产业集群发展动力的解释

根据苗长虹和崔立华（2003）的研究，地理学对文化产业集群发展动力的解释主要集中在以下几方面。

1. 产业集聚的成因：柔性专业化和生产系统的垂直分离

20世纪70年代，美国、欧洲基于福特制大规模生产体系基础上的工业化过程和区域发展出现危机，而意大利北部的艾米利亚-罗马涅（Emilio-Romagna）以及美国的硅谷等基于柔性生产模式的区域，经济增长势头突出，成为“新的产业空间”或“柔性生产综合体”。因其与历史上马歇尔所描述过的产业区有惊人的相似之处，学者将其称为“新产业区”。基于第三意大利的研究，有的学者提出了柔性专业化的概念，强调柔性专业化作为后福特主义的生产模式在“新产业区”形成中的重要性。柔性专业化作为一种新的劳动分工模式，包含两方面内容：一方面，在新产业区内，单个企业总是集中于有限的产品和过程；另一方面，新产业区中的中小企业在相互竞争的同时又相互联系、互为补充，作为一个集体，其生产具有相当的灵活性和多样化（李小建，1997；王缉慈，1998）。

同时，美国学者Scott（1988）等在案例中强调生产系统的垂直分离导致新产业区的出现。由于市场需求的多样化与易变性，使市场需求的稳定性大

大下降，市场的不确定性增加，再加上生产技术的快速变化，使生产系统垂直分离的趋势加强，分离后的专业化企业对地理集聚具有强烈要求，产生了以中小企业为主导的、在专业化分工基础上既竞争又合作的新产业区。

福特主义作为由生产驱动的标准化大批量产品的刚性生产方式，典型的组织模式是金字塔式的层级制和垂直一体化；而后福特主义则是由消费驱动的小批量定制产品的柔性生产方式，它以垂直分离为特征，大量生产者紧密结成网络。目前，当代资本主义是否真的实现了从福特主义向后福特主义的转型，学术界仍存在较大分歧。但在新经济与工业地理学看来，后福特主义生产模式的兴起及其构成的区域经济，无疑构成了全球化过程中一种富有活力的区域发展新模式，并使区域而不是国家成为当代资本主义动态发展过程中的有效空间规模（Storper，1997）。

2. 市场结构的性质：倾向于完全竞争，但也承认不完全竞争的存在

新产业区理论的柔性专业化学派认为，新产业区是由服务于国内或国际市场的中小企业组成的既竞争又合作的柔性生产综合体，其市场结构倾向于完全竞争。当地竞争对手在相同的环境下经营，具有相近的劳动力成本和市场渠道，又从事相似的经营活动，再加上彼此的接近和了解，使企业之间的影响加强，竞争激烈，同时产业区内企业的活动又具有强烈的互补性，彼此紧密合作，构成相互依赖的网络（Martin 和 Sunley，1996）。

当然，一些学者认为产业区不应只限于中小企业组合的区域，在许多产业区中，大型企业与小型企业并存，中小企业与大企业之间联系密切，大企业在产业区持续增长和发展中起到重要作用（李小建，1997）。还有的学者在其案例研究中发现有的产业区大小企业相邻布局，形成互为依赖的网络（Park，1996），因此市场结构也可能是不完全竞争的。

3. 外部经济的类型：外部规模经济和外部范围经济

经济地理学在新产业区研究中通过对中小企业集聚的关注，带来了对外部经济的重新审视，一些学者甚至认为，内部规模经济的重要性已被不断增加的市场不确定性和快速的市场变化所减缓（Scott 和 Storper，1992）。因此，地理学十分强调外部规模经济对产业集聚的作用。

经济地理学认为，空间集聚经济是一种外部规模经济，主要包括地方化

经济和城市化经济（Malmberg，2000）。新产业区研究强调地方化经济，即类似的工厂或企业在同一空间范围内的集聚，其所带来的外部规模收益包括企业间联系与合作的加强，专业信息与技术快速传播，地方专门的熟练劳动力市场，地方共用的专业化设备，共同的区域形象等，其核心是技术、信息的扩散，即技术的外部性。而专业化、空间邻近性和社会文化的同质性则有利于创新和技术诀窍的传播。

另外，经济地理学的新产业区理论也强调外部范围经济的作用，认为对于外部范围经济的追求也是企业空间集聚的重要原因。外部范围经济是指企业因专业化分工深化而从区域事业领域或经营领域的多样化拓展中获得的经济利益。当社会分工高度发达，市场不确定性增加，企业不能有效获得内部范围经济时，生产系统就会出现水平分离。单个企业生产活动专业化，多个企业分工协作，形成地方生产系统，从相互集聚中实现外部范围经济。因此，这种集聚的范围经济主要来源于企业由交易活动连接起来的产业间的相乘效果，以及经营领域广泛所带来的外部经济（景芝英和徐雪梅，1998）。

4. 本地网络与根植性

地理学在新产业区研究中，基于对柔性专业化的强调，认为本地网络与根植性是新产业区的两个根本特征（李小建，1997；王缉慈，1998）。本地网络是指区域行为主体之间正式合作，以及它们在长期交往中所发生的相对稳定的非正式交流关系，这种网络关系既包括正式的纸面上的合同关系，又包括非正式的但在长期交往如面对面接触、信息交流、频繁的人际交往的过程中结成的相对稳定的关系，企业之间是平等互惠的关系，而不是支配与依存的关系，物质联系与非物质联系并存，贸易联系与非贸易联系并存，同时网络内部还包括大学、科研机构、政府、贸易协会等多种组织和机构。

新产业区的另一个特征是根植性。根植性是指经济活动中的各种交易关系受区域特定的结构和制度文化的影响。经济行为和交易系统根植于由历史形成的网络和制度之中，而网络与制度是由社会构筑并具有文化意义的，企业活动需根植于一定的社会文化、制度环境中。地理学除强调产业集聚区内正式的市场交易关系以外，更加强调导致制度能力形成的“软”因素的重要性，认为企业间非贸易的相互依存建立在互相信任的社会资本之上，公司、供应商、客户和各种服务组织有机结合，地理邻近，加强了个人接触与非正式的交流，增强了彼此的信任与合作，形成了密集的“制度厚度”（Amin 和 Thrift，1994），促进了信息和知识的交流与传递，使企业、区域的学习、创新能力得到持续发展。

5. 产业集聚机制：交易成本机制和学习创新能力

地理学对产业区的早期研究比较强调静态聚集经济的作用，近年来的研究则更多强调动态聚集经济的作用。聚集经济被认为是一定区域内的企业、制度、基础设施之间加强联系，以追求规模经济和范围经济的过程。当这些联系为参与地方交易的企业增加收益或降低成本时，聚集经济就会出现（Malmberg，1996）。

地理学对产业集聚的传统研究是静态的，认为集聚的关键是通过公司与其贸易伙伴间联系距离的缩短，以及发生在供应商与客户之间交流的快速性，它们能够降低交易成本。这种交易成本机制是结合交易成本经济学的观点而提出的。根据威廉姆森的观点，交易成本的大小取决于交易的内容、频率及交易面临的不确定性。在高度不确定的情况下，交易成本一般较高。Scott（1988）认为，由于市场不确定性增加和快速的技术变化，导致生产系统垂直分离，企业外部联系增加，外部交易增多，而外部联系具有空间依赖性。由于外部交易增多引起成本的提高会产生一种“空间拉力”，促进公司集聚以缩短彼此联系的距离，降低交易成本。与外部经济一样，交易成本机制是新产业区中产业聚集的主要动力，而空间交易成本的降低可以解释为地理邻近性与社会文化的同质性（Rabellotti，1997）。

动态的聚集经济是相关产业集聚现象持续存在的重要原因，它增强了企业的学习能力，减少了创新的不确定性。近来的研究强调，在产业集聚区内，信息的交流、技术扩散、商业信息和技术诀窍的交流等，会产生动态的聚集经济（Malmberg，1997；Lyons，2000）。一些学者认为，企业、区域、国家的竞争力不仅取决于静态的比较成本优势，更重要的是取决于动态的创新能力，而区域动态的创新能力是与特定的地方环境，以及该环境下的学习创新过程分不开的（Malmberg，1997）。产业活动的地理集聚与其说是为了从地方化的投入-产出联系中获益，不如说是为了追求一种特殊的地方环境以增强企业的学习创新能力。这种地方环境为企业的学习创新提供了共同语言、社会联系、规范价值和制度，即区域特定的“社会资本”。在产业区中，创新并不是R&D投入的线性函数，也不只是单个企业或机构的行为，它是特定创新环境中个人、企业、组织相互作用的产物。在特定创新环境下的产业集聚，通过地理邻近和便利的学习，来实现技术的创新、扩散和知识的积累，同时不断提高区域的创新能力，减少创新的不确定性。因此，在经济地理学看来，全球化过程中经济增长的区域发动机，是“滑溜空间中的黏性地域”，它出现在具有强大学习创新能量、交易密集和劳动密集的生产部门。

三、产业集聚：经济学与地理学主流观点的对比

20世纪初期以来，经济活动的空间集聚现象一直是经济学家和地理学家共同关注的一个焦点，他们均以企业的行为为基础，关注产业集聚的机制和路径依赖的作用。然而，经济学和地理学毕竟拥有不同的学科起源和研究传统，二者对产业集聚问题研究的复兴虽然均被称为“新经济地理学”，但它们对产业集聚的理论解释和研究方法却存在着较大差别（表2-4）。如果社会经济活动可区分为“形式经济”和“实质经济”，可以看出，主流经济学关注的是产业集聚的“形式经济”，它试图以“实证主义”的方法模拟和揭示产业集聚形成的一般规律；而地理学不仅关注“形式经济”，更关注产业集聚的“实质经济”，它试图以“结构主义”和“人本主义”的方法揭示决定产业集聚“形式经济”形成和发展的深层社会经济因素。显然，二者对产业集聚的理论解释，不是相互替代的，而应该是相互补充的。

表2-4 经济学与地理学对产业集聚的认识

项目	经济学	地理学
产业集聚的成因	历史与偶然因素、累积因果效应和路径依赖	柔性专业化和生产系统的垂直分离
市场结构的性质	不完全竞争	倾向于完全竞争，但也承认不完全竞争的存在
外部经济的类型	内部规模经济与金融的外部规模经济	外部规模经济和外部范围经济
交易关系与根植性	市场交易关系	本地网络与根植性
产业集聚机制	收益递增、运输成本与路径依赖	交易成本机制和学习创新能力

资料来源：根据苗长虹和崔立华（2003）的研究整理而成

第三节　中部农区特色文化产业集群形成与发展的影响因素

创意产业集群是农区特色产业集群中的重要类型。而现今有关于创意产业集群的研究多局限于城市，缺乏对“农区能否发展及怎样发展创意产业集群”的回答。本节首先基于创意产业集群的特点与区位分析，认为农区也可在特定利基（niche）市场内，发展创意产业集群。然后以王公庄绘画产业集群为例，系统研究了影响我国中部农区创意产业集群形成与发展的因素，并得出了一些政策性启示。

一、创意产业的集群特点及区位选择

1. 创意产业的集群特点

创意产业是指那些从个人的创造力、技能和天分中获取发展动力的产业，以及那些通过对知识产权的开发可创造潜在财富和就业机会的活动。相对于传统业，创意产业由于具有以下特点而表现出集群趋势。

（1）产品的多样性与差异性。由于创意产业更多地具有文化艺术的特性，因而其风格、基调、艺术特色更多地具有多样性与差异性。创意产品的差异性既包含纵向区别，也包含横向区别。所谓纵向区别，是指产品与产品之间在产品水平、等级或质量上的区别，它关乎产品的“原创性”、“技巧性”或艺术境界的评价；而横向区别则是指不同类别不同特色之间的区别。同样质量、同样水平的创意产品之间会因为消费者的习惯、偏爱的不同而做出不同的选择。

创意产业的这一特性，要求其必须镶嵌于一种能有效进行创意刺激和启示的多样化的社会经济环境中，其中的知识（尤其是隐性知识）和信息的大量创生和快捷交流显得尤为关键。这需要创意人员高频率地面对面接触，空间临近是其保证。

（2）需求的不确定性。创意产品由于是精神性、文化性、娱乐性、心理性的产品，对于消费者需求而言，每一种具体的产品均存在着时尚潮流、个体嗜好、传播炒作、时机选择、社会环境、文化差异、地域特色等多种不确定性因素，进而衍生出创意产业的高收益性、投资高风险性等特点。

创意产业的这一特性，决定了其产品生产或创作组织应该是弹性化的。一方面企业应该是小规模的，成本易于管理；另一方面又能满足客户超出平时的大量需求。这需要有许多小企业能基于项目进行临时性合作，或所处地方有大量的创意劳动力“蓄水池”（pool）。前者意味着由贸易性和非贸易性联系构成稳定的协作网络，后者意味着众多企业或人员的地理集中，因此，大城市似乎成了创意产业集群成长的理想场所。

（3）操作成本高，复制成本低。创意产品具有公共物品的特征，不具有排他性。同时，创意产品创作难、投入大，需要多种技能，但复制很容易，复制成本很低。而创意产业的高操作成本，需要有集中的大量专业化服务或支持产业；而低复制成本则表明创意产业的发展，很大程度上依赖甚至取决于知识产权保护。

2. 创意产业集群的区位

基于产业竞争与组织特性的分析，国内外众多学者认为创意产业具有城市集聚化的趋势（Scott，2004；陈倩倩和王缉慈，2005），其空间分布往往倾向于都市核心区。主要影响因素除微观层级的企业规模、年龄、结构和权力分配外（Florida，2002），在宏观层级上主要有资源、市场和环境因素，中观层级上则主要是工作场所（Wolfe，1999）。其中，能促使知识（特别是默示知识）、信息快捷而有效的传播的社会结构或关系（环境）最为关键。其他一些因素如众多的大学与科研机构、丰富的地方资源、集中的市场与临近消费者，对大多数创意产业而言，在全球化和信息化的今天，至多是其集群形成和发展的充分而非必要条件。（城市）环境是影响创意行动者能力的因素，同时，不同地区的行动者之间的互动与策略行动也会进一步改变环境脉络。因此，创意产业集群是地方环境与企业的共同互动的结果：“创意是新点子与脉络相互串联的过程（这需要知识、网络、技术）。”（Jeffcutt 和 Pratt，2002）虽然创意产业集群具有城市区位倾向，但在特定的利基市场内，农区也可以通过整合环境资源与经济活动，发展创意产业集群。

二、王公庄绘画创意产业集群的现状

河南省商丘市民权县北关镇的王公庄村地处豫、鲁两省接合处，是典型的欠发达农业区。王公庄村被誉为“中国画虎第一村”，也是全国文化（美术）产业示范基地、全国特色村、河南省特色文化（绘画）村。最初，王公庄村的农民从临摹名家名画入手，自学取法，产品以行画为主。现在，其产品不仅仅局限于临摹名作，而且不断融会创新，逐渐形成了以工笔为主、威猛与柔静并重、浓艳与素雅并存、构图自然、造型和谐、撕毛独特、神韵飘逸、乡土气息浓郁的“民权虎”风格。目前，拥有 320 户的王公庄，家家有画室，户户有画家。全村 1366 口人中，仅从事绘画产业的就达 700 余人，占全村总人口的 51.24%。此外，村里常年还有 100 多名“候鸟型”画家，数百名邻村在王公庄当过“学徒”的画师、画工。现在，仅王公庄村就有中国美术家协会会员 2 人，河南省美术家协会会员 6 人，河南省国画家协会会员 8 人，商丘市美术家协会会员 36 人，民权县美术家协会会员 208 人。2008 年，王公庄村创作画品 6 万余幅，其中 30%的作品销往孟加拉国、新加坡、日本、韩国、美国等国家，以及中国的港澳台地区，其余的在北京、上海、广州、西安、郑州等国内大中城市销售，年创收入 2500 万元。

随着市场名声的不断远扬，王公庄村的其他绘画相关行业，如人员培训、画框与画盒制作、字画装裱、工艺虎制品的生产销售等也如雨后春笋般地成长起来。现在全村共有虎头帽、虎头枕作坊 6 家，字画装裱店 4 家，专业绘画经纪人 26 人。产品也由“虎画”的单一品种，创新发展为山水、仕女、花鸟鱼虫等作品，尤以百虎、百鹤、百马、百鸡、百鱼等百字系列绘画作品最为突出，并向油画、烙画、刀画、麦草画等领域拓展，同时开发出绘画工艺品、蛋壳彩画、工艺雕刻等相关产业，进一步拉长了文化产业链。目前，王公庄村绘画产业已辐射到全镇周边的任庄、李馆、相府营等村，并带动周边河南、山东两省绘画产业的发展，民权县、兰考县、曹县三县数千名农民创作或销售画品，初步形成了以王公庄村为中心的绘画创意产业集群。

三、王公庄绘画创意产业集群的成因

1. 历史文化资源

历史在集群形成中的作用并不在于其发生，而在于其不断累积的过程，既包括本地化的知识基础——生产工艺、市场或技术等的累积，也包括本地化的不可流动的特质劳动力和产业氛围的累积。“画虎村”文化创意产业集群的形成，与当地悠久的绘画传统是分不开的。历史上，每逢春节，家家户户都要张贴年画以示吉祥、喜庆。但当时流行的年画主要不是木版印刷的，而是当地民间艺人手工画的松鹤、鲤鱼、财神、灶神等。因此，民间绘画在这里颇有群众基础。

在中国传统文化中，虎具有多种象征意义，为国人所崇拜。第一，虎是百兽之王，代表权力、威严与荣耀，一直为人们所敬畏，汉字“王”就因虎而来。第二，虎象征着压倒一切、所向无敌的力量，因此，生于虎年的人被认为是英勇、强壮、威武与长寿的。第三，虎代表着吉祥与平安，传说虎能驱除火灾、失窃和邪恶三大家庭灾难，因此被尊为“圣兽”，作为镇宅驱邪、逢凶化吉的灵物。王公庄村所在的河南，历史上一直是中国传统文化的象征与代表，对虎的崇拜可谓登峰造极。王公庄村村民平常会在家中最醒目的位置挂上一幅“上山虎”、“下山虎”、“五福（虎）图”，并正对着大门以使恶魔因害怕而不敢进入。也会给小孩缝制“虎头靴”、“虎头帽”、“虎头枕”，以护佑其健康成长。可以说，尽管当地村民可能很少有机会看到真正的老虎，但有关老虎的传说、图画、饰物等却司空见惯。因此，虎文化不仅构成了“画虎村”创意的平台与资源，也为其产品营销及集群发展提供了广阔的市场（国内市场和国际华人市场）需求。

2. 偶然事件

特定地方所发生的偶然事件会形塑地方产业集群（Boschma 和 Lambooy，1999）。20 世纪 80 年代初，王公庄村青年王培双，高中毕业后来到了平顶山的一个砖瓦窑厂打工。一次偶然机会，他参加了北京画家在平顶山举办的中国工笔重彩画展览。国画的强大艺术魅力重新点燃了他儿时喜爱绘画的欲望，当即报名参加了画家举办的短期培训班。后来，通过临摹名作、自学和拜师学艺，王培双的画技有了很大进步，从此开始了他的绘画生涯。当时，他画的花鸟，一幅只能卖几元钱。一位开封的专销工笔画的“老板”问他能否画虎，如能画虎，一幅画便可以卖到 20 元。王培双当即画了几幅，“老板”非常满意，立即拍板，专收他的“虎”画。掘到“第一桶金”的王培双意识到绘画也能赚大钱，便潜心学画虎，回村后开始独立作画、卖画。相似地，王公庄村的另一村民肖彦卿，1984 年高中毕业后，为生活所迫也加入了进城务工的农民工浪潮中，跟着亲戚到江西工大工艺美术厂当临时工，从事彩蛋工艺。由于肖彦卿的绘画功底好，不久又被竟湖瓷厂聘走从事瓷板画、广告画、宣传画的创作。返乡后，他来到商丘市帮人做装饰装潢。1988 年，由于做招牌急需铸铜字，在商丘又买不到，肖彦卿不得不到郑州去买。在郑州的字画市场里，他悟到作画也能赚钱，便开始尝试，从此也走上了专业绘画的道路。当王培双、肖彦卿等画的第一批 7 张老虎图以每张 100 元的“天价”卖出的时候，小小的村庄里便掀起了轩然大波。

3. 镶嵌于社会关系结构中的经济行为——模仿

“一张画能换几亩[①]粮”，看到画虎的巨大收益，村里的一些人开始“模仿”。模仿是行为主体基于有限理性对外部不确定性的反应。当环境不确定、各个企业不知道怎样做才是最有效的时候，通过模仿那些已经成功了的企业的做法，可以减少不确定性。而模仿能否发生主要取决于当地是否存在着一个稳定、良好的社会关系。

20 世纪 80 年代，王公庄村民风淳朴，社会关系稳定。“信任、声望、仁义”，使人际关系处于一种“非货币性”的互助态势。因此，当一些村民看到王培双、肖彦卿等卖画也能赚大钱时，便纷纷模仿，遇到问题时就去请教。王培双、肖彦卿等也乐于帮助，且分文不收。诚如一“虎王”所言，“乡里乡亲的，谁没有困难！有问题只管说，能帮忙的肯定帮忙。不能啥事都看着钱。如果那样，你现在可能是有‘钱’了，但以后就没‘前’了”。这样，基于稳定、良好的社会关系结构，村里的模仿者呈几何级数式增加，绘画队伍也如“滚雪球”般发展壮大。到了 20 世纪 90 年代，王公庄村的绘画产业便粗具规

① 1 亩≈666.67 平方米。

模，形成了以“四大虎王”（王培双、肖彦卿、王培振、王建民）、“四小虎王”（王春丽、王建辉、王建峰、赵庆业）为骨干的绘画群体。但此时画虎村的创意产业尚属“扎堆”状态，各画室间缺乏长期有效的分工协作。

4. 地理临近

当许多绘画生产者在村中产生、“扎堆”时，地理临近而导致的集聚效应便发生了。首先，地理临近可节省许多交易成本。其次，促使持续“监控”相关的资源与潜在合作的人才，特别是观察其他人在其他项目中的表现，包括他们的可靠性及可用性，作为未来合作对象的考察依据。再次，有助于彼此关系的建立、耳语信息的流通、隐性知识的传递、人才市场的支援。Storper 和 Venables（2004）指出，在信息不完全、快速变化且难以符号化的环境中，大部分的创新活动仍需透过“面对面的互动”，原因在于其发生的频率高、有立即的反馈、身体语言的表现、容易看穿对方的谎言、引导或被引导与获得共享的价值等。

在王公庄村，村民们至今还保留着“串饭场”和“串门”的习俗。到了该吃饭的时候，特别是夏天，很多人就会不约而同地端着自己的饭菜，来到大街或村头的某一地方（如小卖铺、风口处、村里的十字路口）——当地人俗称“饭场”。大家边吃边聊，村里的大事小事、奇闻轶事便在七嘴八舌中传开了。平常，村民，特别是年龄大一点的老太太，还特别喜欢“串门”——主动到别人家闲聊。结果，村中处处充满着“传言”（buzz），村民们被谣传、印象、建议、交易传说、策略性的误传等“噪音”所包围（Grabher，2002）。对于创意而言，这些“噪音”具有积极意义。一方面它使得地方行动者通过耳濡目染，而被赋予这个行业、地方的文化，成为一个“内部的人”；另一方面通过某些解释性社群处理成为信号，进一步通过意义协商的过程，将可能的项目成员联系在一起。

5. 非贸易性与贸易性联系——结网与分工协作

（1）非贸易性联系。在我国农区，由血缘关系、亲缘关系、地缘关系等按照“差序格局”，构成了一个同心圆式的每个人的社会关系网络。社会交换首先发生在社会关系网络内部。网络性社会交换是熟人之间在相互信任基础上进行的（徐晓军，2002）。在王公庄村，村民对自家人和外人的信任既会受人与人之间先天血缘联系的制约和限制，也会受血缘关系泛化后所形成的各种拟亲属关系，如同乡、同姓、哥们，甚至亲密情感关系的影响，从而使其所信任的人群中既包括家属、亲戚和家族成员，也会包括一些与自己具有拟亲属关系的其他外人。这些人构成了“关键行动者”的社会资本，也常常是新知识、新技术、新信息等传播的第一个对象。

当“四大虎王”出名后，市场需求量大增，因此单靠“虎王”个人力量已难以满足客户的要求，迫切需要新的人员（画工）进行帮工。于是，“四大虎王”开始以优惠的条件广招学徒，不收任何学费，且画出了名堂换来的钱归学徒自己。于是，村里的许多年轻人便纷纷拜在“四大虎王”门下。后来的“四小虎王”就是其中的佼佼者。例如，王建辉的师傅是其伯父王培振和堂兄王建民，赵庆业师承于肖彦卿，王建峰拜王建民为师，而王春丽更亲得“四大虎王”的言传身教（图 2-4）。这样，通过“师带徒”与新画室的衍生（spin-off）等，隐性知识实现了社会化。

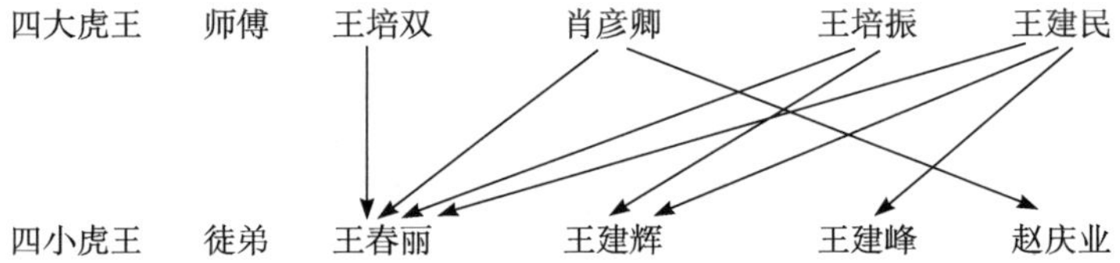

图 2-4　四大虎王与四小虎王的师徒关系

制度环境构建。地方制度效率性很大程度上影响着绘画产业的发展进程：①为规范市场竞争，保障绘画产业良性运行，2006 年，王公庄村整合村里的绘画资源，成立了“民权县王公庄文化传播有限公司”。公司负责对村里的绘画进行统一宣传、统一收购、统一包装、统一销售，避免恶性竞争。公司还引导各位“虎王”和有绝招的画家，把好经验、好做法介绍给大家共享，提高从业人员的整体绘画水平。②2007 年，成立了“民权县农民画家协会”，发展会员近 600 人。协会定期组织会员研讨作品、观摩绘画、交流心得，取得了同提高、共进步的效果。③成立了绘画经纪人协会。④为保护知识产权，提升创意水平，王公庄村还注册了“民权虎”、“王公庄画虎村”、“王公庄”商标。⑤规划建设了农民文化广场，统一建起画展室和学员培训室。①

---

① 中原网．新“文化产业璀璨的明珠”——王公庄．http：//www.zynews.com/special/2009-05/31/content _ 614199.htm［2012－11－18］．

(2) 贸易性联系。王公庄村的绘画主要是工笔画虎。工笔画工艺流程复杂，技法多样。大而复杂的工笔画创作项目常需多家画室、人员临时协作。成员的资格通常取决于其在特定领域中的“专业程度”。此外，由于项目具有暂时性，项目成员必须在短时间内建立彼此的信任，这种合作与信任关系的存在，部分建立在“契约”的基础上。

第一，绘画生产者之间的协作。在王公庄村，绘画生产者之间的协作主要有两种方式（图 2-5）。方式 A 主要出现在几家规模较大的绘画生产者之中，如“四大虎王”、“四小虎王”。由于他们的名气大，市场客户多，往往将这些订单直接转包给小规模的绘画工作室，形成轴辐式协作网络。当然，为特定目的，他们也偶尔进行强强联合。例如，为庆祝 2008 年北京奥运会，“四小虎王”的王建峰、赵庆业通力协作，历时 3 年，绘制出了长 401.138 米、宽 1.07 米，内绘 2008 只大小不同、形态各异的工笔老虎画《百年奥运・虎跃京华》，被第 29 届奥林匹克运动会组织委员会、首都博物馆永久收藏，并载入上海大世界基尼斯纪录。而方式 B 则主要出现在中小规模的绘画工作室中，这些工作室一旦接到较大的订单之后，或者接到自己常规经营的绘画主题之外的订单后，往往会找其他同等规模的绘画工作室直接或合作完成。

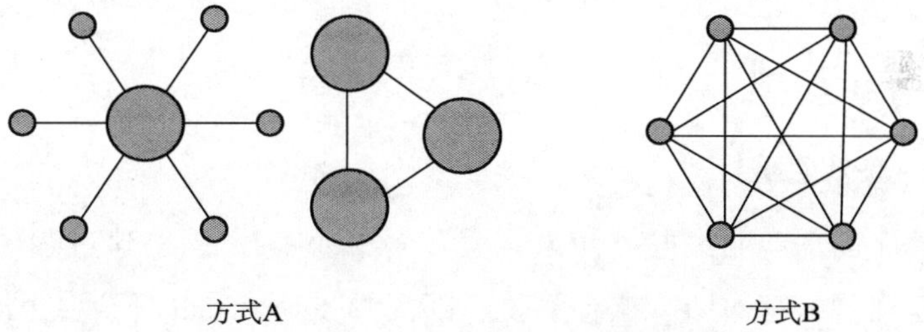

图 2-5 王公庄绘画生产者之间的协作网络

注：圆的大小代表绘画生产者的不同生产规模，大圆为生产规模较大的生产者；小圆为小规模的绘画工作室

第二，绘画与配套生产之间的协作。与“大芬模式”相似（钱紫华等，2006），王公庄村绘画与配套生产之间的协作也主要表现为两种方式(图 2-6)。方式 A 代表了王公庄较大规模绘画营销商的做法。这些营销商有自己的销售和字画装裱部门。根据业务量大小和客户要求，他们既可以选择自己进行绘画创作，也可以选择转包给小规模的绘画工作室；产品可以自己进行装裱，

也可以交付给专业的字画装裱店进行。最终成品则由大规模的绘画营销商发送给客户。例如，“四大虎王”之一的王建民，目前有10多间大画室，300多人在一起作画，还建起了销售网站，拥有6个专职经纪人。方式B则是王公庄较小规模画室的做法。这些工作室由于规模小，一般都是从专业的销售公司（经纪人）那里承接客户订单，按照要求进行创作生产；待产品完成后直接交由村里的装裱店进行装裱；装裱后的制成品再交给销售公司，由销售公司统一打包直接发送给客户。

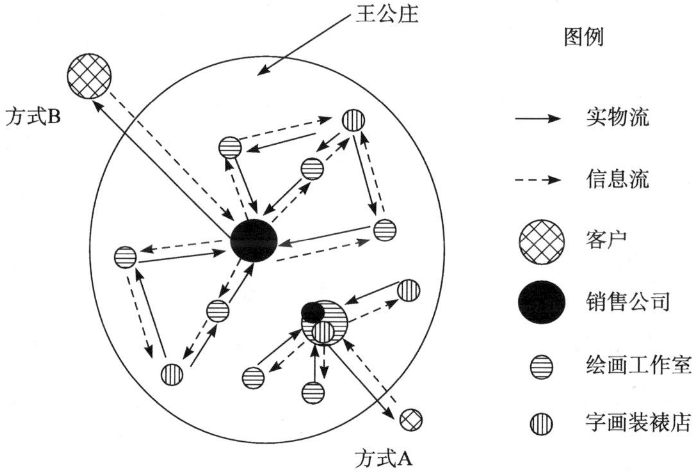

图 2-6　王公庄绘画与配套生产之间的协作

6. 外部联系管道

在王公庄创意产业集群“知识管道”（pipelines）的构建过程中，政府的适时介入起到了关键作用。在有关政府部门的支持和帮助下，王公庄村组织的活动主要包括：①先后组织农民画家到深圳、北京、上海、青岛、太原等全国知名绘画村参观考察，同当地的画家们交流技艺和作品。②先后聘请了包括刘大为、冯大中、杜军等在内的40多名艺术家到画虎村现场指导，与农民画家面对面进行交流。③与河南大学、商丘师范学院、商丘职业技术学院、河南省美术家协会等单位达成了代培学员、进村授课、建立教学实践基地等意向。④派王春丽到日本进行短期进修。⑤建立画虎村网（http：//www.huahucun.com/），积极开展电子商务，努力拓展信息获取渠道。目前，村里的画作30%左右是通过网络销售出去的。

第四节　分工深化、知识创造与农区特色文化产业集群成长

自20世纪70年代末期学术界开始复兴马歇尔产业区理论以来，有关产业区和产业集群发展机理的研究取得了长足的进展（王缉慈，2001）。大体而言，有关学派对产业区和产业集群发展的阐释可以分为两类：一是从劳动分工的视角出发，如弹性专业化学派对弹性专业化这一新型劳动分工模式的强调，新产业区学派对产业垂直分离分工和交易费用节约机理的发现，新地理经济学、竞争优势和战略学派对产业水平关系和垂直关系及价值链的分析等；二是从知识创造的视角出发，如创新环境学派对集体学习的重视，区域创新系统和学习型区域学派对地理集聚与知识创造关系的强调等（苗长虹，2006a）。虽然这些学派均强调集聚和外部经济对产业分工和知识创造的影响，但真正将劳动分工和知识创造有机结合的理论和实证研究并不多见。然而，在产业区和产业集群成长过程中，劳动分工与知识创造绝不是相互独立的，也不是单方面决定的，而是一个相互依赖、相互促进、共同演化的过程。要对产业区和产业集群的形成发展机理做出全面、系统的解释，以演化经济地理学的视角来分析二者之间的动态关系，将是一个可行的研究方向。本节拟以演化经济地理学为理论基础，从分工深化、知识创造的关系出发，以中国中部农区的一个专业化产业区——鄢陵县花木产业集群的发展为案例，来阐释农区特色文化产业集群形成与发展的内在机理，并阐释产业集群发展中竞争优势的来源。

一、理论分析框架

美国著名企业史专家钱德勒在其1990年出版的《规模与范围：工业资本主义的原动力》一书中指出，从19世纪80年代到20世纪70年代，现代工业企业充分利用规模经济、范围经济和交易成本经济的能力是工业资本主义经济快速增长的原动力（Jr Chandler，1990）。然而，20世纪80年代以来，伴随着经济全球化的深入推进，以中小企业为主体的产业集群无论是在发达国家还是在发展中国家却取得了长足的发展（王缉慈，2001），并以前所未有的速度和力度，左右和影响着生产在全球范围内的分工和城市/区域在全球范围

内的竞争。

亚当·斯密在其《国富论》中有两个重大的理论发现：一是“看不见的手”的原理，二是“劳动分工”的原理（Smith，1776）。但亚当·斯密也发现，劳动分工会受到市场规模的限制。杨格在研究中进一步发现，分工是报酬递增和经济增长的源泉，而分工包含三个方面：一是个人的专业化水平；二是不同的专业种类数（与生产链条上的产品种类数有关）；三是生产的迂回度，即生产链条的长度（Young，1928）。杨格的思想被后人总结为杨格定理：“递增报酬的实现有赖于劳动分工的演进”，“不但市场的大小决定分工程度，而且市场大小由分工程度制约”，“需求和供给是分工的两个侧面”（杨小凯和张永生，2000）。它说明分工是专业化、迂回生产和专业多样性的统一，市场规模扩大与分工效率之间是一个循环累积、互为因果的演进过程。而自科斯提出“交易费用”之后，新制度经济学和新兴古典经济学又发现，分工不仅受到市场规模的限制，同时还受“交易费用”的限制，只有交易效率上升，分工的好处超过所引起的交易费用时，分工才能持续演进（杨小凯和张永生，2000）。从分工发展的历史轨迹来看，基于演化经济动力学，陈平（2004）认为，劳动分工不仅仅受市场规模的限制，而是受市场规模、资源种类和环境涨落的三重限制。假如只有一种资源，则接近资源极限时，市场的规模也将因受到限制而走向垄断。经济能否持续增长，取决于新的技术更新能否发现更新更大的资源，以摆脱旧资源报酬递减的限制。而伴随着资源种类的增加，分工深化会使系统复杂性增加，进而经济增长的结构不稳定性会增加，因此环境涨落也必须限制在一定范围之内。因此，尽管分工可以取得比较优势经济、规模经济、范围经济、交易成本经济、专业化经济等诸多好处，但它也会受到市场规模、交易费用、资源种类和环境涨落的制约。

产业集群在全球范围内的兴起，无疑是经济市场化和全球化推动下市场规模扩张的结果。在全球市场规模扩张中，钱德勒在现代大型工业企业发展中所强调的规模经济、范围经济和交易成本经济，同样是产业集群快速发展的重要推动力，只是这些经济形成的边界不再局限于单一的企业内部，而是以整个产业集群为边界的。马歇尔的“外部经济”和“产业区”概念就是对这种经济效应的一种描述（苗长虹，2004）。国际著名经济地理学家 Scott（2006）将劳动分工区分为两种基本类型：企业内的技术分工和企业间的社会分工，他认为现代市场规模的扩张不仅是企业内技术分工所形成的企业内部规模经济和范围经济的结果，更是企业间社会分工所形成的外部规模经济和范围经济的结果，特别是在企业趋于纵向分离，内部规模经济和范围经济受到限制的情况下，由社会分工所形成的密集的交易网络就会产生强烈的外部经济，这样企业间联系（交易）成本节约的驱动力与外部规模与范围经济的驱动力之间的交互增强作用，就导致了产业集聚或集群的形成。因此，产业集群本质上是一种“类企业组织”，它通过地方化生产网络的专业化、规模、范围和交易机制而生成集群整体的专业化经济、规模经济、范围经济和交易成本经济。反过来，虽然初始的比较优势经济和知识存量可以为产业集群的形成奠定基础，但对于任何一个产业集群的成长，如果不能有效拓展其市场规模，这个产业集群就会因缺乏专业化经济、规模经济、范围经济、交易成本经济所带来的竞争优势而难以在激烈的市场竞争中持续生存。

另外，产业集群能否持续成长，还受资源种类、质量和环境涨落的限制。由于资源是技术的函数，而技术又是知识的函数，因此可将集群发展的资源约束看做是知识创造的约束，而知识创造能够为企业和集群成长提供技术租金和递增报酬。由此，我们不难理解为什么新兴古典经济学为解决分工与交易费用的矛盾，以及化解分工与竞争的冲突而需要引进“知识因素”了（杨小凯和张永生，2000）。虽然新增长理论强调用知识外溢、产品种类扩大和产品质量改进所导致的规模报酬递增来解释经济的内生增长（阿吉翁和霍依特，2004），但如果不考虑知识的新陈代谢和环境涨落对集群知识创造的影响，产业集群的演化就会陷入路径锁定的道路并因难以实现路径创造而衰落（Martin 和 Sunley，2006）。

有关产业集群发展过程中的技术学习与知识创造是新近学术研究的一个热点领域。研究表明，学习、创新和知识创造是产业集群可持续增长和升级的中心过程和关键环节（苗长虹，2006b），而学习、创新和知识创造本质上是具有不同知识和能力的多种行为者为解决某些技术上、组织上、商业上或知识上的问题交互作用的过程（Maskell，2001）。与那些从劳动分工视角强调产业集群中的物质联系和贸易相互依赖不同，产业集群中的知识创造更重视“非贸易相互依赖”，特别是编码知识和意会知识的创造与扩散在集群演化过程中的作用（Storper，1997）。新近的一些研究提出，将意会知识看做是地方的，而将编码知识看做是全球的这种简单化的观点并不符合实际，无论是意会知识还是编码知识，在一定条件下均可以在地方和全球来交换。对于知识的创造和扩散而言，单纯的地方传言或全球通道均无法保证集群创新的实现。正是高水平的地方传言和跨越集群的外部联系之间的交互作用，才是产业集群知识创造和竞争优势得以持续的基础（苗长虹，2006b；Bathelt et al.，2004）。然而，在多种异质的行为主体交互作用下所形成的“学习场”中，高水平的地方传言和密集的跨越集群的外部联系并非是自动形成的，地方结网和外部网络的建构需要特定的制度安排，以及在社会资本和基础设施等方面进行特定的投资（Miao et al.，2007）。

演化经济学认为，经济本身就是一个动态的、不可逆的、因新奇的创生和影响而自我转变的系统，正是经济主体（个人和企业）的创造能力和市场的创造功能，驱动着经济的演化和适应；创新和知识具有核心的重要性，个人、企业、市场都是知识的携带者（储存器）和知识联结的合成物；而创新和知识并不是外生的，而是内在于经济过程之中；技术、产业和各种各样的支持性制度或者说市场过程与创新体系过程是共同演化的；企业在创新过程的联结中起着独一无二的作用，它是唯一拥有创新意图和战略利益并能将众多而分散的科学技术知识与市场和组织知识结合在一起的组织；正是知识和能量的自动催化过程产生了现代经济增长（多普菲，2004；Boschma 和 Martin，2007）。以演化经济学的上述思想为基础，演化经济地理学认为，经济景观——经济生产、分配和消费的空间组织，是随时间而转变的；经济景观不仅是经济演化的结果或副产品，而且本身就是经济演化的决定力量；经济景观演化或者说“创造性破坏”是依时空而变异的，在决定经济系统演化的性质和轨道方面，空间或者说地方的作用是极其重要的；经济新奇的空间性、经济空间结构突变的微观基础、经济景观的自组织、路径创造与路径依赖相互作用塑造经济景观的过程及这种过程的地方依赖性，构成了演化经济地理学关注的核心（Boschma 和 Martin，2007）。

因此，从演化经济地理学来看待产业集群的成长，就必须以动态和交互作用的观点来看待特定时空情景及变化过程中劳动分工深化与知识创造之间的关系，突出特定的制度文化与环境涨落下集群劳动分工深化与知识创造之间的共同演化过程，将集群增长和知识创造看做是集群外部知识与内部知识进行杂合的产物，同时也是劳动分工有效深化的结果。本节将列出这种共同演化的逻辑框架（图 2-7），并在后文有关鄢陵县花木产业集群发展的案例研究中，尝试以上述理论视角来阐释集群形成与演化的内部机制和竞争优势的来源。

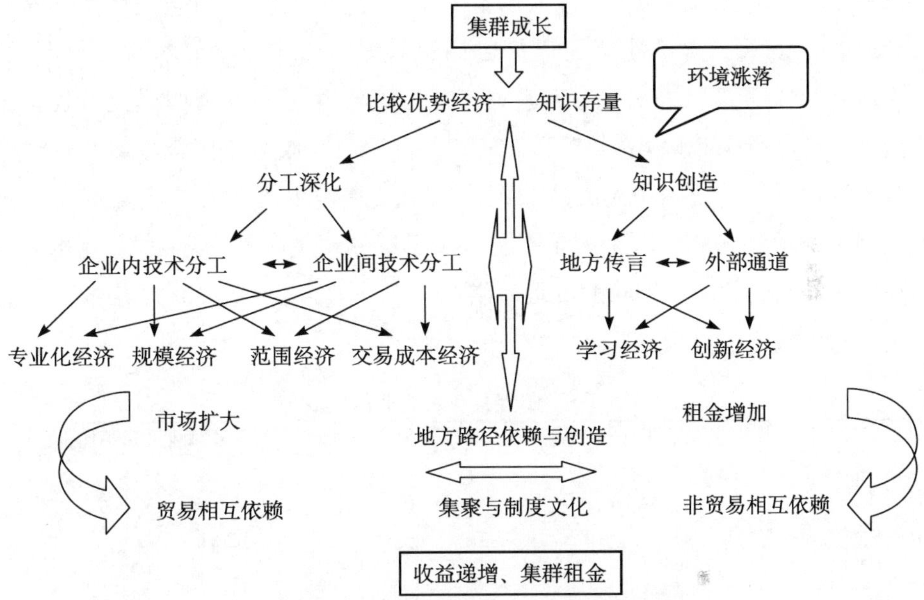

图 2-7 集群成长中分工深化与知识创造的共同演化

二、鄢陵县花木产业的分工深化与知识创造

1. 鄢陵县花木产业的历史与现状

鄢陵县隶属河南省许昌市，处于亚热带大陆性气候向温带大陆性气候的过渡地带，是南花北移、北花南迁，南北花卉引种、驯化的理想基地，具有天然的比较优势经济。2005 年，全县共辖 7 乡 5 镇，土地面积 871.6 平方公里，人口 62 万人，其中农业人口 50 万人。

鄢陵汉初置县，花木栽培始于唐、兴于宋、盛于明清，有着悠久的栽培历史和良好的知识存量。改革开放以来，鄢陵县花木产业得以迅速恢复与发展（表 2-5），到 2005 年，鄢陵县花木种植已普及到全县 12 个乡镇，集中分布在柏梁镇、陈化店镇、大马乡和张桥乡 4 个乡镇，种植面积已达 26 667 公顷，占全县耕地面积的42%，创产值16亿元，占全县农业总产值的36%，专业村由原来的4个发展到122个，专业户达1.8万户，种植的品种由原来的400多个发展到2300多个，花木企业由1959年的1家国营园艺场发展到目前的各级、各类企业577家，其中38家具有国家颁发的二、三级园林绿化资质证书。花木从业人员在10万人以上，花木年生产能力达到13亿株（盆），已形成绿化苗木、盆景盆花、鲜花切花、草皮草毯（绿化苗木为主导产品，产值占总产值的80%左右）4大系列产品，能够满足各种园林绿化工程施工的需求，产品行销我国27个省（直辖市、自治区）成为我国最大的花木生产销售集散地，先后被中华人民共和国国家林业局、中国花卉协会命名为“全国花卉生产示范基地”、“全国重点花卉市场”和“中国花卉之乡”，花木主产区花农人均年纯收入达6400多元，花木业亩均效益4000多元，花木业已成为增加农民收入的重要途径。

表2-5　鄢陵县花木产业的发展

年份	种植面积/公顷	产值/万元	占农业总产值比重/%
1984	167	1 000	4
1995	1 407	8 000	6
1998	3 600	34 000	15
2004	25 467	133 000	35
2005	26 667	160 000	35

2. 分工深化

分工深化是产业集群发展的重要动力和基本特征之一。鄢陵县花木产业的劳动分工有一个清晰的演进过程。由于花木产业的技术特点决定了其企业内技术分工所形成的内部规模经济、范围经济和交易成本经济并不突出，因而集群规模扩大主要表现为相似企业的繁衍和企业间社会分工的扩展。劳动分工与从业模式的演化有力地说明了这一特点（图2-8）。伴随着集群的发展和规模的扩大，一部分农民由开始种植花木而成为花农，而花农中有部分人伴随着技术的积累而成为花工，在花农和花工中有一部分人又随着资金、技术和创业家精神的积累而成为专门的经纪人或企业经营者或专职的技术设计与服务人员。另外，伴随着生产多样化特别是种植品种的增加，上述新的分工和就业模式的多样性和专业化程度也同时迅速增加，围绕花木生产和销售的产前、产中、产后服务的专业化和多样性程度也在增加。

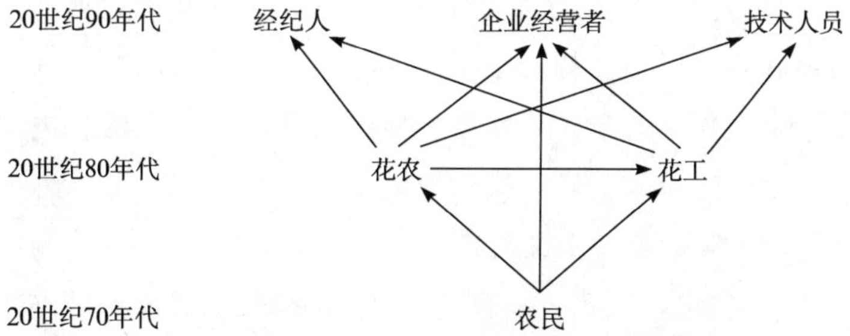

图 2-8　鄢陵县花木产业集群劳动分工的进化

根据鄢陵县农业局 2006 年 3 月对花木从业人员的调查（表 2-6），目前全县花木业从业人员总数已达 10.60 万人，占全县农业劳动力总数 33 万人的 32.1%，其中男性从业人员为 78 844 人，占全县劳动力总数的 24%，占全县花木产业从业人员的 74%；女性从业人员为 27 395 人，占全县劳动力总数的 8.3%，占全县花木产业从业人员的 26%。

表 2-6　鄢陵县花木产业劳动分工的基本状况

种类	职业描述	从业人数/人	占从业人员比重/%	占劳动力比重/%
花农	从事花木、绿化观赏苗木、盆景盆花、草坪草生产的农民	67 210	63.4	20.4
花工	掌握一定的专业技能，以从事花木、绿化观赏苗木、盆景盆花、草坪草的嫁接、修剪、包装、起运、施工、病虫防治等为主的人员	16 935	16.0	5.1
外出务工者	在鄢陵县以外出务工的花工	10 936	10.3	3.3
经纪人	从事花木、绿化观赏苗木、盆景盆花、草坪草、草绳花盆、花械花具、花药花肥等方面以经纪为主的人员	8 387	7.9	2.5
企业经营者	种植面积在 50 亩以上的花木企业或种植大户的业主	1 318	1.2	0.4
技术人员	从事具有园林规划、设计、制图等专业技术的人员	485	0.5	0.15
合计		105 271	100	31.9

在全部花木从业人员中，第一主体是花农，占全部花木从业人数的 63.4%，第二是本地花工和外出务工的花工，二者合计占全部花木从业人数的 26.3%。显然，花工无论是在技术能力还是在专业化水平上均要强于花农，因此，这部分农民从花农向花工的转变既是集群生产规模快速扩张的结果，同时也是集群规模进一步扩大的一个重要推动力量。第三是花木经纪人，其

从业人数达8387人，占全部花木从业人数的7.9%。我们知道，在市场经济条件下，在集群的发展中，相比于生产规模的扩大，市场规模的拓展、产品的营销和专业化服务更为重要。鄢陵县专业化花木经纪人的产生及其人员的迅速增加，为生产规模和市场规模的协同扩张、生产成本和交易成本的降低提供了有效保证。第四是花木经营者，全县种植花木面积在50亩以上的企业或种植大户的业主多达1318人，这一方面说明鄢陵县花木产业的市场结构缺乏垄断性，属于垄断竞争甚至是近于完全竞争的市场结构（考虑到有多达1.8万的花木生产专业户和6.7万花农），说明鄢陵县花木产业集群中单体企业的规模经济、范围经济和交易成本经济不突出；另一方面也说明鄢陵县花木产业集群劳动分工的演化靠的是集群总体的规模经济、范围经济和交易成本经济，这些经营者和专业化经纪人一道，为拓展全县花木产业的生产规模、市场规模，降低生产成本和交易成本提供了有效保证。第五是园林规划设计人员（技术人员），其从业人员数仅有485人，对于577家各级各类花木企业而言，平均每家企业还不到一个园林规划设计人员。由于花木产业的高端市场是园林绿化工程的设计与施工，鄢陵县花木产业高级市场服务人员的缺乏，说明集群产业的高级化水平还比较低。目前，全县还没有一家企业具有国家颁发的一级园林绿化资质证书，具有国家二、三级园林绿化资质证书的企业也仅有38家。

3. 知识增进

鄢陵县花木产业集群的发展得益于其独特而深厚的地理禀赋和历史基础，宋、明、清时期，鄢陵县花木业的长盛不衰，很大程度上就是本地传统与外部知识及市场需求交互作用的结果。例如，北宋（960～1127年）时期，由于有河流自汴河经鄢陵入颍河，通漕运，鄢陵成为北连京都汴京、南接江淮，水陆交通便利的重要军事、商业中心和南北物资交流集散地。由于宋代朝野上下辟园建圃和京都人养花之风盛行，为花木的生产和流通提供了有利条件和广阔市场，促进了鄢陵县花木生产的发展，并出现了专以养花为生的花农。

新中国成立以来，早在1959年，原北京林学院城市及居民区绿化系的104名师生就曾来到鄢陵县姚家村一带实习，对鄢陵县花木的栽培历史与现状作了长达一年的调查研究，科学、系统地总结了鄢陵县花农栽培花卉的传统技艺与丰富经验，于1960年编辑出版了《鄢陵园林植物栽培》一书，被全国农林学院作为试用教材，后又被修订为《花木栽培法》(北京林学院城市园林系，1981)。同时，他们把现代农业科学与鄢陵县的实际相结合，为鄢陵县花木的发展提供了科学的依据和许多建设性意见。自此，鄢陵县便在本地知识与外部知识的杂合中开启了花木生产知识创造与积累的现代化过程。

观察鄢陵县花木产业的发展历史，可以发现鄢陵县花木产业集群的知识增进主要有以下几种途径和形式。

(1) 建立在传统知识基础上的“干中学”和“用中学”。例如，腊梅是鄢陵县花木品牌的典型代表，清代就有“鄢陵腊梅冠天下”的盛誉，近年来在全国梅花腊梅展中多次获得金奖。而腊梅的嫁接、修剪、盆景造型等知识的继承与更新，大多是在传统知识基础上“干中学”、“用中学”实现的。这种通过“干中学”、“用中学”而获得的知识，大多属于知识的适应性增长，而非突变性的知识创新，但这种知识却是学习和创新经济的重要源泉。

(2) 通过“花工”和经纪人对外部知识的引进、模仿和吸收。鄢陵县众多的花木经纪人和在外务工的“花工”，不仅将鄢陵县传统的花木栽培知识、技艺带到了全国各地而且也从各地学习了众多新的知识，搜寻到了众多的需求、生产、供给、营销、流通等方面的信息。而这些人员的频繁流动和交流，成为鄢陵县花木产业品种积累和种植栽培知识积累的一条重要途径。而通过这种途径交流的知识，并不仅仅限于编码知识，有许多属于意会知识。

(3) 通过科研院所对外部知识的引进和吸收。近年来，鄢陵县为了提高花木生产的科技含量，先后与中国农业大学、北京林业大学、西北农林科技大学、河南农业大学、中国林业科学院、河南省林业科学研究所等大专院校和科研院所建立了稳固的技术依托关系，聘请了20多位专家、学者组成了技术顾问团，开展技术指导、培训、咨询，重点推广了组织培养、现代化温室、日光温室、冷藏保鲜等工厂化生产的先进实用技术，已成功利用组织培养技术培育出腊梅、芦荟、提子、大枣、食用仙人掌等名贵花木，并先后引进了荷兰郁金香、美国凌霄、日本樱花、墨西哥铁树等30多种国外名贵花木。相对于本地传统知识，通过科研院所而引进和吸收的外部知识，编码性强，与本地知识具有一定的异质性，因而是突变性知识增长和创新经济的一个重要来源。

（4）通过组织化机构和对“关键行为者”的内外部培训，促进知识的传播和扩散。鄢陵县花木产业规模迅速膨胀的一个重要动力是政府的强力推动和积极引导，其背后的基础则是得力的组织动员和广大干部群众及科技人员对花木产业发展的知识认同。例如，组建了“鄢陵县花卉办公室”，成立了“鄢陵县花卉协会”，各乡镇也都成立了花卉办公室和花卉销售公司等办事机构，在政府组织和督促下由县直属单位、典型乡镇、典型企业建立生产示范基地；在北京林业大学举办乡镇领导干部花卉园艺知识培训班，选送100多名科技后备干部到中国农业大学学习花卉园艺知识，选送60多名大专以上毕业生到西北农林科技大学学习，专攻组织培养和园林绿化设计。同时，全县382个行政村的“两委”班子也分9批在县委党校接受了系统的花卉园艺知识培训。相对于知识的创造，知识的外溢和有效扩散对集群知识的积累和生产规模的膨胀具有更为重要的作用，这种通过示范和培训而扩散的知识，不仅包括编码知识，也包括意会知识，不仅有助于私人知识的增进，更有助于当地共同知识的快速积累。

（5）通过加强科技投入和自主研发、市场交易体系建设，促进编码知识的快速创造和传播。例如，鄢陵县建立了中原地区最先进的“花木组织培养中心”；以“鄢陵北方花木集团有限公司”为载体，承建了“河南省园林植物工程技术研究中心”；开办中原花木博览园，并从2002年起每年均举办中原花木博览会暨鄢陵生态旅游节；创建“鄢陵县花卉交易信息中心”等。这种以私人编码知识为主体的知识创造，对集群自生发展能力的提升和产业升级具有关键的作用，也会直接推动集群企业规模结构的分化。而私人编码知识相互之间的交流和集群公共知识通过现代信息媒介的扩大，则对集群整体产业水平的升级和交易效率的提高、市场规模的扩大具有关键作用。

根据鄢陵县农业局的调查，目前鄢陵县花木从业人员的文化素质还比较低，初中毕业人员占49.63%，高中毕业人员占29.98%，小学及其以下人员占16.11%，而中专及其以上的从业人员的比例仅为4.27%。这一方面说明鄢陵县花木产业集群整体水平的升级还受劳动力素质低的严重制约；另一方面也说明，花木产业的技术是具有多层次性的，低水平的生产技术知识很容易在集群内部通过“传言”实现面对面的交流、模仿，并为花农和花工所吸收。从知识增进和扩散的地域分布来看，围绕传统的生产和知识中心而发展的空间特征非常明显。地处柏梁镇的姚家村是鄢陵县花木的传统生产中心，所以到目前，以该村为核心的柏梁镇仍是全县花木生产和知识创造与扩散的中心，并由此向西扩展到陈化店镇，向南扩展到大马乡和马栏镇，向北扩展到马坊乡。另一个生产中心为张桥乡，该乡为1958年姚家村花农迁移的5个公社之一，所以该乡虽然并不与柏梁镇毗邻，但却成为花木生产的重点乡镇之一。根据鄢陵县农业局的调查，在花木从业人员中，柏梁镇占24%，大马乡占17%，陈化店镇占15%，张桥乡占7%，其余8个乡镇占37%。

4. 分工深化与知识增进之间的互动关系

上述分工深化与知识增进之间是一个相辅相成、螺旋上升的过程。在鄢陵县花木产业集群的发展过程中，分工深化与知识增进之间的关系犹如一枚硬币的两面，共同支撑着集群规模的扩展和产业的升级。从唐至清，鄢陵县花农和花工从农民中的分化，花木业在历史的沉浮中得以持续，本身就是劳动社会分工深化的过程与结果，同时也是知识遗传与增进的过程与结果。特别是改革开放以来，农民以传统花木栽培知识为基础，不断学习和吸收新的知识，既促进了农民本身分工的深化，促使部分农民从花农发展成为花工、花木经纪人、企业经营者和专业技术人员，同时也在分工深化中迅速增加了私人知识和公共知识、编码知识和意会知识，促进了劳动的专业化、生产的迂回性和生产的多样性。但这种分工深化与知识增进的交互过程，还受到市场规模、环境涨落和交易费用的制约。伴随着我国经济的快速增长、城镇化的快速推进和全社会对生态环境的重视，城乡的绿化、环境的美化、居民生活品位的提升、西部大开发的生态环境建设等，均为花木产业市场规模的迅速扩张提供了持续、强大而又稳定的动力和良好的产业发展环境。鄢陵县花木产业的发展，无疑是这种外部市场需求升级和市场规模扩展所提供的难得历史机遇的产物。

新古典经济学认为，分工是交换的产物，分工与专业化能够加速知识的积累，并通过知识沿时间的互补性和沿空间的互补性而带来收益递增和生产率的提高，但分工深化会引起交易费用增加，而交易费用又取决于交易机制的效率。因此分工的好处与交易费用增加之间的两难冲突和协调构成了社会自发演进的过程，人类对交易机制的制度性知识决定着分工与专业化水平，而分工与专业化水平又决定着专业知识积累的速度和人类获得技术性知识的能力（Yang，2000）。演化经济学认为，劳动分工隐含有协调之意，但市场却没有为知识提供有效的协调。知识生成和组织使用间的交互作用，典型地围绕网络而建构，网络内相互的利益导致了各种各样的协调（多普菲，2004）。显然，产业集群是解决分工好处和交易费用增加之间两难冲突的一种高效率产业组织模式，也是同时实现劳动分工协调与知识协调的一种高效协调机制。一方面，产业集群中的分工深化会导致交易费用的增加，但另一方面，产业集群又内生了因地理接近、制度文化接近、知识与信息共享、区域品牌共建等交易费用节约和知识协调的高效机制。同时，根据前述的杨格定理，市场规模虽然限制分工的水平，但分工和专业化通过分工经济所带来的收益报酬递增，同样可以通过有效购买力的提高而扩大市场规模（Young，1928）。对于任何一个产业集群而言，其对整个社会名义收入提高的贡献可以说是微乎其微的，但却可以通过收益递增而带来的产品成本和价格的降低而直接扩大其市场需求，同时还能够通过知识的创造而取得垄断技术租金，进而通过技术和市场上的学习经济、创新经济、专业化经济、规模经济、范围经济和交易成本经济而获取集群整体的经济租金。因此，鄢陵县花木产业集群的成长，本质上是以初始比较优势经济和知识存量所形成的劳动分工为基础，在外部的市场需求及其升级这一“高涨”的产业发展环境中，是通过市场需求扩张引致分工的深化，分工的深化引致知识的创造与扩散及市场规模的扩大，知识创造与扩散及市场规模的扩大又引致分工的深化和技术租金的生产，分工深化与知识创造之间的共同演化进一步引致的收益递增和经济租金等非线性的互动、反馈关系而实现的。

三、鄢陵县花木产业集群发展演进的关键因素

如前文所述，鄢陵县花木产业集群发展的演进是在分工深化与知识创造的互动中实现的。但与西方学者所强调的在市场经济条件下许多自发演进的产业集群不同，鄢陵县花木产业集群的兴起是地方政府在地方历史传统的基础上实施强力推动和政策引导的结果，无论是集群分工的深化还是集群知识的创造，均具有显著的“地方路径依赖性”。深入分析鄢陵县花木产业集群的发展历史，可以发现在其分工深化与知识创造中，地方政府的强力推动、当

地创业家的兴起和知识传播通道的建构，对其发展演进发挥着关键作用。

1. 地方政府的强力推动

在发展中国家，地方机构对促进集群劳动分工和新知识的获取、创造和扩散具有重要作用（Bell 和 Albu，1999）。在中国，地方政府作为集群发展推进器和催化剂的作用尤其值得重视。鄢陵县花木产业生产规模的扩张和市场体系的建设，在很大程度上是政府特定时期强力推动的产物。1958 年，鄢陵县政府为振兴社队经济，一方面鼓励广大花农种植花木，另一方面动员种植花木历史长、技术水平高的姚家村花农迁移到县内当时的 5 个公社，划拨专用土地种植花木，带动周围群众发展花木生产。县政府也于当年在姚家村办起了鄢陵县园艺中学。1960 年又在园艺中学的基础上组建了鄢陵县园艺场。这些都直接促进了技术的扩散。

改革开放以来，在花木栽培传统的基础上扩张全县的花木生产，促进分工深化和知识的创造与扩散，一直是鄢陵县委和县政府努力的一个重要方向。从 1983 年县花卉协会和花卉公司的成立，到 1986 年县政府出台《关于建立鄢陵县花卉生产基地的意见》、《关于大力发展花卉生产的五项决定》，再到 1996 年县花卉办公室的成立，1999 年县委做出《关于全面实施“以花富县、依花名县”战略，加快建设花卉园艺大县的决议》，2000 年由副省长带领省直 14 个厅、委召开现场办公会，无不体现出地方政府在战略制定、组织领导、示范基地和龙头企业建设、科技开发与技术培训、市场与技术服务体系建设等方面的作为。例如，政府曾以行政命令和政绩目标考核的方式，要求县直各单位在 311 国道两侧建场办园做示范；为扶植龙头企业和示范基地的发展，政府不仅在用地、税收、工商管理、基础设施建设等方面实施了政策支持和优惠，同时每年还拿出专项资金进行直接补贴；为增强花卉产品在国际市场的竞争力，政府成立专门组织，并邀请科研院所的专家共同制定了《腊梅产品等级标准》等 13 项标准草案，其中《腊梅产品等级标准》、《桧柏苗木产品等级标准》、《城镇绿化常用苗木产品等级标准》三项标准成为河南省地方标准。正是鄢陵县政府行政和市场手段的同时运用，其花木产业集群才得以在较短的时间内实现规模的快速扩张。

2. 当地创业家的兴起

产业集群是创业家群体的集聚体，产业集群的形成是个体创业家创新行为引来创业家群体模仿的过程，产业集群的成长、创新与升级，是由不同类型的创业家的创新行为来驱动的（郑风田和程郁，2006），因此，创业家的兴起是产业集群成长的引擎。若单纯依靠地方政府的强力推动而没有地方创业家的自发创业，任何通过政府规划的产业集群都注定会失败。政府推动、创业家和群众基础的循环互动特别是知识的扩散和创造，是产业集群成长的关键。但地方创业家的兴起是由多种因素所激发的，除创业家个人的风险偏好特质和政府强力推动所激发的创业机会外，鄢陵县众多花木经营者和专业经纪人的出现，显然也是嵌入地方的制度文化传统、市场和创业机会、分工深化和知识创造等多种因素相互作用的结果。鄢陵作为一个传统的平原农业县，本身又缺乏像温州地区那样的经商文化传统，也缺乏像珠江三角洲地区那样的海外关系网络（孟晓辰等，2007），其花木产业集群创业家的兴起，充分体现了一个建立在历史传统上的产业集群，在地方政府强力推动所创造的特定制度环境和社会经济快速发展所创造的特定市场环境下，通过分工深化与知识创造之间的互动而自然演进的过程。集群成长中劳动分工与就业模式的演进，既是创业家不断生成与繁衍的过程，也是创业家在知识学习与创新基础上不断实现创业路径由“低路”向“高路”跃升的过程。

3. 知识传播通道的建构

地方政府和创业家在集群研究中已受到了不同程度的重视，但知识传播通道的建构也是集群形成和发展的关键因素，并且这种通道日益走向网络化和非本地化甚至全球化。在鄢陵县花木产业集群生产规模扩张过程中，编码知识和意会知识在集群内部通过地方传言的传播起到了关键作用，示范基地、示范乡镇、示范村、示范农户的建设及其示范效应的发挥对集群生产规模的扩大是非常有效的。

但集群的升级和销售规模的扩大，仅靠地方传言的知识扩散是无法实现的，政府和企业还必须在与科研院所的关系建构、自主开发能力、现代市场体系建设等方面进行专门的投资。这种通过专门投资而形成的新知识的创造与扩散，是集群路径创造、保持持续竞争优势和活力的源泉，也是集群从近于完全竞争的市场结构迈向垄断竞争甚至在部分产品上迈向寡头和完全垄断的必由之路。正是这种投资，部分企业才能获取因一定时期的技术垄断而形成的技术租金，整个集群才能获得整体的动态经济租金，集群的分工才能进一步深化。例如，在现代市场体系建设方面，鄢陵县花木产业集群中不仅建立了沿 311 国道的“前市后场”型的生产销售长廊，还投资建成了占地 1500 亩的花木博览园、占地 300 亩的花木交易市场和以现代信息技术为支撑的农业信息中心及花木信息交易中心，并在西部大开发和北京举办奥运会的市场机遇下，先后在甘肃、宁夏、内蒙古、北京等地建立了苗木基地，有效拓展了市场网络。

参考文献

阿吉翁，霍依特．2004. 内生增长理论．陶然等译．北京：北京大学出版社：32－35.

北京林学院城市园林系．1981. 花木栽培法．北京：农业出版社．

波特．2003. 竞争论．高登第，李明轩译．北京：中信出版社：254.

布迪厄．1997. 文化资本和炼金术：布迪厄访谈录．包亚名译．上海：上海人民出版社：202.

蔡运龙．2007. 自然资源学原理．2 版．北京：科学出版社：24－25.

曹建文，余志琴．2010. 景德镇传统陶瓷兴衰历史原因之研究．中国陶瓷工业，17 (1)：16－21.

陈赤平，丁建军．2009. 基于中间性组织视角的产业集群三层次治理模式．产业经济研究，(2)：33－40.

陈柳钦．2007. 专业化分工与产业集群演进．现代经济探讨，(5)：24－27.

陈平．2004. 文明分岔、经济混沌和演化经济动力学．北京：北京大学出版社：221－245.

陈倩倩，王缉慈．2005. 论创意产业及其集群的发展环境．地域研究与开发，24 (5)：5－8，37.

陈雪梅．2007. 产业集群发展中的市场失灵．决策，(2)：50－51.

陈勇江．2009. 产业集群“市场失灵”中的政府职能定位．中国行政管理，(5)：68－70.

董赟．2004. 专业化分工视角下当代产业集群演进的研究：一种理论与实证分析．杭州：浙江大学硕士学位论文．

多普菲．2004. 演化经济学：纲领与范围．贾根良等译．北京：高等教育出版社：2－180.

费孝通．1998. 乡土中国．北京：北京大学出版社：10.

何文．2009. 江西省文港毛笔产业集群研究．南昌：江西财经大学硕士学位论文．

何雄浪．2006. 劳动分工、交易效率与产业集群演进．财经研究，32 (4)：68－79.

胡蓓，杨辉．2011. 基于社会资本视角的产业集群对创业者的孵化作用．科技进步与对策，28（7）：67－69.
蒋东仁，李福康．2006. 产业集群成长：基于政府层面的思考．世界经济与政治论，（5）：102－105.
景芝英，徐雪梅．1998. 试论聚集经济的本质．财经问题研究，（11）：11－13.
科尔曼．1999. 社会理论基础．邓方译．北京：社会科学文献出版社：354.
克鲁格曼．2002. 地理和贸易．张兆杰译．北京：中国人民大学出版社：58－59.
李长才．2009 产业集群成长中的政府行为分析．中共中央党校学报，（3）：42－47.
李小建．1997. 新产业与经济活动全球化的地理研究．地理科学进展，16（3）：16－23.
李小建，李国平，曾刚等．2006. 经济地理学．2 版．北京：高等教育出版社：70.
李小建，罗庆，樊新生．2009. 农区专业村的形成与演化机理研究．中国软科学，（2）：71－80.
李学鑫．2012. 中部农区文化创意产业集群形成发展机制研究：以石佛寺玉雕产业集群为例．改革与战略，28（1）：154－157.
林南．2005. 社会资本：关于社会结构与行动的理论．张磊译．上海：上海人民出版社：24.
林钦．2007. 人力资本与产业集群发展的关系研究．杭州：浙江大学硕士学位论文．
刘继云，李建德．2005. 江西文港制笔产业群的调查报告//顾强．中国产业集群（第 2 辑）．北京：机械工业出版社：68.
刘梅生．2008. 社会网络理论对产业集群竞争力的影响．贵州教育学院学报，（1）：63－65.
刘善庆，叶小兰，陈文华．2007. 区位优势、自然资源与景德镇陶瓷特色产业集群的兴衰．经济师，（1）：272－274.
卢福财，胡平波．2006. 网络租金及其形成机理分析．中国工业经济，（6）：84－90.
马红梅，陈柳钦．2012. 农村社会资本理论及其分析框架．河北经贸大学学报，33（2）：10－19.
马歇尔．2006. 经济学原理（上卷）．陈瑞华译．西安：陕西人民出版社：319，323，325－326.
孟晓辰，赵星烁，买买提江．2007. 社会资本与地方经济发展：以广东新会为例．地理研究，26（2）：355－362.
苗长虹．2004. 马歇尔产业区及其复兴的理论意义．地域研究与开发，23（1）：1－8.
苗长虹．2006a.“产业区”研究的主要学派与整合框架：学习型产业区的理论建构．人文地理，92（6）：97－103.
苗长虹．2006b. 全球-地方联结与产业集群的技术学习．地理学报，61（4）：425－434.

苗长虹，崔立华．2003. 产业集聚：地理学与经济学主流观点的对比．人文地理，18（3）：42－46.

苗长虹，魏也华．2007. 西方经济地理学理论建构的发展与论争．地理研究，26（6）：1233－1246.

帕特南．2001. 使民主运转起来：现代意大利的公民传统．王列，赖海榕译．南昌：江西人民出版社．

钱紫华，闫小培，王爱民．2006. 城市文化产业集聚体：深圳大芬油画，26（3）：269－274.

阮爱清．2008. 产业集群演化机理与成长效应研究．南京：南京航空航天大学博士学位论文．

谭江涛，何伟军．2010. 试论组织试验、集群租金积累与产业集群的触发：对产业集群触发机制的新思考．科技进步与对策，27（18）：57－62.

汤敏，茅于轼．1962. 现代经济学前沿专题（第2集）．北京：商务印书馆：252.

藤田昌久，雅克-弗朗科斯·蒂斯．2004. 集聚经济学——城市、产业区位与区域增长．刘峰，张雁，陈海威译．成都：西南财经大学出版社：36．

王缉慈．1998. 简评关于新产业区的国际学术讨论．地理科学进展，17（3）：29－35.

王缉慈．2001. 创新的空间：企业集群与区域发展．北京：北京大学出版社．

向志学，向东．2006. 谈淡资源和历史文化资源．武汉大学学报（人文科学版），59（3）：331－336.

解敦亮，张纯．2007. 景德镇陶瓷产业古典集群演变的动因及阶段特征．特区经济，(12)：192－194.

徐康宁．2006. 产业聚集形成的源泉．北京：人民出版社：66－67.

徐晓军．2002. 转型期中国乡村社会交换的变迁．社会科学辑刊，(1)：42－48.

严北战．2011. 外部性、租金与集群式产业链内在演化机理．科学学研究，29（4）：541－547.

杨格．1996. 报酬递增与经济进步．贾根良译．经济社会体制比较，(2)：36－39.

杨小凯，黄有光．1999. 专业化与经济组织：一种新兴古典微观经济学框架．北京：经济科学出版社：293.

杨小凯，张永生．2000. 新兴古典经济学和超边际分析．北京：中国人民大学出版社．

臧旭恒，何青松．2007. 试论产业集群租金与产业集群演进．中国工业经济，(3)：5－13.

郑风田，程郁．2006. 创业家与我国农村产业集群的形成与演进机理．中国软科学，(1)：100－107.

庄芳丽，李永周，卫武．2009. 社会资本视野下的产业集群知识获取．情报杂志，28（3）：

126－129.

庄晋财，吴碧波．2008. 全球价值链背景下产业集群租金及其经济效应分析．金融与经济，(9)：29－34.

Amin A，Thrift N. 1994. Globalization，Institution，and Regional Development in Europe. Oxford：Oxford University Press：

Bathelt H，Malmberg A，Maskell P. 2004. Clusters and knowledge：local buzz，global pipelines and the process of knowledge creation. Progress in Human Geography，28 (1)：31－56.

Bell M，Albu M. 1999. Knowledge systems and technological dynamism in industrial clusters in developing countries. World Development，27 (9)：1715－1734.

Boschma R，Lambooy J G. 1999. Evolutionary economics and economic geography. Journal of Evolutionary Economics，9 (4)：411－429.

Boschma R，Martin R. 2007. Constructing an evolutionary economic geography. Journal of Economic Geography，7 (5)：537－548.

Castaer X，Campos L. 2002. The determinants of artistic innovation：bringing in the role of organizations. Journal of Cultural Economics，26 (1)：29－52.

Ellison G，Glaeser E L. 1999. The geographic concentration of industry：does natural advantage explain agglomeration? American Economic Review，89 (2)：311－316.

Feldman M P. 2001. The entrepreneurial event revisited：firm formation in a regional context. Industrial and Corporate Change，10 (4)：861－891.

Florida R. 2002. The Rise of the Creative Class. New York：Basic Books.

Grabher G. 2001 Ecologies of creativity：the village，the group and the heterarchic organization of the British advertising industry. Environment and Planning A，33 (2)：351－374.

Grabher G. 2002. The project ecology of advertising：tasks，talents and teams. Regional Studies，36 (3)：245－262.

Jeffcutt P，Pratt A. 2002. Managing creativity in the cultural industries. Creativity and Innovation Management，11 (4)：225－233.

Jr Chandler A D. 1990. Scale and Scope. Cambridge：Harvard University Press.

Lyons D. 2000. Embeddedness，milieu，and innovation among high technology firm：a richardson，texas，case study. Environment and Planning A，32 (5)：891－908 .

Malmberg A. 1996. Industrial geography：agglomeration and local milieu. Progress in Human Geography，20 (3)：392－403.

Malmberg A. 1997. Industrial geography: location and learning. Progress in Human Geography, 21 (4): 573 - 582.

Malmberg A. 2000. Agglomeration and urbanization and among Swedish export firms. Environment and Planning A, 32 (2): 305 - 321.

Martin R L, Sunley P J. 1996. Paul Krugrman's geographical economics and its implications for regional development theory: a critical assessment. Economic Geography, 72 (3): 259 - 292.

Martin R L, Sunley P J. 2006. Path dependence and regional economic evolution. Journal of Economic Geography, 6 (4): 395 - 435.

Maskell P. 2001. Towards a knowledge-based theory of the geographical cluster. Industrial and Corporate Change, 10 (4): 921 - 943.

Miao C H, Wei Y H, Ma H T. 2007. Technological learning and innovation in China in the context of globalization. Eurasian Geography and Economics, 48 (6): 713 - 732.

Mishan E. 1971. The postwar literature on externalities: an interpretive essay. Journal of Economic Literature, 9 (1): 1 - 28.

Nahapiet J, Ghoshal S. 1998. Social capital, intellectual capital and the organizational advantage. Academy of Management Review, 23 (2): 242 - 266.

Park S O. 1996. Networks and embeddedness in the dynamic types of new industrial districts. Progress in Human Geography, 20 (4): 476 - 493.

Putnam R. 1993. Making Democracy Work: Civic Traditions in Modern Italy. Princeton: Princeton University Press: 195.

Rabellotti R. 1997. External Economies and Cooperation in Industrial Districts. London: Macmillan Press: 34 - 35.

Santagata W. 2004. Creativity, fashion and market behavior//Power D, Scott A J. Cultural Industries and the Production of Culture. London: Routledge: 75 - 90.

Scott A. 1999. The cultural economy: geography and the creative field. Culture, Media and Society, 21 (6): 807 - 817.

Scott A J. 1988. New Industrial Spaces: Flexible Production Organization and Regional Development in North America and Western Europe. London: Pion.

Scott A J. 2004. Cultural products industries and urban economic development. Urban Affairs Review, 39 (4): 461 - 490.

Scott A J. 2006. Geography and Economy. Oxford: Clarendon Press: 7 - 26.

Scott A, Storper M. 1992. Industrialization and regional development//Storper M, Scott

A. Pathways to Industrialization and Regional Development. London：Routledge：3 - 17.

Smith A. 1776. The Wealth of Nations. Indianapolis：Liberty Classics.

Storper M. 1997. The Regional World：Territorial Development in a Global Economy. New York：Guilford Press.

Storper M，Venables A J. 2004. Buzz：face-to-face contact and the urban economy. Journal of Economic Geography，4 (4)：351 - 370.

Wolfe M. 1999. The future of cities. Computers，Environment and Urban Systems，23 (3)：173 - 185.

Yang X K. 2000. Economics：New Classical versus Neoclassical Framework. Cambridge：Blackwell.

Young A. 1928. Increasing returns and economic progress. Economic Journal，38：527 - 542.

第三章 中部农区特色文化产业集群的演化机制

与一般的产业集群相似，农区特色文化产业集群在其发展过程中也会呈现出周期性变化。目前，国内外学者对产业集群的演化主要从两方面进行探讨。一方面，部分学者基于生命周期理论提出了产业集群的演进模型；另一方面，越来越多的学者则从集群内外企业间关系与知识创造、学习和创新等方面的变化探讨产业集群演进的内在动力。本章首先对产业集群演化的技术学习与创新理论进行简要的文献述评，然后通过对河南省宝丰县赵庄乡魔术产业集群、禹州市神垕镇钧瓷产业集群和镇平县石佛寺玉雕产业集群的案例分析，分别从选择性环境与集群能力互动、技术学习、集群吸收能力三个不同侧面，重点研究农区特色文化产业集群的演化机制。

第一节 技术学习与文化产业集群演化的理论基础

在全球化和知识经济的背景下，知识创造与技术学习无疑是厂商创新的源头与基础。因此，从某种意义上讲，文化产业集群的演化实质上就是集群技术学习不断发展、变化的过程。本节首先概括介绍产业集群技术学习的内涵、对象与方式；其次重点分析不同空间尺度上的产业集群技术学习类型及其发生机制；最后分析产业集群主导技术学习方式的演化。

一、产业集群的技术学习

（一）集群技术学习的内涵

何为产业集群的技术学习，目前学界并无统一的定义。例如，魏江和申军（2003）在比较产业集群学习行为和一般组织学习的基础上，曾将集群学习界定为“以一系列集群共享的制度、规则、程序和规制为基础，集群成员和个人通过相互协调行动以寻求解决问题时产生知识积累和转移的社会化过程”。周雪松（2003）则根据技术学习的定义，以及企业技术学习的一般过程，将产业集群的技术学习定义为“产业集群在已有显性和隐性知识存量的基础上，技术驱动集群选择、吸收、更新和提炼知识，提高集群技术能力的过程”。然而，虽然在集群技术学习的定义上不同学者有着不同的理解和认识，但在一些方面还是达成了共识。

1. 集群技术学习是一种组织学习

产业集群是指在特定区域中，具有竞争与合作关系，且在地理上集中，有交互关联性的企业、专业化供应商、服务供应商、金融机构、相关产业的厂商及其他相关机构等组成的群体，是介于市场和等级制之间的一种新的空间经济组织形式。因此，集群的技术学习本质上是组织学习。

（1）组织学习的内涵与特征。组织学习是一种有意或无意的组织层面的学习过程，是组织围绕经营活动和文化对知识及常规的构建、补充和组织，其可更好地运用团队的技能，从而提高组织的效率（Dodgson，1993）。相对于其他学习，组织学习具有以下特征：第一，组织学习是组织层面而不是其他层面的学习，个人或多组织层面的学习不包括在其中；第二，组织学习是一个学习的过程；第三，组织学习可以是在有意或无意中进行的；第四，组织学习的中心点是组织知识，它包括组织成员的共识、组织文化及组织的认知和行为习惯；最后，组织学习旨在指导组织行为（宁钟，2003）。

（2）组织学习的模式与方式。很多学者对组织学习的模式进行了分类，其中，最有代表性的是将组织学习模式分为单环学习与双环学习（Argyris 和 Schon，1978）。在单环学习中，组织以完成任务为目标，对组织规范与目标本身不产生质疑；而双环学习则对组织的规范与目标的本质和基本假设产生质疑，发现错误并进行相应调整。此外，Huber（1991）认为，组织通过天生学习、经验学习、替代学习、移植、寻找与注意获取知识。相似地，Carbonara（2004）总结了组织学习的三种模式：经验学习、通过模仿来学习，以及通过获取来学习。关于组织学习的方式，郭京京和吴晓波（2008）

在文献梳理的基础上，曾将之分为三个类型。其中，第一类与专利相关，包括技术许可与专利披露；第二类与个体层面的交流相关，包括出版物或技术性会议、与创新公司的员工进行交流、雇佣创新公司的员工、与客户和供应商以及制造商之间的交流；第三类与研发相关，包括独立研发、反求工程、与大学和研发机构以及其他企业之间的研发合作。

(3) 集群组织学习的演进。根据郭京京和吴晓波（2008）的研究，在集群演化的不同阶段，集群内部企业的创新过程、学习模式及学习方式是变化的（表 3-1）。

表 3-1　集群演进中的组织学习模式与学习方式

集群的演进阶段	集群内企业组织学习模式	集群内企业学习方式
形成期	适应性学习	技术许可 干中学
成长期	适应性学习 维护性学习 发展性学习	技术许可 顾客的反馈 反求工程 技术性会议及出版物 原材料、设备的供应商及竞争者 人员流动
成熟期	适应性学习 维护性学习 发展性学习 创造性学习	技术许可 顾客的反馈 反求工程 与国内外研发机构的合作 独立研发

资料来源：郭京京和吴晓波（2008）

2. 集群技术学习是一种集体学习

(1) 集体学习的概念。集体学习最早是由 GREMI 的学者们在研究欧洲高新产业区的过程中提出来的，其本意是产业区（集群）内的成员企业为了应付技术不确定性的挑战而协调行动，本质上是知识空间转移的一种有效载体（Capello，1999）。集体学习是指集群中的企业和机构，基于共享的社会文化氛围和制度环境，在解决共同面对的问题时协调行动而产生的知识积累的社会化过程，其结果表现为集群整体知识基础的拓展和竞争能力的改善（江青虎，2007）。

(2) 集体学习的特征。通常认为，相对于组织内学习，集体学习具有社会性和社会文化环境两大基本特点（Capello，1999）。前者是因为其遵循共同的规制和过程，强调人与人之间的合作；后者是因为集体学习需要发生在特定的环境下。地理相邻性、业务的同类将会有效促进集群企业的集体学习，共同的文化基础、语言背景、知识结构及互为信任必不可少。对于一般的学习，需要当事人进行有意识的合作，而对于集体学习，则存在“马歇尔空气”的动力。与一般的学习相比，集体学习还具有连贯性、动态协同性及公共性等特性。连贯性是指集体学习是知识不断积累的过程；动态协调性是指集体互动实现积累性知识空间转移和扩散的主要方式；公共性指在一定区域内隐性知识对区域内部成员是共享的，具有一定的排他性。

(3) 集体学习的层次。魏江（2003）在总结他人观点的基础上，提出了集群系统的集体学习模型（图 3-1)。由图 3-1 可以看出，产业集群的集体学习包括三个层次。其中，第一层由核心成员组成，包括供应商企业、需求方企业、相关企业、互补企业，学习方式包括人力资源在成员企业间的流动、企业间的合作互动、企业衍生、人员之间的非正式沟通；第二层由公共服务机构、集群代理机构组成，学习方式包括劳动力的培训与教育、从可控支持网络向集群核心价值网络的人员流动、知识基础设施建设、正式沟通机制：第三层由企业向集群外的业务单位学习。

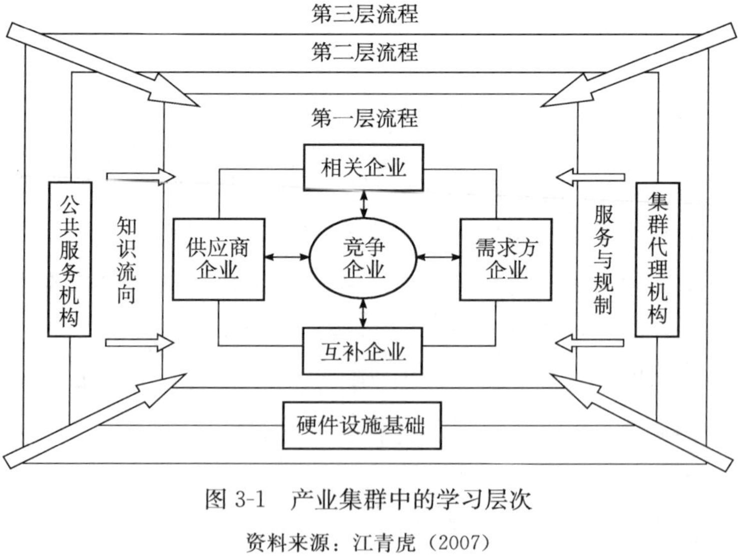

图 3-1　产业集群中的学习层次

资料来源：江青虎（2007）

（4）集体学习的过程。从集群整体上看，集群的集体学习表现为知识转移（transfering）、转换（transformation）和获取（harvesting）三种不同但相互联系的流动过程（图 3-2）（朱方文，2009）。其中，知识转移是指集群成员各自的知识在其间的流动；知识转换是指互动的集群成员之间的知识转换和创造活动，从而增加到这个集群的知识库中；知识收获是指转换后的和新创造的知识从集群知识库到各个集群成员的转移。

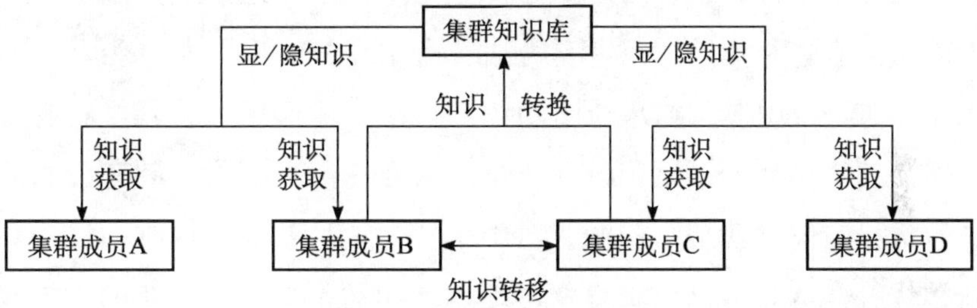

图 3-2　集体学习的过程

资料来源：朱方文（2009）

（5）集体学习的影响因素。从集群学习来看，知识转移的成功与否，受知识的可转移性、知识转移方、知识接受方和转移情境四个基本要素的影响。知识转移方涉及的问题主要是转移知识的原意性，这与转移方所在地的信任、文化等转移情景，或者是社会资本密切相关。知识接受方的因素包括学习者的吸收能力，而在产业集群中，还包括学习者在网络中的位置与关系。

第一，知识特性。迈克尔·波拉尼曾根据知识能否清晰地表述和有效的转移，将知识分为隐性知识和显性知识。通常以书面文字、图表和数学公式加以表述的知识，称为显性知识。在行动中所蕴含的未被表述的知识，称为隐性知识。一般而言，集群中的显性知识的默会性、独特性和复杂性较低，比较容易流动。而隐性知识由于是高度个人化的知识，具有难以规范化的特点，因此不易传递给他人；它深深地植根于行为本身和个体所处环境的约束中。但是，由于隐性知识较显性知识往往能带来更持久的优势，因而是集体学习的重点。

第二，学习者因素。主要表现在集群成员吸收能力及其在网络中的位置。集群成员的吸收能力是个渐进的过程，包括知识认识能力、知识吸收能力和知识运用能力等。它是企业内部的长期投资和知识积累的过程，具有路径依赖性。吸收能力对外部知识吸收效果的好坏受到知识基础和知识特性等情景因素的影响。一般而言，集群成员的吸收能力越高，就越有机会将集群中的相关知识转换为自己的知识。

从网络的视角看，成熟的产业集群是一个复杂的地方生产网络。集群企业在网络中的位置将影响着其集体学习效果。Tsai（2001）认为，从知识接收方的角度讲，组织单元如果位于组织内网络的中心结点位置，将有助于其接触到所需的战略性资源。Burt（1992）认为，一个网络中最有可能给组织带来竞争优势的位置就是结构洞。对于个体来说，处于结构洞的位置意味着占有资源优势。由此可见，关系稠密地带之间而不是之内，在网络中起桥接（bridge）的组织或个人较之其他的同类更能获取资源。

第三，社会资本。社会资本是指个体或团体之间的关联——社会网络、互惠性规范和由此产生的信任，是人们在社会结构中所处的位置给他们带来的资源。首先，在产业集群中，组织及个人所具有的共同的历史文化背景容易培养他们之间的信任。Szulanski（1996）认为，知识转移的影响因素主要体现在知识源发送知识的动机和知识源被信赖的程度。信任度对集群知识转移的影响，一方面表现在知识接受方的可信任度，如知识源担心知识转移之后不能得到平等的回报，知识源组织可能会缺少转移知识的动力；另一方面表现为知识源的可信任度，如一个富有经验且值得信赖的知识源更容易影响知识接收者的行为，从而提高知识转移效率。集群成员间的信任程度越高，则彼此就越愿意分享和交换信息与知识。其次，集群发展中形成的各种有形或无形的规范，会对成员的悖德行为进行处罚，进而有效地促进组织或个人之间的合作与交流。最后，以资本渗合、长期合作的合同与协议、企业信誉、人际关系、传统习惯等为纽带而联结成的集群各种正式和非正式社会网络，将有效地带来知识的溢出，尤其是隐性知识的溢出，从而增强集群企业的竞争优势（图 3-3）。

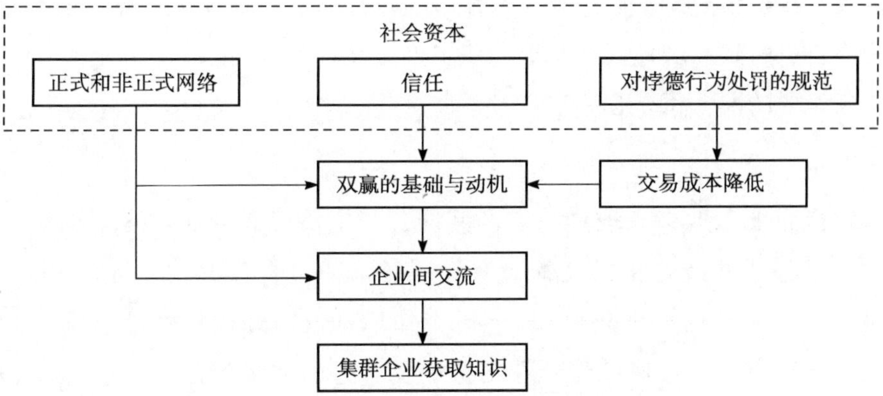

图 3-3　社会资本影响集体学习的机制

资料来源：江青虎和余红剑（2010）

（二）集群技术学习的对象

在集群中，企业可以向客户、供应商、同行、高等院校和科研机构、中介及服务机构、地方政府等学习（表 3-2）。

表 3-2　集群技术学习的对象、内容与途径

学习对象	学习内容	学习途径	对创新的影响
客户	know-what 知识的流动	接受订单；客户参与开发	获取新产品信息；促进产品创新
供应商	know-how 知识的流动；设备等物质的流动	合作开发；分包	获取新技术知识；促进产品创新和工艺创新
竞争对手	模仿学习	参观竞争对手的企业	技术引进；产品创新
中介机构	产品信息的流动；共性技术知识的流动	提供信息或共性技术服务	协调各个企业的创新活动；促进产品创新
本地大学	人才的流动	技术人才培养	技术人员能力增强
研究机构	技术资源共享	合作开发	
地方政府	政策信息的流动	座谈会、调研、媒体	营造集群创新环境

资料来源：刘慧（2003）

1. 客户

集群企业通过与客户接触可以获得市场需求信息。一些挑剔的用户对产品和服务所提出的高质量、高可靠性要求，也是对产品设计和改进的要求。集群中的企业可以接受客户订单，邀请客户参与开发新产品等途径，向客户学习 know-what 知识，如客户对产品设计的特定要求、质量标准、产品使用后的反馈甚至相关的技术支持。向客户学习有助于获取客户互补的技术专长以提高自身的研发水平，有助于进一步提高设计和开发水平，也有助于新产品、新设备的推广和应用。

2. 供应商

集群企业一般会在地理临近区域拥有一个供应商群体，这些供应商彼此之间通过正式或非正式契约而互动联结。通过合作开发、分包等途径，企业可以从供应商那里获得 know-how 知识，促进开放性的信息交换并且解决共同问题，促进产品创新和工艺创新，进而实现产品质量的提高和柔性生产。

3. 同行（竞争对手）

由于同行之间有明显的竞争和利害冲突，因此有意识的合作相对而言是比较困难的。但是，产业集群中的企业可以通过观察与模仿从同行那里获得一系列溢出的知识和信息，比如，产品设计思想、工艺技术诀窍、市场营销创新和组织管理程序等。当然，如果大家面对同样一个严峻挑战或者同样一个诱人的创新机会，却没有任何企业具有相应的资源实力来独立开展创新活动，那么为了降低风险，同行之间的暂时性合作学习也会成为可能。这有利于同行分享创新的成果，使各自的价值创造功能都有所提高，从而使其所在的价值环节得到优化。

4. 大学科研院所、中介机构和政府

在较为成熟的集群中，都有发育程度不同的支持体系，如政府及各种各样的服务商、金融机构、大学和其他高等院校、贸易协会、培训中心、技术研究所和营销合作社等。这些支持机构可以为本地企业提供各种各样的服务，促进企业间的合作，以及在集群相关机构中间促进联合行动，促进知识和信息的反馈等。特别是作为集群知识、技术支撑结构的大学和各种研究机构，它们不仅可以创造新思想、新知识、新技术等，还可以进行教育、培训及成果转化等。因此，集群企业与大学、研究机构的合作，可以获得知识源和大量的高素质人才，同时也可以吸纳这些知识生产机构积极参与技术创新活动。

（三）集群技术学习的方式

1. 模仿

模仿学习理论认为，学习是通过模仿过程而产生的，即一个人通过观察另一个人（榜样）的行为反应而学习了某种特殊的反应方式。观察者仅仅通过看到榜样的奖励就可以学会这个榜样的反应，来自榜样的奖励可能是各种各样的。由于空间上的临近，产业集群中的企业的面对面接触与观察变得非常普遍。通过这种接触与观察，集群有关信息可以得到很充分的传播，进而导致企业之间的模仿大量产生。但这种模仿行为不是简单的“复制”或“照搬照抄”，而是结合企业特点的适应性修改，是模仿创新行为，是一种适应性的学习行为。在集群中，即使是最难以获取的知识——隐性知识，也能通过长期的模仿互动所产生的共同语言而得到很好传播。产业集群内的大量模仿使得技术学习活动的成本大大下降而效率却明显提高。

2. 合作

合作是指两个以上的企业通过分析市场外部环境和企业生产经营状况，从自身利益出发，采用各种方式建立起来的生产、销售、管理、技术开发等方面的相互协作关系。这是一种相对正式的跨边界学习，合作可以突破单个组织的资源局限。因此，集群中企业之间的技术合作和其他的非正式互动关系就成了知识转移的最直接、最重要的形式。在集群中，企业之间的合作互动的方式可以多种多样，包括业务行为（研发、营销）共享、资源（有形或无形）共享和专业化等。通过合作，集群企业不但可以分担某些领域内巨额的开发费用，还可以达到知识共享、人力资源和技术优势互补的协同效应。当然，合作也往往蕴含着较高的道德风险，比如，一方会恶意窃取对方的技术秘密，然后中止合作。而在集群中，借助社会认同效应，可以在一定程度上约束悖德行为。另外，地理上的接近和文化背景的相似也使合作各方沟通更加方便，从而便于协调合作。

3. 不同组织员工之间的非正式交流

在产业集群中，企业的地理集聚自然地导致专业人才的集聚，形成马歇尔所谓的“人才库”。这些人才尽管供职于不同的组织，但由于同处一个地区，也很有可能彼此熟识并在工作之外发生较多的面对面交流。这种交流可以是跨行业、跨部门的，因为现代产业的技术通常都比较复杂，其所涉及的技术面很广，这种非正式的交流可以帮助组织有效地学习其不熟悉的知识。

4. 员工跨组织的流动

企业的技术知识很大一部分是以隐性知识的形态存在于员工的大脑中，因此员工在组织间的流动在效果上可以视为一种技术学习过程。而在集群中，人员流动则很频繁。这是因为在集群中有大量适合自己的专业和经验的企业可供其选择进入，员工离开某个公司之后可以很快地在附近的另一家公司找到工作；另外，相似的社会文化背景也可以减少跳槽的成本，因为他不会对一个新的工作环境感到陌生。因此，员工，尤其是熟练劳动力在集群中的企业、机构及其他组织间流动带来了专业知识的传递和扩散，也加强了企业间非正式的联系，丰富了集群中的知识。

5. 企业衍生

企业衍生从本质上来说是集群中员工跨组织流动的一种极端表现形态，它是指员工脱离某企业或机构后自己创办一家新的企业。衍生活动包括：①由以前属于另一个企业的员工新成立的企业；②由于经营观点的分裂导致了从创业初期的企业里分离出来的新企业；③公共研究机构或教育机构成立的企业属于公共机构衍生企业的行为；④由多家企业共同发起建立公共机构，产生的知识信息由大家共享等（魏江和魏勇，2004）。这样，具有技术、管理或业务方面的专业知识的企业家，就会带着在原有企业或机构的想法、经验或潜在产品建立新的企业并做进一步开发。在离开原有的企业、大学或其他机构以建立新企业或开发新技术或市场的时候，“溢出”的企业家在集群中传递或扩散了高水平的知识和能力，因此丰富了集群的“知识库”。而且在集群中，这类企业的产生通常是由两个或两个以上的发起人建立的，他们带来了不同但互补的技术和知识，也促进了新知识的发展和集体学习（蔡宁和吴结兵，2005）。

二、不同空间尺度上的产业集群技术学习

集群的技术学习不仅体现在本地的集群成员之间的学习，也包括集群向其外部企业的学习。

（一）地方化学习

按照 Malmberg 和 Maskell（2002）的理解，地方化学习（localized learning）包括两个不同但又相互联系的内容：地方化能力和空间临近性在交互式学习中的作用。

1. 地方化能力：学习的社会和制度基础

Malmberg 和 Maskell（2002）认为，地方化能力支持和引导知识创造和交换过程。区域的基础设施、建构的环境、自然资源、制度禀赋、知识和技能等构成了其地方化能力。随着全球化和交通通信技术的发展，影响生产的许多因素和区域以往的独特能力，如今在世界大多数地区都可得到。然而，一些知识的创造和交换却根植于区域和集群的文化、制度和社会结构中。随着时间的流逝，成功区域的惯例和制度成了支撑其竞争优势形成的共享资产，其他地方难以模仿。

2. 地方化学习作为一个地方化过程

在地方层面，集群中企业通过三种具体机制而相互学习：通过相互作用而学习、通过相互监视而学习和通过传言而学习（图 3-4）。

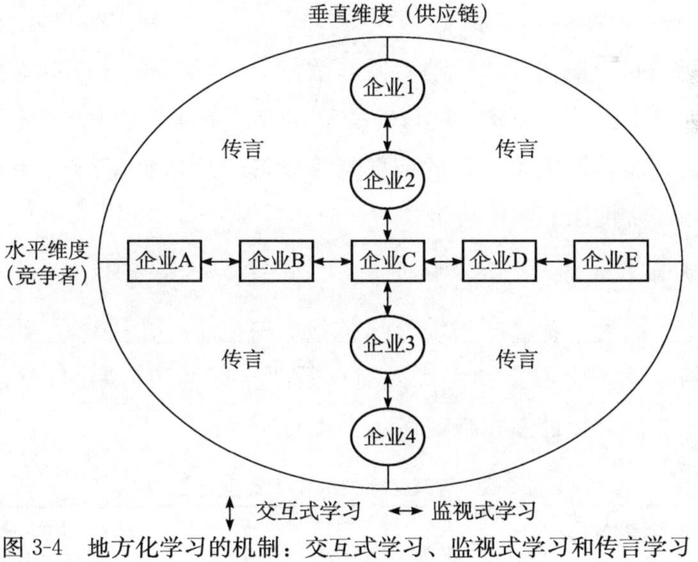

图 3-4 地方化学习的机制：交互式学习、监视式学习和传言学习

资料来源：James 等（2011）

（1）交互式学习。这种学习发生在集群的垂直维度。“相互联系的集群企业通过投入-产出关系，相互学习对各自承担的不同但互补性的活动有用的知

识、经验和技能”（Malmberg 和 Maskell,2002）。Malmberg 和 Power（2005）认为，虽然企业确实可以从那些与之具有贸易和共同解决生产中问题的企业身上学习到相关知识，但集群文献却夸大了供应商和顾客之间的地方化相互作用的重要性。交互式学习取决于复杂的劳动分工，价值链中的不同企业必须具有专门化和渊博的知识。当集群的经济活动随着时间的演化，新企业不断衍生时，或者通过吸引专业化供应商和有需求的顾客向发展中的集群移动时，这种学习才可能发生。

（2）监视式学习。这种学习发生在集群的水平维度。企业之间从事相似的活动，为竞争对手关系。为了辨识、模仿较好的解决方式，企业间通过观察竞争对手的活动、比较不同的实践而相互学习。尤为重要的是，信任并非学习的先决条件，企业间也不需要任何的直接联系。但是，需要很多企业承担相似的活动，因而只需较小的努力或成本就能彼此观察。

（3）地方传言学习。这种学习发生在集群的社会维度。地方传言，或称邻居效应，是指由于位于同一地方的相同产业内，经济行动者之间长期、频繁地面对面接触所创造出的信息与传播的生态环境，是“集群行动者之间的信息、知识和灵感得以传播的厚实网络”（Bathelt，2007），或 Grabher（2002b）所谓的“噪音”，“行动者并非故意‘扫描’他们的环境以寻找特定的信息，而是被谣传、印象、建议、交易传说、策略性信息等包围”。传言的关键特征是其能够提供无意识的或偶然性学习，这依赖于行动者基于社会和个人网络的经常性的面对面接触。

3. 地方学习网络的成因：临近性

集群中不同行动者之间的地方化学习，构成了一个绵密的知识创造与技术学习网络。地方学习是如何形成的？概括而言有四个原因：地理临近性、认知临近性、社会临近性和制度临近性（表 3-3）。

表 3-3　与集群相关的临近类型与影响

临近类型	主要维度	太少的临近	太多的临近	可能的解决方案
地理临近性	距离	没有空间外部性	缺乏地理开放性	本地自动传播和外部联系的结合
认知临近性	知识鸿沟	误解	没有创新源	基于多样化但互补的能力的共同知识基础

续表

临近类型	主要维度	太少的临近	太多的临近	可能的解决方案
组织临近性	控制	机会主义	官僚主义	松散的联系网络
社会临近性	信任（基于社会关系）	机会主义	缺乏经济理性	根植和市场关系的结合
制度临近性	信任（基于共同的制度）	机会主义	锁定和惰性	制度系统的核查和平衡

资料来源：Boschma（2005）

（1）地理临近性。地理临近性不仅仅强调短距离可以为厂商带来频繁、亲近和直接面对面互动的机会，而且有助于内隐知识的交换。事实上，地理临近性不仅代表空间地理上的意义，更重要的是来自文化与社会层次上的临近。集群内厂商由于位于同一地方，接受社会惯例与技术文化的共识，也有助于彼此间弹性灵活地互动与学习，并且相互调整，进而促进技术与产品的开发与改良。因此，认知临近性、社会临近性和制度临近性也可以看做是由地理临近性而衍生出来的。

（2）认知临近性。在解释地理临近性为什么会促进同一地区的厂商能够进行地方化学习时，Boschma（2005）认为在于同一产业在空间中容易发展群聚现象，厂商间存在认知临近性。所谓认知临近性，是指经济行动者在理解、解释与评估同一事物时方式的相似性（Boschma，2005），或经济行动者间的产业知识架构与特征的相近性。Petruzzelli 等（2009）认为，认知临近性的多寡会影响到集群企业外部学习的效率。当双方的认知临近性越高时，新知识的沟通、转移与创造将会越有效率。同一产业的不同厂商，说着同样的语言，更有助于彼此间互相学习。

（3）组织临近性。Boschma（2005）认为组织临近性具有学习和创新的利益。所谓组织临近性，是指组织内或组织间具有关系（relations）的一种安排，反映主体间组织特征的相似性。包括组织结构、组织文化、组织所受的制度约束、组织所处的社会关系与地位等特征上的相似性。组织临近性如光谱般可以有连续性的排列，不同程度的组织临近性代表着联结的强弱。最松散的组织临近性可以称为市场，或低度组织临近，属于弱联结或没有联结；其次为网络型，例如，合资行为，属于中度的联结，组织临近性程度大于市场；强联结，诸如科层组织，具有高度组织临近性。

（4）社会临近性。Boschma（2005）从微观的角度把社会临近性定义为社会镶嵌的关系。例如，朋友关系、亲戚关系与共同的经验所形成的关系。在集群中，基于信任与承诺的双方而产生的社会临近性，有助于地方化学习。

（5）制度临近性。Boschma（2005）认为，区域空间中存在同一制度的临近性。这种由惯例、规则或法律制度所建立起的地方上的习惯与惯例的集合，会规范个人与团体间的关系与互动。法律、规则等正式制度安排，以及文化规范、习惯等非正式制度安排，会促使集群内形成稳定的关系，因而有助于集群内隐性知识的流动。

（二）全球传言学习

1. 全球传言

为了避免技术锁定，许多学者指出区域和集群必须与其外部建立信息联系。最近，经济地理学者注意到了暂时性的面对面接触在知识创造和扩散过程中的重要性（Maskell 和 Malmberg，1999；Grabher，2002a；Norcliffe 和 Rendace，2003；Storper 和 Venables，2004；Bathelt and Schuldt，2010）。尽管全球经济网络整合和信息通信技术在日常商务惯例中的作用不断增强，但个人联系依然是新闻传播、知识交换和解决问题的重要决定性机制。然而，在全球生产布局或者在远离全球核心产业区的边缘区域的情景下，企业要在附近找到合适的交易伙伴并不容易。他们不得不通过提供遥远的市场和成熟技术，建立远距离的经济联系。在此背景下，暂时性的面对面接触和实际共存，以及各种形式的虚拟临近及其替代空间临近的能力，已经成为最近一些研究的焦点。

其中，国际贸易展销会（international trade fairs）作为一种暂时性集群，由于使经济主体实际共存和个人接触成为可能，已经成为无需考虑空间限制，进行知识交换和联系网络建构的重要的暂时性平台。这种商业对商业的展销会，创造了一个基于特定制度环境下的丰富的交流和信息生态，Bathelt 和 Schuldt（2008a）称之为“全球传言”。这种传言包括行业或技术领域的新闻、战略信息、经验、传闻、提议、猜测等，汇集了来自企业代表、科学家和专门人才的不同知识库，代表了一定时间内的某一产业缩影，由此成了生产者和消费者进行信息交流和技术学习的地方。因此，参加国际贸易展销会，集群新的知识管道会被创造出来（图 3-5）。

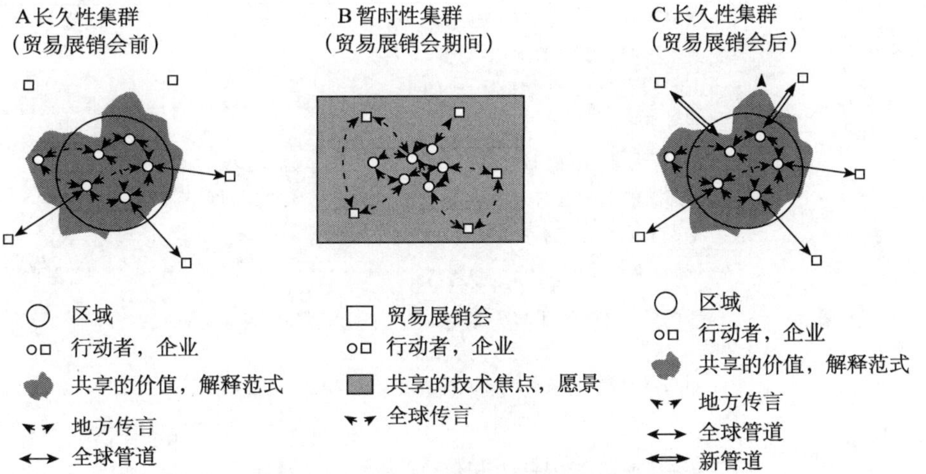

图 3-5　暂时性和长久性集群中的管道创造和互补性关系

资料来源：Bathelt 和 Schuldt（2008b）

关于全球传言的构成，根据 Bathelt 和 Schuldt（2010）的研究，全球传言分为实体全球传言和虚拟全球传言两大类型。其中，前者包括全球共存、面对面的互动、观察、焦点社区和多样的会议和关系等（表 3-4）。

表 3-4　全球传言和虚拟传言的构成

构成	国际贸易展销会中的全球传言	网络贸易展销会中的虚拟传言
全球共存	＋来自世界各地的代理商的高度集聚；	±普遍存在（非共存）；
	＋独特的职业环境；	＋容易/迅速获得对产品/企业的印象；
	＋代理商共享奉献、耐性和开放；	＋24 小时 365 天可获得；
	＋通过日常惯例很少中断；	＋不同地方的代理商具有较高的联系性；
	＋关键性的自我反思；	－来自世界各地的代理商彼此分散/不了解；
	±参展商的可接近性高	－嵌入日常惯例的虚拟移动/中断；
		－由于时间滞后，同时存在不一定是真的
面对面的互动	＋面部表情、手势和模仿；	＋合作关系中：聚焦/快速信息转换；
	＋复杂信息的转换和立刻反馈；	－眼看困境/缺乏面对面的互动；
	＋分散的信息流；	－隐藏身份/意图/日程；
	＋对新闻的持久评价与再评价；	－由于数据安全性低，一些敏感地方无法讨论；
	＋在建构未来伙伴关系中降低风险	－最小的合乎情理的关系
观察	＋原地观察：审视/触摸和感觉；	＋对站点和网页的观察；
	＋观察其他人的反应；	－设计/产品只能想象，无法体验；

续表

构成	国际贸易展销会中的全球传言	网络贸易展销会中的虚拟传言
	+竞争者的行为/哲学的形象化；	—评价/解释作为一个单独过程
	±易于接近和受制于他人	
焦点社区	+由实践社区/认知社区构成的多样化的复合物；	+与相关/不相关部门的企业的邂逅；
	+重叠/互补性的知识基础；	—全球尺度上，任何时候都很少有一批关键性的行为者；
	+高质量的职业氛围；	—较难访问新来者
	+集体的解释使个人更易选择；	
	—依然存在封闭的社区	
多样的会议和关系	±与专家会见的多样性，包括规划的/非规划的；	±强烈的目标定向；
	+不同行为者/关系间的密集网络；	±行为者间的交流通常有限；
	+直接的/可信的反馈机制；	—相关行为者/企业可能易被忽视；
	+以迅速信任为基础，初始信任得以发展；	—无直接的反馈机制/难于过滤信息
	+源于面对面接触的多种渠道；	
	—合作困境：取决于时间计划/等级位置	

注："+"指对参与者的优势；"—"指对参与者的劣势。
资料来源：Bathelt 和 Schuldt（2010）

2. 全球传言中的技术学习方式

（1）展览会上厂商的知识学习。参加国际贸易展览会，并非一定以产品采购为目的。技术学习也是很多参会者的重要目的。在展览会上，厂商可以通过以下方式进行技术学习：第一，收集竞争对手的产品或技术创新趋势的有关信息，如非编码信息（声音、颜色、形状等）的刺激与收集，编码知识（会展所发放的书面资料）的收集；也可以从旁边系统地观察到竞争对手在表演、操作等过程中所内含的知识；当然，也可伪装身份，口头询问对手的商业秘密。第二，收集顾客市场趋势的有关信息。在国际贸易展览会上，参展商会遇到来自世界各地的专业顾客。通过彼此间的互动与询问，厂商可以观察、归纳出全球市场的趋势与未来需求等信息，进而降低新产品开放后因市场缺少而导致失败的风险。第三，潜在合作伙伴的寻找。在国际贸易展览会上，参展商还可以寻找新的产品代理商、新的原材料供应商，以及与一些厂家洽谈未来的技术合作开发伙伴。

（2）把国际贸易展览会当做一个建立国际性网络的节点。Power 和 Jansson（2008）曾把国际贸易展览会形容为一个可促进参展者的社会性接触与网络资本发展的空间。因为很多人都是多次参加国际贸易展览会，通过一次次短暂的与国外厂商的交谈、接触，彼此间慢慢地培养起信任感，很可能就成了朋友。以后就可能受到他们的邀请去参观，看一些厂商想看的“东西”。由此，通过参加国际贸易展览会，厂商就可以跨入不同的国际知识圈。

三、产业集群主导技术学习方式的演化

作为知识系统的产业集群，在其发展的不同阶段，其主导学习方式也呈现出不同的演进特征。一般来说，产业集群的成长过程大体经历形成、发展和成熟三个阶段。与这三个阶段相对应，集群中的主导学习模式也呈现出不同的变化（表 3-5）（Carbonara，2004；徐占忱，2009）。

表 3-5　集群不同阶段上的技术学习

集群类型	集群发展阶段	集群边界	网络	集群学习机制	组织学习机制	认知特性	创新
类型 1（小企业集群）	形成阶段	封闭	社会联系	干中学、地方化学习	经验学习	隐含知识与专业技能；信息快速传递，知识分享容易	渐进性产品创新
类型 2（中小企业专业化分工）	发展阶段	封闭	经济和社会联系	干中学、用中学、地方化学习、专业化学习、集体学习	经验学习、模仿学习	技术知识具备企业专用性；信息传递快速，知识易于分享	渐进的、持续的产品和流程创新
类型 3（领导型轴心企业、集群协会与高度专业化企业）	成熟阶段	开放	更多结构化的经济联系、社会联系和产业联系	干中学、用中学、以研发为基础的学习、地方化学习、专业化学习、集体学习、互动学习	经验学习、模仿学习、购买学习	技术知识具备企业专用性；信息传递快速；知识易于分享；研发活动；与外部环境的认知互动；外部知识与环境知识的组合	突破性、系统的产品、流程、管理和组织系统创新

资料来源：Carbonara（2004）

1. 集群形成阶段的学习

在产业集群的早期阶段，集群大多以劳动密集型的小企业（或作坊）为

主。同时，集群处于相对封闭的环境中，企业之间相对孤立，主要通过社会关系网络发生联系。在共同的语言、技术背景和社会文化的生产环境下，非常有利于人际网络关系的形成，有利于表现为技巧形式的隐含知识和特有专长的积累，由此可以形成特定区域所独有的专门知识，人际关系、信任、共同的语言和信仰加快了信息的传播和知识的共享。在“干中学”、“用中学”等多种动态社会化过程的支撑下，实际操作知识成了非常重要的创新来源。

因此，在这一阶段，除集群企业自身的“干中学”外，基于社会联系的企业间的地方化学习也是集群学习的主导模式。但该阶段的集群经济联系较少，所以集群学习相对不活跃。

2. 集群发展阶段的学习

此阶段的集群整体上仍处于相对封闭状态，但企业之间开始发生劳动分工，除社会关系外还发生经济上的联系。在此阶段，集群中大量小企业聚集于同一生产过程的几个阶段上，按照“弹性专精”原则，既有合作又有竞争。集群主体间的学习主要表现为与特定的生产阶段相联系的高度专业化的“垂直式”学习和现有知识存量的持续改进，进而呈现出明显的专业化学习特征。专业化学习依赖于集群中生产的垂直分化程度，以及集群内同一生产阶段上企业间的竞争状况。

这一阶段的学习过程同样受空间因素的影响。地理临近性，企业家之间的个人联系，集群内经常性的劳动力流动，顾客与供应商之间的关系，竞争过程、互补信息和专业化服务等对专业化学习都十分重要。专业化学习是在地方化学习基础上的演进。基于地方化的专业化学习作为主导学习机制离不开企业对特定环境的认同，因此在这一阶段，在学习过程中获得的知识也是有高度的背景依赖性的，这是与地方的文化环境因素紧密相关的。

因此，在这一阶段，集群中不仅存在“干中学”、“用中学”等学习方式，而且地方化学习、专业化学习与集体学习开始成为集群学习的主要机制。

3. 集群成熟阶段的学习

在集群发展的成熟阶段，集群企业高度分化，既有领导型轴心企业，也有集群协会与高度专业化企业，形成了更多结构化的经济联系、社会联系和产业联系。集群中逐渐形成基于不同学习能力的企业间的知识梯度，使企业集群呈现出基于不同知识位势的企业间梯级关系。高位势企业间、低位势企业间、高位势企业与低位势企业间，以及企业与集群外部的知识联系紧密，学习活动频繁，企业之间的互动学习开始起到重要作用。除原有的经验学习、模仿学习外，一些集群企业有能力通过购买产品或技术进行学习，或投入大量资金，以进行研发活动。

因此，在这一阶段，集群学习形式多样，既有“干中学”、“用中学”，也有以研发为基础的学习、地方化学习、专业化学习、集体学习、互动学习，表现出全方位交互学习的特征。

第二节 选择性环境、能力与农区特色文化产业集群演化

文化产业集群的形成与演化受多种因素和作用力的影响，既有来自集群内部的，也有来自集群外部的。本节主要运用行动者能力与选择性环境互动的研究框架，以宝丰县赵庄乡魔术产业集群为例，剖析我国农区特色文化产业集群的演化机理。

一、研究框架与案例选择

关于文化产业集群演化的动因，国内外主流文献多从知识传播与集体性学习的视角给予解释，认为关键在于基于地理临近的地方化网络的形成和基于关系临近与制度临近的集群与外部管道的构建，以及地方网络与外部管道之间的互动（Breschi 和 Maleba，2001）。而不同地方的文化产业，创意能力之所以不同，可能原因在于地方环境的差异。例如，Landry（2000）认为，文化创意存在着一个最适宜的成长环境，即创意环境。Florida（2002）则指出，美国创意经济兴盛的原因在于其“创意社会结构”。而在 Scott（2006）看来，由于都市内存在着“创意场域”（creative field），能产生特定外部性促进集群的形成与知识的交流。Drake（2003）通过研究英国伦敦、伯明翰和雪菲尔的文化产业，指出特定地方内的物质资源与景观刺激、紧密社会网络、

地方声誉与传统、地方创意社群是影响个人创意能力的四个要素。这些研究均指出地方环境是影响个别创意行动者能力的因素。当然，创意能力不仅受制于地方环境，而且还反作用于地方环境。Jeffcutt 和 Pratt（2002）指出，创意是新点子与脉络相互串联的过程。Lambooy（2002）采用行动者能力与选择性环境互动的研究框架，剖析了城市与区域经济演化的机理，认为都市经济成长是一种认知选择过程，路径开创乃是由行动者能力与选择性环境所共同决定的；不同区域由于具有不同的认知选择过程，必然造成不同的发展轨迹和专业化。近十多年来，产业集群的演化也开始成为国内学者研究的前沿领域。苗长虹（2006a），以及苗长虹和艾少伟（2009）分别从创新的视角构建了学习型产业区研究的理论框架。李二玲和李小建（2009a；2009b）用网络分析研究了经济欠发达农区产业集群的演化机理；林政逸和辛晚教（2007）则应用行动者能力与选择性环境互动的分析框架，考察了台北市音乐产业集群的演化，发现地方环境不仅能筛选行动者能力，更是促进行动者能力发展的区位；同时，空间集群建构的地方黏性资产也成为音乐产业从业者持续累积个人声望与专业知识的区位。

演化经济地理学家指出，真实的经济活动必定是在特定时空制约的前提下发生和演化的，是嵌入在更为广阔的历史文化、制度背景和地理环境中的，同时本地产业不仅与本地产业技术和制度环境发生互动，还与区域外的国家层面和全球层面的产业技术和制度环境有一定的联系（刘志高和王缉慈，2008）。因此，由行动者的认知、创新与组织能力三种相互重叠的能力，与由制度、市场与空间组织三个彼此影响要素而构成的选择环境性之间互动的研究框架，应该是一个从知识视角解释区域经济演化的有效工具。但到目前为止，该研究框架多应用于城市，鲜有农区的研究。本节的目的，一是以宝丰县赵庄乡魔术产业集群为例，探讨影响农区创意产业集群的因素是否与城市的完全相同，农区是否有自己特色的传统，它是有助于还是阻碍农区文化产业集群的发展。二是尝试运用行动者能力与选择性环境互动的研究框架，通过二手资料和半结构式访谈法，剖析我国农区特色文化集群的演化机理，解析农区特色文化产业集群形成与发展的原因。

二、赵庄乡魔术产业集群的演化及其选择性环境的特性

(一) 赵庄乡魔术产业集群的发展历程和空间集聚

1. 发展历程

赵庄乡位于河南省宝丰县西北，面积 44.63 平方公里，辖 22 个行政村，3.5 万口人，是全国著名的“魔术之乡”，几乎村村有团体，户户有演员。目前，全乡有各类魔术表演团体 630 多家，占全国总数的 3/10；其中具有 30 多个团体以上的魔术专业村有 15 个，2000 多个文艺专业户、2 万余名演艺人员常年活跃在全国各地。其形成和发展主要经历了以下三个阶段。

(1) 缓慢发展时期。赵庄乡魔术源远流长，历史悠久。元末明初，赵庄乡周营村由于地势是低洼，天灾不断，当地少数人出外以玩木偶为生。后来这些人学到一些民间小魔术，收入渐增，村人效仿。从此，魔术便成为村民养家糊口的主要手段。清顺治年间，又发展了民间气功，同治年间出现了化学魔术、光学魔术。民国时期，开始把魔术与木偶巧妙地结合在一起。该时期的魔术表演基本上以贫民为谋生在街头“撂明地”为主，规模小、节目少，多为小“把戏”。

(2) 迅速壮大时期。新中国成立后，一大批新节目得以引进、创新。1949 年，岔河寺村的毛玉山在部队向战友学会了“百步吹灯”等 10 多个小型魔术。1957 年，周营村的徐海水等赴武汉演出，学会了“箱中换人”等各类节目 30 多个。当年，赵庄乡成立了第一个魔术团，参加河南省曲艺汇演并获奖。在此影响下，到 1965 年，赵庄乡魔术演出团体急增到 20 余个，魔术节目发展到 100 多个，主要节目为手彩活、光子活、门子活等中小型魔术，表演目的以娱乐为主，演出形式主要是“撂明地”、“扎圈子”，成规模的表演团体较少。“文化大革命”期间，赵庄乡魔术曾一度停滞。

(3) 空前繁荣时期。1978 年，赵庄乡重新组建了木偶魔术艺术团。次年，徐海水、刘文、徐召遂、徐五申、靳合群、徐召岗、毛玉山先后组建了 7 个魔术团，开始赴全国各地演出，并获得了较好的经济收益。之后，其他村民纷纷效仿。到 1990 年，全乡魔术团已发展到 281 个，涌现出 5 个魔术专业村，并从周营村辐射到周边乡镇。同时，演出节目也从单一魔术向魔术、气

功、杂技、歌舞等综合性、多元化方向发展。但由于资金、人才和身份等的限制，此时的市场90%是全国各地县城以下的乡镇、村组及集镇的庙会、物交会。

20世纪90年代末至21世纪初，受利益驱动和社会上一些低俗观众的影响，赵庄乡一些演出团体转向了以卖假药、跳艳舞和卖假化妆品为主的"和尚棚、歌舞棚、化妆品棚"，一度在社会上造成很坏的影响。为此，当地政府适时下发文件，采取措施进行大整顿，使赵庄乡魔术开始迈入繁荣昌盛时期。一是在水平向度上，首先表现为演出团体不断增多（表3-6），从业艺人日渐壮大；其次是开始呈现出专业化、高档化、现代化的态势。例如，演出节目不断更新；演出设备更加精良；演出地点开始转入大城市，甚至走出了国门；演出方式转为大棚和剧场演出；收入日益攀高，突破亿元大关。二是在垂直向度上，形成了以魔术表演业为中心，包括服装与道具生产、人员培训等10多个支撑产业的产业链条。

表3-6　改革开放后赵庄乡魔术演出团体的发展变化

年份	数量/个
1978	1
1979	7
1980	12
1984	68
1986	123
1988	233
1990	281
1993	350
2000	612
2005	632
2009	634

资料来源：宝丰广电传媒网①

2. 空间集聚

随着赵庄乡魔术演艺业的不断发展与壮大，一些相关产业，如魔术道具与服装制作、魔术培训、音响和灯光销售、大蓬加工与销售、演艺策划与中介、魔术旅游等应运而生。现在，在宝（丰）—赵（庄）公路两边，特别是

① 宝丰广电传媒网．魔术大观．http://www.bftv.net.cn/zhzh/rwfc/2007-7-16/YanYiMingRen-LiSuPing.htm［2013-01-06］．

周营路口附近，集中了近百家此类企业，初步形成了以周营为村中心的魔术产业集群（图 3-6）。现如今，赵庄乡的魔术早已辐射到商酒务、肖旗、石桥等相邻乡镇，并带动了整个宝丰县特色文化产业的发展。

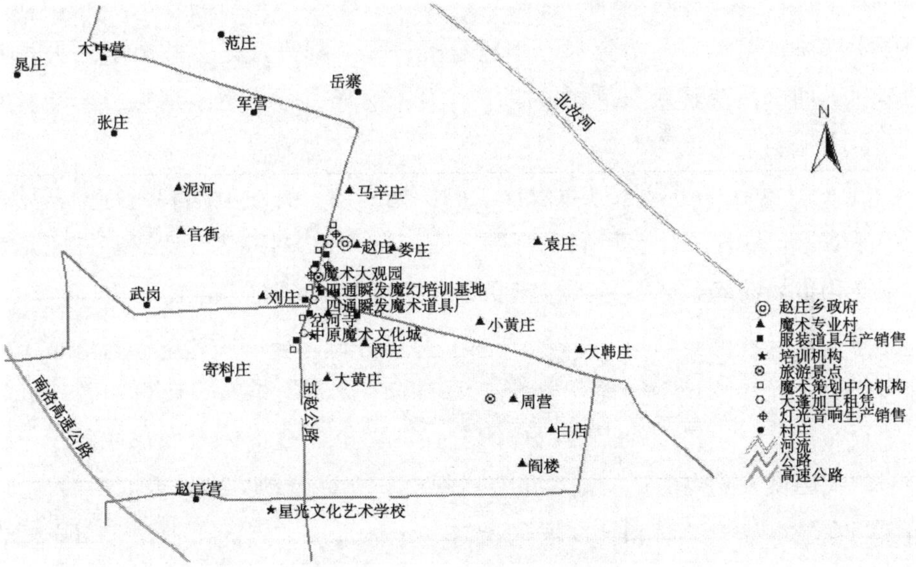

图 3-6　宝丰县赵庄乡魔术产业集群分布示意图

（二）赵庄乡魔术产业集群的选择性环境的形成过程及特点

（1）市场环境。赵庄乡魔术源于民间，存在于民间，活跃于民间。民间市场的变迁，推动了赵庄乡魔术的演化，塑造了其“原生态”的特点。

第一，消费市场。新中国成立前，因交通落后，外出困难，赵庄乡艺人把魔术市场选在河南或临省乡村，主要通过表演一些小把戏或木偶戏吸引观众，目的在于兜售针线谋生。此时的节目多是一些苦刑术，如“吃针穿线”等。

改革开放后，尽管我国农区生活条件得到改善，但与城市相比还有差距，因此大部分城市职业文化团体不愿下乡演出，农村文化娱乐生活仍较贫乏。所以，赵庄乡魔术在农村市场大受欢迎。在冬春季节，60％的魔术团到南方乡村、山区演出。这里的自然环境虽恶劣但市场广阔，演出场次多，经济收入较好。炎热夏季，则转移到华北、西北和东北的农村物交会。此时的节目多以传统的手彩魔术和古典魔术为主，如“仙人摘豆”、“出火盆”等。

20世纪80年代后期，随着电视在农村的逐渐普及，农民文化需求也开始呈现出多元化趋势，鉴赏品位更高。于是，赵庄人开始尝试着把魔术与歌曲、舞蹈、杂技、气功、武术等结合起来，陆续形成了一些新的表演形式，如滑稽魔术、舞蹈魔术、气功魔术、心理魔术、魔术剧等，先后推出了一大批新的节目，如奇箱与观众双跳舞、眼中喷火、钢管穿心、飞鸽不见、巧治县官等，极大地满足了市场需求。

进入21世纪后，随着大量农民工的长期外出，有线电视和因特网开始进入寻常农家，农村文化市场似乎有所“萎缩”；而“刘谦热”的兴起却昭示着城市文化市场的繁荣。于是，赵庄乡魔术开始将目光转向城市。

第二，要素市场。20世纪80年代，解决了温饱后的赵庄乡农村的富余劳动力，急于寻找致富的门路。劳动力市场的“无限”供给，使得当时的农民工工资非常低。只要能挣点钱就比闲着强，无论什么工作他们都愿意干。而当时的我国城乡隔离的户籍制度虽有所松动，允许劳动力在城乡间暂时流动，但要想在城市务工经商和长期居住尚有一定的难度。因此，不需太多启动资金、代代相传的魔术表演，顺理成章地成了赵庄乡农民发家致富的首选。于是，一些市场意识强的艺人，开始招聘人员组团，经过简单的培训，便外出“闯荡江湖”。但也正是这种“草根性”，艺人多为农民，文化素质较低，在一定程度上延缓了赵庄乡魔术的创新速度。

（2）地方制度环境。地方制度效率将决定文化产业的发展进程（Power和Hallencreutz，2002）。赵庄乡魔术产业集群的形成与演化，深深镶嵌于本地的社会制度环境之中。

第一，思想交流体制。为鼓励节目创新，保护创新者的既得利益，赵庄乡魔术在长期的发展中形成了自己的“显见隐性”（apparent tacitness）语言（Cowan et al.，2000），即所谓的“行话”。这些行话，老艺人叫“春典”，是在长期艺术实践中约定俗成的，用来说明一个意思或事物的名称，起到对外保密、对内交流思想的作用。在旧社会，老艺人非常重视“春典”，有一口流利的“春典”，就证明你是内行，是江湖老手，别人就愿意与你交流，从而了解行内一些专业知识与市场信息。否则，同行之间搭不上话，就被视为“空子”（外行）。现在，虽然这些行话的保密功能大大降低，但作为交流语言在演出时还常常运用，同时一定意义上也表明了你的“圈内”资质。

第二，专业人才培训体制。受中国农村传统文化的影响，赵庄乡魔术师的培养主要依赖于基于血缘、亲缘、地缘和业缘关系的“子承父业”、“师徒制”和“以团代培”等制度的安排。

在赵庄乡，许多著名的魔术师都是“门里出身”，从小就沐浴在家庭艺术氛围中，靠祖辈、父辈的言传身教学习技艺。长大后，自然而然地继承了老一辈的魔术表演行业。例如，著名老艺人毛玉山曾跟擅长气功的祖父毛荣甲学习过技艺。1978 年，他手把手地教毛建华、毛强、毛新强三个儿子，并于次年组建魔术团。1980 年后，毛强和毛新强分别组建了各自的魔术团。相似地，1980 年，老艺人徐召遂也把魔术手艺亲自传给自己的儿女徐耀增、徐耀丽、徐松言、徐耀坤。后来，徐耀增、徐松言、徐耀坤都分别组建了各自的艺术团。1988 年，老艺人王文也把自己的魔术手艺亲授给儿女王兴太和王荣霞。据统计，2005 年年底，这些门儿里学艺的已占赵庄乡艺人总数的 20%。但这种制度安排由于具有较强的排外性，一方面使得赵庄乡土生土长的魔术得以原味传承，另一方面在某种程度上也阻碍了节目创新和表演水平的提高。

“师徒制”能够集面对面交流、观察与模仿体验于一体，是个体技能型隐性知识转移的最佳途径（波兰尼，2000）。在“师徒制”里，师傅既是徒弟的教练，又是其顾问和支持者。作为教练，师傅会帮助徒弟发展其技能；作为顾问，师傅会提供智力支持以树立徒弟的信心；作为支持者，师傅会为徒弟获得重要的任务提供力所能及的帮助。因此，通过“师徒制”，赵庄乡魔术不仅得以相传，而且得以光大。例如，1981 年，周营村的刘顺拜陕西省王志富为师，学会了“空手出彩”等 10 多个手法。2000 年，靳全亮、李淑娜拜浙江省著名魔术师金钢为师，学会了“六连环”等节目。这些魔术节目经多次改良和传承后，已经成为赵庄乡魔术节目体系中的重要组成部分。至 2005 年，赵庄乡艺人遇到或找到老师拜师学艺的人员有 150 多人。

“以团代培”是在一个魔术团内，魔术师让学艺人员边学边演，或利用闲暇时间对魔术团缺少才艺的人员进行艺术培训。这种模式一般根据魔术团的需要，指定某（几）个魔术师为师傅，培养目标明确、单一，学会即演，不像传统的“师徒制”那样只有系统学习后才能出师。“以团代培”、徒成为师、徒又带徒的现象在赵庄乡十分普遍。他们掌握了技艺之后另立炉灶，组团演出。目前，赵庄乡50%左右的演艺人员是通过“以团代培”形式培养出来的。

三、农区创意能力：魔术产业能力与选择性环境的互动

赵庄乡特色文化产业创意能力的形成与发展，不仅是一个不断试错的过程（如21世纪初发展方向的偏差），取决于上述选择性环境，而且还是其与选择性环境不断互动的结果。

（一）认知能力

1. 集群内的知识溢出、学习与认知

集群是促进默示知识交流与学习的空间机制（Malmberg 和 Power，2005），而临时合作是魔术师学习专业知识、提高认知能力的重要途径。在赵庄乡，大多数魔术团的成员都是不固定的，一般是以一个或几个具有一定绝技的艺人为核心，以满足演出地方市场需求为准则，以相关项目招聘其他演员进行组团。这种合作基本上都是口头约定，周期很短，大多为一年中的农闲季节。一旦外出演出结束，就意味着魔术团与成员的合作到期，成员可以进行新的应聘。这种艺人的高流动性，有利于不同门派魔术团间的相互借鉴和学习，从而提高艺人的认知能力。

定期性聚会是个别从业者寻求知识开创的机会（Maskell et al.，2006）。为提高演出质量，当地政府在周营村菩萨庙会的基础上，从1980年起举办一年一届的赵庄乡魔术大会，至1983年已连续举办了四次。1985～1987年，又连续举办了三届魔术会。从2002年起，改为每两年举办一次“中国·宝丰魔术文化节”。这些定期性聚会的作用主要表现在：①促进了市场信息的共享，为知识技术的面对面交流提供了平台；②增强了魔术从业者之间的社会互动，建立友谊关系，累积个人的社会资本，为未来的合作、学习奠定了基础；③可以观察同业者的创新活动，形成创新心理刺激。

Storper 和 Venables（2004）曾强调，在不完全信息、快速变迁及难以符号化的环境中，大部分创新活动仍需通过面对面的互动，原因在于其发生的频率高、有立即的反馈、有身体语言的表现、容易看穿对方的谎言，有引导或被引导与获得共享的习惯等。在赵庄乡，村民们“串饭场”和“串门”的

习俗，使村中处处充满着“传言”，每个人都被谣传、交易传说、策略性的误传等“噪音”所包围（Grabher，2002b）。这些“噪音”一方面使村民通过耳濡目染而被赋予这个行业、地方的文化，成为一个“内部的人”，免费获取有关的模仿信息。正如周营村70多岁的靳老汉所说：“我不喜欢玩魔术，但他们玩的魔术，我都知道怎么玩，村里人都知道。”另一方面将可能的模仿双方联系在一起。“在我们这一带，谁有了（魔术）新玩法，很快大家都知道。要是自己也想玩，直接去找就行，一般一看就会。”一位王姓的魔术师向我们这样介绍。

2. 知识的跨区域流动、学习与认知

基于地理临近的集群内知识传播，长时间容易造成发展的路径依赖，甚至锁定。因此，必须建立起有效的跨区域学习机制，刻意构建与外界联系的知识管道。

（1）走出去。如前文所述，赵庄乡魔术的市场在外地。大多数魔术团每年至少有7～8个月的时间，在外地流动演出。这为魔术师学习和认知能力的提高创造了大量机遇。在演出之余或有特殊情况无法演出时，许多艺人便会拜访当地著名的魔术师。例如，宝丰百花艺术团1986年在沈阳演出时，团长毛新强就拜全国著名魔术师、沈阳杂技团的陶喜九为师，并得其真传。现在，毛新强所演的“飞鸽不见”、“罗圈献彩”等节目，都是经陶老师倾心指点而演练成功的。通过几十年的走出去与外界交流，赵庄乡魔术节目不断得以增加、更新。

（2）请进来。为培养演艺人才，加快魔术创意速度，当地政府多次将国内著名学者、专家请到赵庄乡，当面授业解惑。1988年7月，特邀天津著名魔术师提日政、郑州退休魔术师王克坚到赵庄乡举办魔术演员培训班。提日政主要传授牌、线、钱、巾类手法魔术。王克坚主要传授光子魔术。1999年6月，由中国杂技家协会与河南省文联主办的“宝丰魔术辅导班”在赵庄乡举办。培训班上，著名魔术师戴武琦、傅起凤分别讲解了当前国内外魔术发展的动态、中国魔术的发展史及民间魔术的普及与提高。周学群讲解了魔术演员在舞台上的形体表演、情感表演及形体训练的基本知识。杨杰和徐秋分别介绍了我国南、北当时最流行的节目，并讲解了每个节目的演出技巧及道具的秘诀。2006 年，邀请徐秋、傅腾龙等魔术大师，以及焦晓军、王志敏等著名导演到宝丰县，与民间魔术师面对面交流，为节目全方位的包装、策划献言献策。2010 年，邀请著名魔术师刘谦前来赵庄乡参观，并与当地魔术师切磋技艺。

3. 技术守门人与集群吸纳能力

在赵庄魔术产业集群的演化过程中，许多个人和组织先后扮演了“技术守门人”（technological gatekeeper）的角色（Allen，1977）。除前述的毛玉山、徐海水、毛新强等外，还有一些培训组织。1987 年，中央民族音乐学院函授毕业的赵庄乡任寨村教师姬安玲，利用寒、暑两个假期，对当地亲朋好友的子女免费培训音乐知识。1998 年，商酒务镇赵官营村的韩艳伟，从安徽、郑州、平顶山等地聘请教师 10 余人，在赵—宝路北段兴建星光艺术学校，开设声乐班、器乐班、歌曲舞蹈班、魔术演员培训班。1999 年，安徽省阜阳市退休教师孙自详、商酒务镇武岗村的石丰州和焦楼村的李振轻合办赵庄声乐与器乐培训中心。2001 年，周营村的刘顺创办了中国四通瞬发魔术道具厂和魔幻培训基地，目前已开发出 100 多套新节目，年培训学员 500 余人。这些培训组织积极吸收集群外有用的知识，并将之转化为集群内部的知识，为赵庄乡魔术产业集群的吸纳能力的提高做出了重大贡献（Giuliani，2005）。

（二）创新能力

从纵向看，经过数代艺人的不断改革创新，广纳博采众家之长，赵庄乡魔术表演艺术形式由过去单一的魔术扩展到现在的融魔术、杂技、歌舞、武术、气功等于一体，节目内容也从单一的手法魔术、小戏法发展到大型魔幻术等，并逐步形成了粗犷、幽默、滑稽、神奇、富有浓厚地方特色的民间艺术。魔术师王献坡说，“以前村里魔术总是千人一面，没有创新，很难挣到钱。现在不少人越来越意识到表演水平的重要性，大家拜师学艺，不断创新”，形成了新的绝活，如黄长坡的“口中吐火”，任帮的“人头移位”，王献坡的“空中取表”、“百打百中”，毛套须的“飞鸭不见”，朱留保的“手彩百变”、“扑克技术”，靳廷勋的“纸圈悬人”，朱庆录的“牙叼桌子”，毛中海的“单剑悬身”，张本洲的“空中飞烟”，徐海套的“男女换像”，毛强的“拐杖变花”，徐耀增的“钢管穿身”，徐青江的“拳头砸钉”等。

从横向看，与专业魔术相比，赵庄乡民间魔术的创新能力还比较弱。魔术艺术大致可分为三部分：技巧的提炼、程序的安排和表演。目前，赵庄乡魔术的创新集中在表演节目的设计上，基本没有专业编导和研究创作的空间，更缺乏专业包装。平顶山舞蹈家协会副主席郭秋含说：“灯光、服装、舞美、音响等对魔术表演都很重要。在这方面，宝丰魔术比几年前提高了，但是与国内同行相比，仍然有不小差距。”另外，赵庄表演团体的绝大部分负责人和演出人员没有受过专业培训，完全是受传统和周围乡邻的影响，一一模仿或照搬。很多还停留在大篷车、作坊式的原始水平。一些节目现学现卖，长期停留在模仿阶段，产品严重同质化。“他们的表演还比较纯朴、单一，而且很多是模仿……。魔术的忌讳就是模仿和借鉴。模仿不仅让观众对魔术师的表演失去新鲜感，产生审美疲劳，而且还会产生一些知识产权上的纠纷。”中国杂技家协会研究部主任傅起凤如是评价赵庄乡魔术。

造成赵庄乡魔术创新不足的主要原因在于创新人才的缺乏。这不仅与当地人才培养模式有关，也与魔术师的“草根性”有关。在赵庄乡，大部分艺人是兼业的，“农忙务农，农闲演艺”，赚钱而不是生存成了他们创新的动机。加之文化水平低，多为初中毕业或肄业，从艺后又没有机会学习。因此，尽管也可通过观察、与其他同行交流等进行一些模仿式渐进创新，使表演技术在走江湖中逐渐成熟，但由于没有文化，也只能有“术”无“魔”，难以升华为艺术。最明显的表现是在2004年5月在宝丰举行的文化部主办的全国民间职业演出团体团长学习班上，“虽然请来的老师讲得非常好，但底下的人却听不懂。”一位当地官员如是说。

（三）组织能力

产业集群除是实践知识的学习区位外，更是声望流通的地方。在魔术市场多变，不确定性与高度风险并存的情况下，很多人普遍依赖非正式技术认证制度，如将网络声望作为选择演员的依据。根据某人在当地网络中的声望，可以快速、有效地选择出具有丰富演出经验和较强团队合作精神的人，完成组团任务。由于声望具有黏性特征（Grabher，2002b），加之组团演出、节目编排的组织能力也是一种默示知识，认识合适者（know-who）与具备专业知识（know-how）同等重要（Christopherson，2002）。因此，除培养魔术表演技巧外，洞悉整体魔术表演业的专业者能力、选择合适的演员、节目策划师与包装师的专业能力也是非常重要的知识。“在我们这十里八村，谁的口碑好，活好，诚实可靠，我们心里明镜似的。那些口碑好的，大家都愿意与他搁伙计。一旦谁坏了规矩，或表面一套背地一套，他也不可能在圈里常待。你想，谁是傻子呀，不能老是吃亏呀。”这在某种程度上大大规避了市场风险。

在赵庄乡，魔术产业的组织能力还取决于社会资本。社会资本是指行动者可以动员、组织、利用的社会关系总和。每人的社会关系总和是由其血缘、亲缘、地缘等关系按照“差序格局”构成的同心圆式社会关系网络。社会交换首先发生在社会关系网络内部，而网络性社会的交换是熟人之间在相互信任的基础上进行的（徐晓军，2002）。这种信任一方面大大降低了交易成本，另一方面由于受人与人之间先天血缘联系的制约和限制，以及血缘关系泛化后所形成的各种拟亲属关系的影响，如同乡、同姓、哥们，甚至亲密情感关系的影响，从而使其所信任的人群中既包括家属、亲戚和家族成员，也会包括一些与自己具有拟亲属关系的其他外人。利用个人网络关系和彼此的信任，魔术团可迅速组团。“假如我想组团外出表演，除家人和亲戚外，我首先会想到以前与我合作过的老朋友，邀请他们参加。如果由于特殊原因他们不能来，一般他们都会向我推荐一些人。这些人多数是可靠的，因为是朋友推荐的，值得信任。”一位魔术团长介绍他组团的大致程序时如是说。

第三节　竞争者非正式学习与农区特色文化产业集群成长

传统工艺美术产业作为“具有百年以上历史，技艺精湛，世代相传，有完整的工艺流程，主要采用天然原材料制作，具有鲜明的民族风格和地方特色，在国内外享有较高声誉的手工艺品种和技艺”的产业，是目前《文化部“十二五”时期文化产业倍增计划》确立的 11 大重点发展门类之一。改革开放以来，在我国农区涌现出一大批特色鲜明的传统工艺美术产业集群，如河南禹州市神垕镇的钧瓷产业集群、河南镇平县石佛寺镇的玉雕产业集群、江苏苏州市高新区镇湖的刺绣产业集群、江西进贤县文港镇的毛笔产业集群、河南固始县三河尖镇的柳编产业集群。现在，这些集群已成为促使当地经济增长、文化繁荣、出口扩大、就业安置的重要动力。但由于受产业特点和区位所限，在全球化、市场化的今天，这些集群正面临着传统技艺传承与产业现代化之间的深刻矛盾。一方面，与制造业相比，这些集群多为中小规模的家庭作坊式企业，以手工操作为主，企业间垂直分工与协作较少；另一方面，与城市相比，集群所在的农区也缺少大学和科研机构，以及广告、金融、营销等专门化人才的支持。因此，这些集群如何加快技术学习、在传承中开展创新，以适应时代的发展和时尚潮流，无疑是当前急需解决的一个重大课题。本节拟以神垕镇钧瓷产业集群为例，利用二手资料和定性访谈，从知识创造与扩散的视角，探讨竞争者非正式学习对集群成长的作用机制。

一、研究框架与案例选择

在知识经济全球化的时代下，知识的学习与创造无疑是厂商创新的源头与基础，因此，对厂商的知识学习与学习网络的研究，已成为目前国内外集群研究的焦点。在早期，集群竞争优势被解释为由于空间临近而导致具有投入-产出联系的企业间交易成本的节约（Scott，1993）。而后的学习型区域理论注重创新对集群竞争优势建构的重要性，并将之看做是生产者与消费者之间的技术动态化交互作用过程，认为空间在其中扮演着重要的角色（Lundvall，1992）。但这种交互式学习导致的渐进式产品创新，造成了生产者技术机会与消费者需求的冲突。于是，一些学者基于不同知识地理交流的可能性，将集群企业的技术学习从垂直维度（交互性学习）扩展到水平维度（监视性学习）和社会维度（传言性学习/邻里效应），地方化学习被看做是地理临近、制度和地方情景的函数（Storper，1995；Bathelt，2005；Malmberg 和 Maskell，2006）。但由于过于强调技术学习的地方性，忽略知识跨界传播在集群竞争优势形成与产业升级中的重要作用，这种观点也遭到了一些学者的批判。对此，全球价值链（global value chain，GVC）理论强调外商直接投资（foreign direct investment，FDI）、外包等全球-地方垂直联结在集群技术学习中的重要性（Vang 和 Chaminade，2007；苗长虹，2006b），核心问题是如何协调 GVC 驱动者与集群地方企业的关系。首先，一些学者指出，由于特定集群中的企业可能分属于不同的价值链，因此，一个价值链中的不同治理模式，意味着集群并不适合作为区域嵌入 GVC 的分析单元；其次，GVC 中的产业升级常将创新给予静态解释，相对忽视发展中国家集群的动态技术创新。发展中国家的集群中每一企业是否都必须遵循相同的由原始设备制造商（orignal equipment manufacturer，OEM）到原始品牌制造商（original brand manufacturer，OBM）的发展之路，值得重新考虑；再次，在 GVC 中，尽管集群间的联系主要是垂直关系，但战略联盟、竞争者互动、同行在国际会展/专业会议中的观察也是集群企业从外部学习的重要机制（Maskell et al.，2006；Bathelt 和 Schuldt，2010）。

可见，目前学界有关集群技术学习的研究，虽然在内容上已由垂直维度扩展到水平维度和社会维度，在空间上已由地方扩展到全球-地方联结，但大多以知识主体间正式学习或正式合作为研究对象，而现实生活中，厂商最主要与最常使用的非正式学习管道却极少被注意（张雅淑，2010）。仅有的集群非正式学习研究框架也主要用于对制造业集群成长的解释（Chen，2009；Li，2012），是否适合于农区文化产业集群尚有待于进一步验证。据此，本节基于笔者对我国农区文化产业集群的长期研究，综合学界的相关观点，从技术非正式学习的水平维度，提出了一个农区传统工艺美术文化产业集群成长的解释性框架（表 3-7）。本节中的非正式学习是相对于正式学习（如产研合作、产学合作、企业战略联盟、技术许可）而言的，是指学习者非故意、未经设计的学习，具有学习成本小、随时、迅速、高效、低风险等特点。

表 3-7　文化产业集群竞争者间的非正式学习

水平学习机制	条件/临近性	行动者的态度	空间维度
劳动力流动/企业衍生	在那里/地理临近	无意地	地方
行业协会	成员/认识临近、制度临近	有意地、主动地	地方
竞争性互动	做敌人/认识临近	有意地、被动地	地方或全球
友情联系	做朋友/关系临近	有意地、主动地	地方或全球
国际会展/专业会议	暂时性在那里或朋友/地理临近、认识临近	无意地、有意地	全球

资料来源：参照 Li（2011）的研究修改而成

二、神垕镇钧瓷产业集群的形成与发展

神垕镇钧瓷产业集群位于河南省禹州市神垕镇。神垕是中国九大传统陶瓷产区之一，是驰名中外的钧瓷文化发祥地，被誉为“中国钧瓷之都”。

1. 神垕镇钧瓷产业的成长历程

历史上，神垕镇的钧瓷生产大致经过了以下几个发展阶段。

（1）唐、宋的繁荣。神垕镇由于富有陶土、矿石、煤炭等天然资源，早在四五千年前的新石器时代就已从事陶器生产。但直到唐代，才在青釉中加入矿物质，烧制出精美的黑、褐釉高温窑变花瓷。北宋时期，由于煤炭在生产中的应用、鼓风设施的改进及采矿和冶金业的发展，在民窑天青釉和紫红斑釉的基础上，神垕镇成功地创烧出蓝、红、紫、青诸色错综掩映的窑变釉，钧瓷艺术达到了登峰造极的地步，被定为“宫廷御用珍品”，位居北宋五大名窑（钧、汝、官、哥、定）之首。当时的神垕镇钧瓷窑场星罗棋布，笼奎地、下白峪、刘庄、刘家沟、红石桥等都是钧瓷产区。

（2）元至民国时期的衰落。靖康之变，宋室南迁，官钧窑停烧。到金、元时代，神垕钧瓷才有了新的发展，但和北宋时期相比，不论在釉色上或是在造型上都不可同日而语。明万历三年，因钧瓷忌神宗皇帝朱翊钧的“圣讳”被勒令停产。此后300年间，钧瓷生产销声匿迹。直到晚清，神垕民间艺人卢振太兄弟及其子侄辈，经过长期反复的烧窑试验，终于以氧化钴为着色剂，在氧化焰中烧出仿钧窑孔雀绿和碧蓝相间的“雨过天晴器”。后来，借鉴他人的经验，又在釉料中加入铜的成分，创造出抹红、飞红加彩等新工艺，使失传已久的钧瓷生产得以恢复。民国时期，频繁的战争和自然灾害致使钧瓷销路闭塞，神垕钧瓷生产基本停止。

（3）1949～1980年的恢复。新中国成立后，在各级政府的领导与扶持下，经过老艺人和专家、学者的艰苦努力，钧瓷技艺获得新生。1955年，“神垕第一陶瓷生产合作社”从外地请回钧瓷老艺人卢光东率先恢复研制钧瓷。经过180多次的试验，终于在1956年试烧钧瓷成功。1957年，地方国有豫兴瓷厂试烧“炉钧”成功。1958年，地方国有禹县神垕瓷厂通过123窑次的试验，初步找到了窑变成色的门路，攻破了“十窑九不成”的难关，并运用倒焰窑以还原焰烧成五光十色的窑变钧瓷。20世纪60年代初，神垕技师们经过上千次试验，掌握了钧瓷胎釉配方、加工工艺规律，创造了适合钧瓷烧成的窑炉结构，烧成了青釉紫红斑彩、青釉胭脂红斑彩、里青外红等窑变钧瓷新品种。“文化大革命”期间，钧瓷一度停产。

(4) 20世纪80年代至今的振兴。改革开放后，随着液化气窑炉的普遍采用和新技术、新材料的运用，以及人才的自由流动，神垕钧瓷生产工艺不断创新，生产规模不断扩大。在造型上，大胆吸收各瓷区和其他艺术品种的优秀风格，作品外轮廓线条流畅、饱满、夸张、洗练；在釉色上，多以青白釉为底釉，通过施釉的多样化，形成了集约地展示钧瓷窑变山水、图案、纹路、片纹的特征；在制作工艺上，以白胎注浆品为主，胎质细密青白，足部重加工，并施棕色护胎釉，做工精细，釉面光洁，手感滑润，色调清新素雅；在烧制工艺上，多以液化气窑为主，成品率较高；在规模上，随着国有、集体企业的相继倒闭，民营窑口如雨后春笋般地涌现，生产规模达到空前的程度。这一阶段累计开发出钧瓷造型1300多种、窑变釉色30多种，申报钧瓷专利186项。许多珍品被故宫博物院、人民大会堂、钓鱼台国宾馆等收藏，先后有33件作为国礼走向世界。

2. 神垕镇钧瓷产业集群的现状

2011年，神垕镇有钧瓷生产企业173家（表3-8），年产作品260万件，产值11.5亿元，从业人员上万人，其中国家级工艺美术大师4人、省级84人，各类专业技术人员3000余人，形成了以神垕老街、钧瓷文化街、钧瓷文化创意产业园、北部陶瓷产业集聚区为主的钧瓷产业核心区，呈现出集群化态势。

表3-8　1950年以后神垕镇钧瓷企业的变化

年份	生产企业/家
1952	1
1961	3
1969	16
1984	75
1997	69
2004	68
2008	58
2011	173

与城市和农区的制造业及其他创意产业集群相比，目前神垕镇钧瓷产业集群具有以下特点。

(1) 企业多为竞争者关系，垂直维度上的技术学习较少。尽管钧瓷制作有“七十二道工序”之说，但由于其核心在于追求自然“窑变”之美，对工艺技术的要求极为严格，哪道工序稍有不慎，都可能造成“十窑九不成”的结果。加之钧瓷创业的门槛并不高，三五万元、二三十万元都可。结果，除孔家钧窑、荣昌钧窑、金堂钧窑、星航钧窑、苗家钧窑等十多家企业的生产规模较大外，其他多为家庭作坊式企业。产品品种虽然繁多，但可替代性较强，企业间纵向生产分工与合作较少。

（2）核心技艺传承主要依赖于血缘关系，基于厚实社会资本的非正式学习管道多样。与其他传统工艺美术产业相似，神垕镇钧瓷企业为保持竞争优势，某些关键环节的生产技艺，如原料比例、釉料配方和烧成温度等，主要通过子承父业而传承，“传男不传女”的思想根深蒂固。但由于农区民风淳朴，通过非贸易性联系进行技术学习的机会较多。

（3）缺乏大学和科研机构，地方正式学习的渠道较少。由于农区区位所限，目前神垕镇境内只有陶瓷中学一座，缺乏城市发展文化创意产业所具有的大学和科研机构，以及广告、包装、促销等专业化人才。通过产研合作、产学合作等进行正式学习的渠道并不多。

（4）缺乏 FDI，通过生产嵌入 GVC 进行技术学习的机会较少。受产业和区位所限，目前，规模较大的外地企业仅有郑州客商投资的华神钧瓷有限公司一家。

三、神垕镇钧瓷产业集群的非正式学习机制

1. 神垕镇钧瓷产业集群竞争者间的非正式地方化学习

（1）劳动力流动。在某种程度上，知识和经验是黏性且以个体为载体的。因此，劳动力流动成了竞争者建立动态学习过程的重要机制。由于劳动力流动具有非组织性和较强的地方性特征，所以大多数企业无需进行投资，只要位于集群中，就能自动获取知识。在神垕镇，很多人都在不同瓷厂或窑口工作过。例如，被誉为“神垕一把火”的杨国政，在创办自己的窑口前，曾在神垕东大瓷厂做过钧瓷试验组组长，在禹州国有瓷厂担任过技术攻关组组长，在钧瓷研究所担任过钧瓷烧成组组长，在钧瓷一厂实验室担任过钧瓷组组长。劳动力在钧瓷企业间的流动，为同行技术学习提供了重要、长期的渠道。“在我们这儿，跳槽、挖墙脚是非常多的。你想想，有谁不愿意到工资更高的地

方去呢。客观地讲，员工的流动可能对原来的厂家造成一定的影响，但对新厂家却是有好处的，可以免费学到很多新东西。”禹州市钧瓷研究所所长张××如是说。

（2）企业衍生。在本质上，企业衍生也是属于人员流动。只不过，相对于一般的劳动力流动，其技术学习更具有系统性、社会性。在神垕镇钧瓷产业集群的形成过程中，计划经济体制下的禹县国有瓷厂、钧瓷一厂、钧瓷二厂、东风瓷厂等扮演了重要角色。20 世纪 80 年代末 90 年代初，当神垕镇这些公办瓷厂因体制僵化相继倒闭时，原来的技术骨干和管理人员便利用自己所掌握的技术及人脉，纷纷创办瓷厂（表 3-9）。

表 3-9　新中国成立后神垕镇公办瓷厂培养的主要钧瓷艺人及其创办的瓷厂

厂名	钧瓷艺人	创办瓷厂	厂名	钧瓷艺人	创办瓷厂
国有瓷厂	苗锡锦 （子：苗长强）	苗家钧窑	钧瓷一厂	周有 （子：周松建）	周家钧窑
	孔铁山 （子：孔相卿）	孔家钧窑		晋佩章 （子：晋晓童）	刘山窑艺实验室
	傅清臣	傅家钧窑		杨志	杨志陶瓷有限公司
	李金堂 （子：李海峰）	金堂钧窑		李欣营	神州钧窑
	王金合	天合坊		李建峰	东升钧瓷艺术作坊
	卢俊岭	卢家世代钧窑		苗宗贤	宗贤钧瓷坊
	任明丽	任氏宝光瓷坊		丁建中	均丁钧窑
	张长安	昌盛钧窑		贺文奇	陶一家工作室
钧瓷二厂	刘建军	建军钧窑—刘家钧窑		尹建中	尹家钧窑
	晋晓童	晋家钧窑工作室	东风瓷厂	杨国政	国政钧瓷厂
	任星航	星航钧窑	新华瓷厂	李和振	李家一把泥工作室
	张宏伟	煜华钧窑			

资料来源：参考王洪伟（2009）的研究整理而成

（3）行业协会。通过对集群外部信息的搜寻、甄别和发布，定期、不定期地组织学术研讨会与会展等，行业协会不仅有效地促进了信息和技术的转移与扩散，降低了同行之间技术学习的成本，而且也为同行竞争者搭建了一个有效地沟通、增强信任、激发经营灵感的平台。然而，根据笔者的访谈发现，行业协会在促进神垕镇同行间非正式学习方面的作用并不大。1996 年，神垕镇成立了钧陶瓷行业管理协会，但不久便无果而终。现在的禹州市钧瓷行业协会由于成立时间（2008 年）晚，除组织钧瓷企业参加几次会展，大师与名窑评定外，其他有利于同行学习的活动开展得并不多。

（4）竞争性互动。在全球性竞争中，企业的突变式创新能迅速侵犯其他竞争者的利益，迫使集群企业进行产品的研发投资。在地方情景中，除被追跟随外，由于地理临近和具有相同的知识背景，竞争者也能无意识地观察到其他同行正在做什么，并进行有效的比较、模仿。一些易被外面忽略的集群的微小变化却被地方同行看做重要的信息（Malmberg 和 Maskell，2006）。但根据笔者的调查与访谈可以发现，由于钧瓷的特色鲜明，神垕镇的钧瓷企业与境外陶瓷生产厂家的竞争性活动并不多，竞争性互动主要体现在地方层面。在神垕镇，通过随时观察、监视对手的策略与产品，或购买对手的产品回来分析、模仿生产，是钧瓷厂商最常用的学习方法，也是公开的秘密。例如，荣昌钧窑作为神垕镇钧瓷行业的龙头，其产品与营销创新一直有一批“追随者”。2003～2005 年，荣昌钧窑结合博鳌亚洲论坛每年的主题，设计出的“祥瑞瓶”、“乾坤瓶”、“华夏瓶”被选为国礼馈赠给与会的各国政要，但不久就成了神垕镇许多小企业争相仿制的对象。2007 年，当荣昌钧窑为推广企业品牌而冠名当地媒体版面时，同行也迅速跟进。2009 年，荣昌钧窑正式进军网络销售，很快这种营销方式也被神垕镇其他企业所仿效。

（5）友情联系。按照经济学的传统解释，竞争者之间不可能存在着友情联系。但作为差异化市场中的社会行动者，由于具有相似的产业经验和共同的知识结构，活跃在同一行业中的企业家，自然具有相互交流和交换经验的兴趣，也较其他人更易成为朋友。这为今后相互间的参观学习和私人交流创造了机会。在神垕镇，由于农区特有的血缘、亲缘、地缘、业缘关系，众多钧瓷生产者虽然在生意上是对手，但私下里却有着绵密而深厚的友情。“2008 年下半年，我开始筹划创建自己的钧窑。由于建窑没有经验，我就向钧瓷大师苗宗贤请教。宗贤老兄可是好人，不但无偿地将他使用的几种钧釉的配方给我使用，还在资金上给我大力支持。在宗贤老兄的鼓励和支持下，2009 年年初，我创办金霖钧窑，开始在钧瓷界打拼。”金霖钧窑窑主李××如是说。

2. 国际会展/专业会议与神垕钧瓷产业集群的全球传言的嵌入

与固定性集群相似，国际贸易展销会/专业会议这种暂时性集群中也存在着竞争者之间的观察、系统性互动、面对面交流和社会网络等非正式学习方式（Bathelt 和 Schuldt，2010）。禹州自 2004 年以来，目前已成功举办了七届

"禹州·中国钧瓷文化节"。虽然每年的钧瓷文化节的主题有所不同，但大都包括钧瓷精品展评会、钧瓷概念作品展、禹州钧瓷发展论坛、钧瓷行业发展研讨暨座谈会、陶瓷行业技能大赛、钧瓷名窑观摩、中国钧瓷创新作品评定会、钧瓷工艺造型设计大赛等内容。因此，参加中国钧瓷文化节及其他国际会展或专业会议，对于缺乏 FDI 和生产外包的神垕镇钧瓷产业集群而言，无疑是其建构全球-地方知识联结的重要渠道。

（1）竞争对手创新资料的收集。在钧瓷文化节及其他国际会展或专业会议上，首先，不仅最新产品的造型、颜色等非编码性信息会刺激参展者，而且也可收集到众多竞争对手发放的产品推介资料。通过分析书面资料上的产品性能、价格、主要技术参数等，可以产生一些对未来开发新产品或新技术的想法。其次，通过系统地观察其他参赛者的拉坯、造型、半检、施釉等的操作，可以获取竞争对手的一些内隐知识，并与自己在开发产品过程中的经验做一对照与参考，进而提升自己的技术能力。再次，由于参展人员来自世界各地，因此很容易隐藏自己的真实身份，通过口头询问，寻求自己生产中遇到的问题的答案，或获得对手更进一步的商业秘密。"我经常参加国内举行的一些陶瓷展评会和大赛，如河南省第二届中国钧瓷展评会、首届'超越杯'中原陶瓷文化创作与设计大赛、'中原之星'陶瓷设计赛、'闽龙杯'原创陶瓷产品大赛等，作品多次获得大奖。其实获不获奖并不重要，重要的是通过评比，可以给钧瓷提供一个展示自己魅力的舞台，给自己争取一个与同行相互交流、学习、切磋的机会，这是最终的目的。"宗贤钧瓷坊坊主苗××如是说。

（2）建立友情，寻找潜在的合作伙伴。通过参加各种国际会展/专业会议，可以多次、短暂地与同行交谈、接触，彼此间会慢慢地培养起信任感。以后，凭借个人友情，厂商就可以进入一个不同于本地集群的知识圈，甚至成为今后正式合作的伙伴。"作为企业的掌舵人，就应该走出去。参加这样的研讨会，对企业来说，无疑是一个绝好的人脉对接机会。在会上，你会经常见到一些老面孔。时间长了，自然就成了朋友……。前一段时间，一位在'第五届中国钧瓷文化节'上认识的景德镇朋友，就邀请我到他的陶瓷厂参观。在他那里，我确实学到了不少真东西。尤其是人家先进的管理模式，至今印象很深。真应该派人到他那好好学习。"金堂钧窑总经理李××如是说。

第四节　技术学习与农区特色文化产业集群吸收能力的形成

文化产业集群的形成与发展本质上是一个知识和技术不断累积、创新的过程，而这一过程很大程度上取决于集群本身对知识和技术的吸收能力。本节拟从技术学习的视角，以河南省镇平县石佛寺玉雕产业集群为例，探索我国农区特色文化产业集群的吸收能力的形成机理。

一、理论架构与案例选择

1. 理论架构

20 世纪 90 年代以来，知识地方化与集体学习逐渐成为国内外学者解释集群创新的重要视角（Maskell 和 Malmberg，1999；Bathelt et al.，2004），厂商的知识吸收能力被看做是影响集群开发新产品、开拓新市场的重要因素（吴波和贾生华，2009）。虽然在产业组织研究上，已有大量的文献讨论了厂商的吸收能力（Cohen 和 Levinthal，1990；Zahra 和 George，2002；Lane et-al.，2006），但对于集群如何构建自身的吸收能力，目前的相关研究还不多，且仅有的研究也多局限于制造业集群。2002 年，Giuliani 借鉴厂商吸收能力的概念，首次提出了“集群吸收能力”，并将之界定为“集群识别、消化、利用来自集群外部知识源的能力”，认为这样的能力同时依赖于个别行动者的吸收能力和行动者之间的互动这两个过程（Giuliani，2002）。然而，在 Giuliani（2005）的研究中，仅强调知识守门人所扮演的角色，对于地域与厂商这两个层级并没有进行紧密的连接。对此，林育谆和金家禾（2006）加入了制度环境方面，扩充了吸收能力与空间地域性的连接。但在林育谆和金家禾的研究中，知识转化被看做知识消化后的一个步骤。然而，许多学者指出，消化和转化是个体发展新的认知结构的两个替代过程（Todorava 和 Durisin，2007）。

在借鉴前人研究的基础上，结合对我国农区文化产业集群的长期思考，笔者建构了一个农区文化产业集群吸收能力的分析框架（图 3-7），并将其界定为“农区文化产业集群内的厂商在其制度环境的发展背景下，获取、分享、消化或转化、利用厂商内外部知识的能力”。笔者认为，农区文化产业集群的吸收能力并非仅是所有厂商吸纳能力的总和，也包括地方化经济与联合行动所衍生出的“集体效率”。除知识“获取、消化/转化、利用”等能力外，分享能力也应是其重要的维度。另外，除个体心智模式、企业结构与生产流程、企业发展战略等外，地方环境也是影响农区文化产业集群吸收能力的重要方面。因为文化产业集群的创新不同于制造业集群的创新，文化产业集群创新的关键是创意。相对于制造业的创新，创意是一种概念创新或美学创新（Castaer 和 Campos，2002），所依据的主要是不可编码的隐性知识，更需要面对面的交流。因此，我国农区尽管没有城市那样众多的高校与科研机构、完善的公共基础设施、较为集中的市场，但其厚实的血缘、亲缘、业缘和地缘关系等社会资本却有利于隐性知识的传播和文化的创意。正是农区特有的制度环境塑造了其有别于城市的学习形式，进而影响到学习效率、吸收能力和产出绩效。

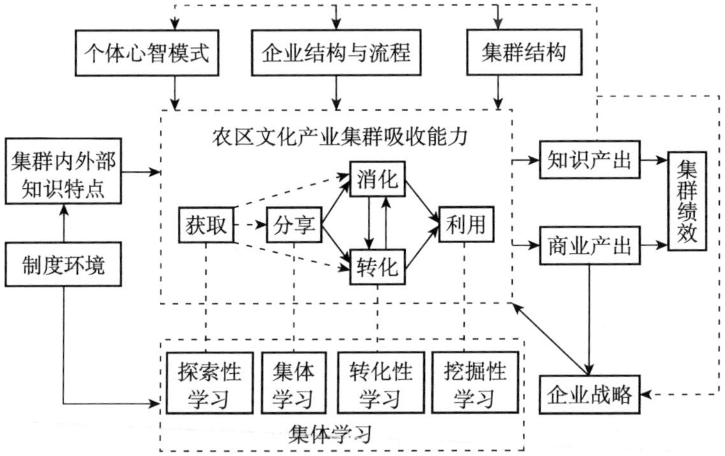

图 3-7　农区文化产业集群吸收能力的分析框架

2. 案例选择

本节以石佛寺玉雕产业集群为例，利用收集来的网站信息、新闻报道、研究报告等二手资料，以及对玉雕人员的深度访谈和在“石佛寺吧”中的 QQ 交流，从技术学习的视角检验集群作为知识吸收的桥接机制如何在厂商的网络互动与制度环境中，通过知识流动与技术学习型塑文化产业集群的吸收能力。之所以选择石佛寺玉雕产业集群作为实证分析对象，是因为石佛寺虽然玉雕加工历史悠久，但直到 1978 年仍是一个以传统农业经济为主的农区。但改革开放后，石佛寺人利用当地悠久的玉雕工艺传统和厚实的社会资本，通过企业衍生、模仿、市场拉动等形式，一跃成为目前全国最大的玉雕生产销售集散地。现在，全镇已形成玉雕、人物、炉薰等专业村 14 个，建有贺庄摆件市场，榆树庄玉镯、玉白菜市场，榆树庄小挂件批发市场，石佛寺翡翠玛瑙市场 4 个专业市场，玉雕从业人员近 5 万人，各类玉雕加工企业（户）1 万多家，年产销玉雕产品 10 亿多件，其中的玉雕摆件类产品已占全国产销量的 70%以上，挂件类产品占 40%以上，年产值达 8 亿多元。

二、技术学习与石佛寺玉雕产业集群的吸收能力

1. 探索性学习与知识获取能力

探索性学习是指那些可以用“探索、变化、承担风险、试验、尝试、应变、发现、创新”等术语来描述的学习行为（March，1991），是厂商从其外部获得知识的过程（Lichtenthaler，2009）。而厂商的知识获取能力是指集群识别、评价与取得外部知识的能力，与探索性学习有关。由于厂商具有不同的组织结构、资源条件、发展战略和先验知识，其探索性学习的能力也不同。在石佛寺，集群知识获取能力的形成首先得益于在外的石佛寺玉人、外来客商等知识守门人/跨界人的探索性学习。

（1）生产营销网络的建构。改革开放后，大量石佛寺人开始外出“淘金”，在全国各地建立了自己的工作室或办事机构。目前，在外地的石佛寺玉人数以万计，“可以说，全国有镇平人的地方就有玉，有玉的地方就有镇平人。广东四会市的玉器市场上，有 2/3 的商人就是咱镇平人”，受访者仵先生如是说。这些人经过与家乡的多年磨合，已形成了以石佛寺为中心、遍及全国、大小不等的商业圈。圈子内部和圈子之间，像蜜蜂传信似的快速而有效地传递着商业信息。“这就是纽带。你想想，全国那么大，如果不是几百年一代代积累下来的人脉资源，谁会知道哪里需要什么样的玉呢?”受访者贺先生如是说。同时，石佛寺作为我国最大的玉雕产销基地，也吸引着越来越多的外地客商前来摆摊设点。现在，仅石佛寺翡翠玛瑙市场就有来自辽宁、广西桂林、广东、江苏扬州等地的客商近 40 家。他们与石佛寺走出去的商人一起

构筑了一个庞大的玉雕生产营销网络，为获取集群外最新的市场信息、先进技术工艺与管理理念搭建了一个探索性学习的平台。

（2）节会交流。从1993年起，当地政府开始举办一年一度的玉雕节。节会期间，全国玉雕专家、学者云集石佛寺，研讨玉雕理论，切磋玉雕技术，传播玉文化知识。此外，当地政府还积极组织参加中国进出口商品交易会(以下简称广交会)、全国“天工奖”玉雕精品展评会、获奖作品现场拍卖会等活动。通过这些活动，“南阳各路‘草莽出身’的玉雕工匠，都可以得到中国宝玉石协会专家面对面的技术指导，吸收了业内最新潮流和技巧，把全国顶级的玉文化融入到玉雕产业的发展中去，从而提升了南阳玉雕产业的技术层次和文化内涵”，受访者石佛寺玉器厂王厂长如是说。

（3）承接客户订单。在石佛寺，不同规模的玉雕加工企业之间存在较为明显的分工。大量的玉雕小作坊或工作室主要做量，通过代工赚取加工费；而少数大厂，如玉神工艺品有限公司、石佛寺玉器厂等则主要做精品，搞创作。通过承接客户订单或大厂的分包，小作坊可获得国内新的市场信息或设计理念，甚至是大厂的部分先进技术。“我主要是做来样定做、来料加工，什么产品都做。玉料也是各种各样的都做。在做的过程中，主要是与客户需求互动，针对客户的要求去调整、改良或者重新设计我们的产品。”受访者涅阳玉人如是说。

（4）刻意建构集群内外知识联系的管道。这种学习方式主要有：①送出去。20世纪80年代，为弥补农民出身的玉匠文化素质低、美术基础差等缺陷，石佛寺玉器厂经常选派技术骨干到高校进修学习，如仵应汶、仵海洲和魏玉中等都先后被推荐到天津美术学院进修。通过高校的系统学习，这些技术骨干不仅掌握了扎实的美术理论及实践技能，而且也将外面的先进理念和技术带到了石佛寺。②请进来。为提高玉雕工艺，石佛寺政府先后邀请李博生、宋士义、姜文斌等担任企业技术研发顾问或玉雕职业院校名誉教授，不定期聘请国内知名工艺大师或玉雕专家开班讲学，培训技术骨干，指导设计创作。③外出拜师。为避免工艺“父传子承”的弊端，许多石佛寺人自发到外地拜师学艺，如仵海洲曾先后拜顾永俊、宋士义、李博生、袁嘉骐等为师。

2. 集体学习与知识共享能力

集体学习是指基于共有的规则、道德、组织和过程，成员通过相互交往，自由而方便地积累知识、转移知识的动态过程（Capello，1999）。知识共享能力是知识在集群厂商间交流的组织惯例与流程，与集体学习有关。在石佛寺，集体学习主要基于地理临近、认知临近和关系临近，通过以下形式来进行。

（1）父传子与师带徒。在石佛寺，玉雕工艺的传承与学习主要依赖基于地缘、血缘、亲缘和业缘等关系的父传子与师带徒制。“听我父亲说，我爷爷那一辈也会雕刻，而奶奶则是当时村子里唯一的女设计师。”在仵先生看来，自己的玉雕手艺是一辈一辈传承下来的。由于仵家有从事玉雕的传统，现在整个镇平仵姓人的80%以上都在从事玉雕或相关行业。目前，仵家已经诞生了中国工艺美术大师1人，联合国教科文组织命名的民间艺术大师2人，河南省玉石雕刻大师4人。

（2）非正式交往。在石佛寺，人们经常被“产业空气”所包围。“在我们这儿，你会经常听到一些成功或失败的传言。今天谁赌了块玉石赚发了，明天谁的作品被人收藏了，大人小孩都知道。”受访者王先生如是说。虽然村民并非故意“扫描”环境以寻找特定的信息，但通过耳闻目染和“解释性社群（interpretive communities）如是说，却能将这些“传言”处理为有效信息，从而使自己成为一个行业“内部人”。

（3）企业衍生。在石佛寺玉雕产业集群形成的早期，石佛寺公社玉器厂、各生产大队和小队的玉器厂，成了现在许多企业的“保育所”与技术培训的“学校”。从前的一些国营或集体玉器厂的离退休玉工，在改革开放后纷纷成立了个体作坊和私营玉雕厂。现在，石佛寺许多年轻人高中毕业后就开始学做玉活。当学成能独立操作后，一般也会选择自己单干。通过企业衍生，不仅玉雕企业数量呈几何级数增长，企业间的联系得以加强，而且实现了知识的传播、分享与升华，为技术创新开辟了道路。

（4）技术人员的流动。在石佛寺，有一技之长的员工经常受聘于不同的企业，如魏玉中大师曾先后在魏湾玉雕厂、石佛寺玉器厂、卢医玉器厂、城关玉器厂、神圣工艺品有限公司等多家单位担任过技术设计。这些技术人员在集群内的频繁流动，不仅扩大了员工非正式交流的范围，而且也为企业带来了新的知识诀窍和技能。

3. 转化性学习与知识消化/转化能力

Garud和Nayyar（1994）认为，转化学习包括维持吸收知识与重新活化知识两个阶段。而 Nonaka（1996）则将知识的转化分为社会化、外部化、结合化与内部化四个过程。知识的消化与转化都涉及一定程度的新知识变化与新旧知识的结合。相对地，前者强调现有的认知结构并没有改变，而后者则强调现有知识结构的重新构建，两者都与转化性学习有关。在石佛寺，厂商的转化性学习形式主要有以下几种。

（1）企业内部的自我研发。厂商的吸收能力体现在其研发的副产品上（Cohen 和 Levinthal，1990）。在石佛寺，虽然数量庞大的玉雕小作坊并无专门的研发机构，但他们也十分注重新知识的消化与转化，偶尔也搞一些设计创作。“这些年来，我的创作基本上都是在仿古的基础上加入个性化的元素，把我自己对玉文化的理解以及对器皿件造型的认识融入到设计当中。做瓶或者做壶，我力求在造型上进行变化，在纹饰上加以创新，比如，改用香草纹等，但在工艺上，我仍强调采用过去的刀法一丝不苟地运作。”受访者魏玉中如是说（俞伟理，2009）。相对于小作坊，大企业更重视产品的创新，一般都有自己的专门研发机构，如镇平县玉神工艺品有限公司就设有南阳独山玉雕刻研究所，并把独山玉的俏色运用与产品质量的提高作为研发的主攻方向。

（2）人员培训与自编教材。在知识消化/转化的过程中，石佛寺各级各类培训机构扮演了关键角色。除众多的私立玉雕学校外，最重要的莫过于镇平县玉雕职业高中和镇平县工艺美术中等职业学校。两所学校不仅重实践操作，而且也十分注重理论的系统学习，开设了人物、花鸟和兽类的白描，以及素描、泥塑、玉雕常识、玉雕设计等课程，组织专业教师自编教材。通过这些形式，不仅外化了共享的社会化知识，而且注入了本地“精英”的理解与经验诀窍，使知识较易、准确地被初学者所内化。

（3）厂商与研发机构间的互动。在石佛寺，许多厂商经常与南阳独山玉雕刻研究所、镇平玉雕艺术研究中心等研发机构进行正式、非正式的技术合作与交流，消化/转化所学知识。“开始时我只是做些被称为‘商品’的东西，但我周围的众多好朋友都给了我无私的帮助。特别是接触刘晓强以后，在如何提升作品的文化内涵和艺术品位上学到了许多新东西。我常常和董学清、喻朝光、王东光等朋友在一起，相互学习。我的作品也开始注重艺术性、思想性，而且提升很快，也可以说是从低俗到高雅的转变吧。”受访者李海奇如是说（俞伟理，2009）。

4. 挖掘性学习与知识利用能力

所谓挖掘性学习，是指那些可以用“提炼、筛选、生产、效率、选择、实施、执行”等术语来描述的学习行为（March，1991），是厂商对已有能力、技术和范式等的提炼和拓展。知识利用能力是指集群中的企业将知识用于商业用途的能力，与厂商的挖掘性学习有关。在石佛寺，挖掘性学习主要体现在以下几个方面。

（1）题材开发。在玉雕创作过程中，许多大师十分注重对社会现象的挖掘与利用。“20世纪80年代，石佛寺玉雕题材匮乏，业内流行的思想观念好像只有鸟、兽、瓶、人物等。我挖空心思，想着怎样才能既有突破又能体现工艺水平。我找了块独山玉材料，白是白、绿是绿、青是青，就思索着怎么做出有新意的作品。那时候的人们都希望自己能发大财。白菜谐音‘百财’，把独山玉雕成‘白菜’肯定受欢迎，于是便有了感觉：玉的白色可以做成白菜白，青色可以做成白菜叶，绿色可以做成个螳螂。这样，第一个就‘白菜’创制出来了。”受访者仵金满如是说。

（2）工艺创新。石佛寺玉雕作为南阳玉雕的发源地，主要以独山玉为主料，雕刻手法主要有内雕、透雕、俏色雕、线刻、薄意、圆雕、凹雕等，其中内雕和透雕是石佛寺仵氏家族的传世手艺。在继承传统工艺的同时，石佛寺玉人兼收海派、扬派、苏派、京派和粤派等不同流派的工艺，逐渐形成以技巧灵活与色泽显贵著称的独特风格。例如，在独山玉的传统“用色”中，重视的是绿、白、紫、蓝等传统好色的利用，黑色往往被“挖脏去绺”或被当做陪衬。但一些石佛寺玉人充分利用独山玉俏色之工艺，在表现手法上大胆借鉴中国水墨画艺术，巧用黑白二色，变瑕为瑜，创作出了荣获“天工奖”的《妙算》等精品。

（3）玉料的组合应用。在传统的玉雕创作中，一般都是用一块玉料表现一个主题，但这种方式常因玉料大小而使创作意境难以全面表达。于是，一些石佛寺玉人开始尝试玉料的组合应用：首先以一块相对大一点的玉料做主料雕刻作品的主要内容，然后在其旁边放一块或几块相对较小的玉料，做主品的陪衬或表达主料没有完全表达的内容。例如，《长发妹》中的长发妹是用一块极普通的黑白料雕成的，但少女垂下的长发顶端刚好是底座木板的年轮中心。于是，那渐渐放大的年轮马上被“活化”了，就像长发触及水面时荡起的层层波纹。此外，作者又在主人公的周围看似随意地摆上了几粒石子当做溪中的青石，使得整幅作品看起来更加清新自然，和谐统一。

5. 制度环境

Dicken 和 Malmberg（2001）指出，厂商创新所型塑的地方制度环境对于不同行动者之间的互动会建立规则，并成为一种创新的文化影响学习过程的动态性。在石佛寺，影响玉雕产业集群知识吸收能力的制度安排主要有以下几个方面。

（1）地方政府的支持政策。为促进玉雕产业集群的发展，石佛寺镇政府采取措施在投融资、人才培训、信息咨询、物流配送、政策法律、技术研发、质量监测、市场营销等方面构建全方位的服务体系。例如，协调中国农业银行、中国邮政储蓄银行等单位为企业和市场发展提供各类贷款；建立大师带徒政府奖励制度，把带徒的多少和水平高低与税收返还等奖励挂钩；加大科技研发的支持力度，专门设立科技专项扶持资金；设立技术鉴定中心和质量投诉中心，推行“一书两证”（产品说明书、珠宝玉石鉴定证和收藏证）制度，防止和打击假冒伪劣行为和无序竞争等。

（2）人才资源。尽管石佛寺集聚了成千上万的玉雕从业大军，但由于玉雕行业的准入门槛较低，所以玉雕人员的整体文化素质并不高。在他们当中，虽然不乏像仵应汶、仵海州那样的佼佼者，但创新型人才欠缺已是不争的事实。“南阳玉雕产业从业人员的结构特征是群众性。队伍成员大多有厌学、辍学、失学的成分，不能或没能接受到良好的、正常的教育，有些人甚至是为生计所迫被动地走进玉雕行业的。志向型、志趣型、兴趣型的从业人员比率极低，成就型、高端型的人才更是凤毛麟角了。”受访者镇平县工艺美术中等职业学校的赵老师如是说。

（3）专业市场。石佛寺玉雕产业集群的发展，早期源于家庭作坊式生产的低廉成本与价格，后期则依赖于各类专业市场的形成及品牌效应。自 1996 年以来，四大玉雕专业市场的相继建成，促进了玉雕产业的有效聚合和规模扩张。“正是这些市场连接着天南地北玉乡人，最终形成了生产资料和销售市场两头在外、买全国卖全国、大进大出的外向型经济格局。”受访者镇平县玉雕管理局王局长如是说。但现在如何科学定位发展方向，最大限度地保持石佛寺玉雕工艺的特色，是急待解决的问题。“石佛寺以前最大的优势是生产加工，现在的优势是在市场上。但现在本地生产加工销售的都以新疆料和其他类似或模仿新疆玉石的为主，市场上其他货都是外地产品。而本地加工业受到揭阳和扬州等地工艺的挤压和影响，普遍档次偏低。我们现在只有数量而忽略质量。”受访者倾城美玉如是说。

本节从知识创造与技术学习的视角，以石佛寺玉雕产业集群为例，探讨了我国农区文化产业集群的知识吸收能力的构成及形成机理，得出的结论包括：①基于关系临近与认知临近，通过建构国内外生产营销网络、节会交流、承接客户订单，以及送出去、请进来、外出拜师等探索性学习，石佛寺玉雕产业集群的知识获取能力得以形成。②基于地理临近、认知临近与关系邻近，通过父传子与师带徒、面对面的非正式交往、企业衍生与技术人员的流动等集体学习，提高了石佛寺玉雕产业集群的知识共享能力。③通过厂商自我研发、人员培训与自编教材、与科研机构互动等转化性学习，石佛寺玉雕产业集群实现了知识的消化/转化。然而由于人员文化程度低、企业规模偏小、科研机构少等，石佛寺玉雕集群的知识消化/转化能力并不强。④受制于较低的知识消化/转化能力，虽然通过题材开发、工艺挖掘和玉料的组合应用等挖掘性学习，石佛寺玉雕产业集群有一定的知识运用能力，但现实吸收能力仍有较大的提升空间。⑤经过多年的发展，石佛寺玉雕产业集群吸收能力形成的制度环境虽基本建构，但还比较薄。因此，为加快产业升级，一是要完善知识流动与学习网络，特别要充分发挥政府与行业协会的作用，努力搭建便于中小企业知识转化性学习与挖掘性学习的平台；二是千方百计地提升从业人员的科学文化素质，加大创新型人才的培育与引进力度；三是继承、保护与开发独山玉玉雕工艺，积极探索独山玉玉雕工艺与其他玉石的结合点，切实走出一条特色鲜明的“市场拉动产业、产业支撑市场”的良性循环之路。

参考文献

波兰尼．2000．个人知识——迈向后批判哲学．许泽民译．贵阳：贵州人民出版社：263－266．

蔡宁，吴结兵．2005. 产业集群的网络式创新能力及其集体学习机制．科研管理，26（4）：21－28.

段存广．2010. 产业集群演化与生命周期研究述评．当代经济管理，32（8）：53－55.

郭京京，吴晓波．2008. 产业集群的演进：二次创新和组织学习．科学学研究，26（6）：1310－1315.

江青虎．2007. 集群企业竞争优势构建的集体学习机制研究．杭州：浙江大学博士学位论文．

江青虎，余红剑．2010. 产业集群的集体学习及影响要素分析．工业技术经济，29（3）：133－137.

李二玲，李小建．2009a. 欠发达农区产业集群的网络组织结构及其区域效应分析．经济地理，29（7）：1127－1133.

李二玲，李小建．2009b. 欠发达农区传统制造业集群的网络演化分析——以河南省虞城县南庄村钢卷尺产业集群为例．地理研究，28（3）：738－750.

李学鑫．2010. 中国农区文化创意产业集群形成演化机理：以民权县王公庄绘画产业集群为例．地理科学进展，29（8）：1011－1017.

李学鑫，田广增．2011. 选择性环境、能力与农区特色文化产业集群的演化：以宝丰县赵庄乡魔术产业集群为例．人文地理，26（3）：122－127.

林育谆，金家禾．2006. 产业之群聚吸纳能力与学习：以台湾自行车业为例．地理学报，（45）：21－50.

林政逸，辛晚教．2007. 创新、能力与文化产业集群的演化：台北市音乐产业个案研究．地理学报，2007，（50）：23－45.

刘慧．2003. 集群创新网络内的企业学习研究．杭州：浙江大学硕士学位论文．

刘志高，王缉慈．2008. 共同演化及其空间隐喻．中国地质大学学报（社会科学版），8（4）：85－91.

苗长虹．2004. 变革中的西方经济地理学：制度、文化、关系与尺度转向．人文地理，19（4）：68－76.

苗长虹．2006a. “产业区”研究的主要学派与整合框架：学习型产业区的理论构建．人文地理，（6）：97－103.

苗长虹．2006b. 全球-地方联结与产业集群的技术学习：以河南许昌发制品产业为例．地理学报，61（4）：425－434.

苗长虹，艾少伟．2009. “学习场”结构与空间中的创新．经济地理，29（7）：1057－1063.

苗长虹，樊杰，张文忠．2002. 西方经济地理学区域研究的新视角．经济地理，22

（6）：644－650.

宁钟.2003. 产业集群演进中的组织学习与知识创新研究.上海：复旦大学博后研究报告.

王洪伟.2009. 传统文化隐喻：神垕钧瓷历史变迁的社会学考察.武汉：华中师范大学博士学位论文.

魏江.2003. 产业集群：创新系统与技术学习.北京：科学出版社：98.

魏江，申军.2003. 产业集群学习模式和演进路径研究.研究与发展管理，15（2）：44－48.

魏江，魏勇.2004. 产业集群学习机制多层解析.中国软科学，（1）：121－125，136.

吴波，贾生华.2009. 网络开放、战略先行与集群企业吸收能力构建：基于浙江产业集群的实证研究.科学学研究，27（12）：1845－1852.

徐晓军.2002. 转型期中国乡村社会变换的变迁.社会科学辑刊，（1）：42－48.

徐占忱.2009. 区域企业集群主导学习模式的演进路径分析.科技进步与对策，26（19）：29－31.

俞伟理.2009. 中国玉雕：南阳名家名品.北京：生活·读书·新知三联书店.

张雅淑.2010. 区域空间中地方型知识经济发展经验之初探：以北高雄机械产业为例.高雄：高雄大学都市发展与建筑研究所硕士学位论文.

周雪松.2003. 产业集群技术学习过程模式研究——以浙江省为例.杭州：浙江大学硕士学位论文.

朱方文.2009. 集体学习对集群企业竞争优势的影响研究.上海：复旦大学硕士学位论文.

Albino V，Carbonara N，Messeni P A. 2009. External knowledge sources and proximity. Journal of Knowledge Management，13（5）：301－318.

Allen T J. 1977. Managing the Flow of Technology：Technology Ttransfer and the Dissemination of Technological Information Within the R&D Organization. Cambridge：MIT Press.

Argyris C，Schon D A. 1978. Organizational Learning：a Theory of Action Perspective. MA：Addison -Wesley Reading.

Bathelt H. 2005. Geographies of production：growth regimes in spatial perspective（II）——knowledge creation and growth in clusters. Progress in Human Geography，29（2）：204－216.

Bathelt H. 2007. Buzz-and-pipeline dynamics：towards a knowledge-based multiplier model of clusters. Geography Compass，1（6）：1282－1298.

Bathelt H，Malmberg A，Maskell P. 2004. Clusters and knowledge：local buzz，global pipelines and the process of knowledge creation. Progress in Human Geography，28（1）：31－56.

Bathelt H，Schuldt N. 2008a. Between luminaires and meat grinders：international trade fairs as temporary clusters. Regional Studies, 42 (6): 853 - 868.

Bathelt H, Schuldt N. 2008b. Temporary face-to-face contact and the ecologies of global and virtual buzz. SPACES online. http://www. spaces-online. com [2013 - 03 - 25].

Bathelt H, Schuldt N. 2010. International trade fairs and global buzz, part I: ecology of global buzz. European Planning Studies, 18 (12): 1957 - 1974.

Boschma R. 2005. Proximity and innovation: a critical assessment. Regional Studies, 39 (1): 61 - 74.

Breschi S, Maleba F. 2001. The geography of innovation and economic clustering: some introductory notes. Industrial and Corporate Change, 10 (4): 817 - 833.

Burt R S. 1992. Structural Holes: the Social Structure of Competition. Cambridge, MA: Harvard University Press: 275 - 290.

Capello R. 1999. Spatial transfer of knowledge in hi-tech milieux: learning versus collective learning progresses. Regional Studies, 33 (4): 352 - 365.

Carbonara N. 2004. Innovation processes within geographical clusters: a cognitive approach. Technovation, 24 (1): 17 - 28.

Castaer X, Campos L. 2002. The determinants of artistic innovation: bringing in the role of organizations. Journal of Cultural Economics, 26 (1): 29 - 52.

Chen L C. 2009. Learning through informal local and global linkages: the case of Taiwan' s machine tool industry. Research Policy, 38 (3): 527 - 535.

Christopherson S. 2002. Project work in context: regulatory change and the new geography of media. Environment and Planning A, 34 (11): 2003 - 2015.

Cohen W, Levinthal D. 1990. Absorptive capacity: a new perspective on learning and innovation. Administrative Science Quarterly, 35 (1): 128 - 152.

Cowan R, David P A, Foray D. 2000. The explicit of economics of knowledge codification and tacitness. Industrial and Corporate Change, 9 (2): 211 - 253.

Dicken P, Malmberg A. 2001. Firms in territories: a relational perspective. Economic Geography, 77 (4): 345 - 363.

Dodgson M. 1993. Organizational learning: a review of some literatures. Organization Studies, 14 (3): 375 - 394.

Drake G. 2003. This place gives me space: place and creativity in the creative industries. Geoforum, 34 (4): 511 - 524.

Florida R. 2002. The Rise of the Creative Class. New York: Basic Books: 48 - 50.

Garud R，Nayyar P R. 1994. Transformative capacity：continual structuring by intertemporal technology transfer. Strategic Management Journal，15（5）：365－385.

Giuliani E. 2002. Cluster Absorptive Capability：an Evolutionary Approach for Industrial Clusters in Developing Countries. Summer Conference on Industrial Dynamics of the New and Old Economy-Who is Embracing Whom? Copenhagen and Elsinore：DRUID.

Giuliani E. 2005. Cluster absorptive capacity：why do some clusters forge ahead and others lag behind? European Urban and Regional Studies，12（3）：269－288.

Grabher G. 2002a. Cool projects，boring institutions：temporary collaboration in a social context. Regional Studies，36（3）：205－214.

Grabher G. 2002b. The project ecology of advertising：tasks，talents and teams. Regional Studies，36（3）：209，245－262.

Huber G P. 1991. Organizational learning：the contributing processes and the literatures. Organization Science，2（1）：88－115.

James L，Guile D，Unwin L. 2011. From learning for the knowledge-based economy to learning for growth：re-examining clusters，innovation and qualifications. http：//www. llakes. org［2012-12-06］.

Jeffcutt P，Pratt A. 2002. Managing creativity in the cultural industries. Creativity and Innovation Management，11（4）：225－233.

Lambooy J. 2002. Knowledge and urban economic development：an evolutionary perspective. Urban Studies，39（5/6）：1019－1035.

Landry C. 2000. The Creative City：a Toolkit for Urban Innovators. London：Comedia：132－157.

Lane P J，Koka B，Pathak. 2006. The reification of absorptive capacity：a critical review and rejuvenation of the construct. Academy of Management Review，31（4）：833－863.

Lichtenthaler U. 2009. Absorptive capacity，environmental turbulence，and the complementary of organizational learning process. Academy of Management Journal，52（4）：822－846.

Li P F. 2011. Horizontal vs. vertical learning：divergence and diversification of lead firms in the Hangji toothbrush cluster，China. http：//www. spaces-online. com.

Lundvall B A. 1992. User-producer relationships，national systems of innovation and internationalization//Lundvall B A. National Systems of Innovation：Toward a Theory of Innovation and Interactive Learning. London：Pinter：57－59.

Malmberg A，Maskell P. 2002. The elusive concept of localization economies：towards a knowledge-based theory of spatial clustering. Environment and Planning A，34（3）：429－449.

Malmberg A, Maskell P. 2006. Localized learning revisited. Growth and Change, 37 (1): 1 - 18.

Malmberg A, Power D. 2005. (How) do (firms in) clusters create knowledge? Industry and Innovation, 12 (4): 409 - 431.

March J G. 1991. Exploration and exploitation in organizational learning. Organization Science, 2 (1): 71 - 87.

Markusen A. 1996. Sticky places in slippery space: a typology of industrial distracts. Economic Geography, 72 (3): 293 - 313.

Maskell P, Bathelt H, Malmberg A. 2006. Building global knowledge pipelines: the role of temporary clusters. European Planning Studies, 14 (8): 997 - 1013.

Maskell P, Malmberg A. 1999. Localised learning and industrial competitiveness. Cambridge Journal of Economics, 23 (2): 167 - 185.

Nonaka U S. 1996. From information processing to knowledge creation: a paradigm shift in business management. Technology in Society, 18 (2): 203 - 218.

Norcliffe G, Rendace O. 2003. New geographies of comic book production in North America: the new artisans, distancing, and the periodic social economy. Economic Geography, 79 (3): 241 - 263.

Peck J, Yeung H W C. 2003. Remaking the Global Economy: Economic-Geographical Perspectives. London: Sage.

Petruzzelli A M, Albino V, Carbonara N. 2009. External knowledge sources and proximity. Journal of Knowledge Management, 13 (5): 301 - 318.

Power D, Jansson J. 2008. Cyclical clusters in global circuits: overlapping spaces in furniture trade fairs. Economic Geography, 84 (4): 423 - 448.

Power D, Hallencreutz D. 2002. Profiting from creativity? the music industry in stockholm, Sweden and Kingston, Jamaica. Environment and Planning A, 34 (10): 1833 - 1854.

Scott A J. 1993. Technopolis: High Technology Industry and Regional Development in Southern California. Berkeley, Los Angeles: University of California Press: 59 - 62.

Scott A J. 2006. Entrepreneurship, innovation and industrial development: geography and the creative field revisited. Small Business Economics, 24 (1): 1 - 24.

Storper M. 1995. The resurgence of regional economies, ten years later: the region as a nexus of untraded interdependencies. European Urban and Regional Studies, 2 (3): 191 - 221.

Storper M. 1997. The Regional World: Territorial Development in a Global Economy. New York: The Guilford Press.

Storper M, Venables A J. 2004. Buzz: face-to-face contact and the urban economy. Journal of Economic Geography, 4 (4): 351 – 370.

Swyngedouw E. 1997. Neither global nor local: globalisation and the politics of scale//Kox K. Spaces of Globalization: Reasserting the Power of the Local. New York, London: Guilford and Longman: 137 – 166.

Szulanski G. 1996. Exploring internal stickiness: impediments to the transfer of best practice within the firm. Strategic Management Journal, 17 (Winter Special Issue): 27 – 43.

Todorava G, Durisin B. 2007. Absorptive capacity: valuing a reconceptualization. Academy of Management Review, 32 (3): 774 – 786.

Tsai W. 2001. Knowledge transfer in intraorganizational networks: effects of network position and absorptive capacity on business unit innovation and performance. Academy of Management Journal, 44 (5): 996 – 1004.

Vang J, Chaminade C. 2007. Global-local linkages, spillovers and cultural clusters: theoretical and empirical insights from an exploratory study of Toronto ' s film cluster. Industry and Innovation, 14 (4): 401 – 420.

Zahra S A, George G. 2002. Absorptive capacity: a review, reconceptualization and extention. Academy of Management Review, 27 (2): 185 – 203.

第四章 中部农区特色文化产业集群的发展模式

产业集群发展模式，是对各地不同产业集群形成与发展过程的“质”的抽象，同时也可对其他地方发展集群起到借鉴意义。本章首先简要介绍国内外制造业集群的典型发展模式，然后详细剖析国内外文化产业集群的典型发展模式，最后归纳、总结我国中部农区特色文化产业集群形成与发展的不同模式。

第一节 国内外产业集群典型模式简介

一、模式的内涵及特点

1. 模式的内涵

模式是一个很宽泛的概念，它指涉的范围很广。目前，关于模式的代表性解释主要有以下几个版本。

《现代汉语词典》（第 5 版，商务印书馆，2005 年）将模式解释为“某种事物的标准形式或使人可以照着做的标准样式”。

在“百度百科”中，“模式”的英文为“pattern”，是指解决某一类问题的方法论，即把解决某类问题的方法总结归纳到理论高度，那就是模式。

Alexander 给出的经典定义是：每个模式都描述了一个在我们的环境中不断出现的问题，然后描述了该问题的解决方案的核心。通过这种方式，你可以无数次地使用那些已有的解决方案，无需再重复相同的工作。[①]

---

① 〔美〕亚历山大．建筑的永恒之道．赵冰译．http：//hi. baidu. com/historywood/item/cbc330f0febd6648932af2bb［2012－12－24］．

《牛津高阶英汉双解词典》（第 6 版）（霍恩比，2004）关于模式的解释为：① pattern：模式、方式，如 changing patterns of behavior/work/weather（译为：行为/工作/天气的变化模式）；②mode：模式、方式、风格、样式，如 a mode of production/operation（译为：生产/操作方式），a mode of life/behavior（译为：生活方式/行为模式）。由此可见，模式指的是抽象的、体系化的属性或规律，而不是具体的（人体）模特或（石膏）模型。

综合以上各种对“模式”的解释，我们认为模式是指舍去具体细节的某种事物及其运动的基本结构或基本图式。作为一种分析方法或分析范畴，抽象的模式能够简明地表述事物体系的内在逻辑和运动规律，即事物的结构特征和运动特质。模式是一种认识论意义上的确定思维方式，是一种包含了一系列要素及其关系的概念性工具，可以用以阐明某个特定实体的逻辑关系。因此，模式不同于事物的类型，类型是事物共有属性的一种外在表现，具有共同特征的事物形成种类。而模式是标志了物件之间隐藏的规律关系，而这些物件并不必然是图像、图案，也可以是数字、抽象的关系，甚至是思维的方式。比如说一个公司的商业模式就包括一个公司或企业所能为客户提供的价值以及公司的内部结构、合作伙伴网络和关系资产等用以实现（创造、推销和交付）这一价值并产生可持续赢利收入的要素。

2. 模式的特点

（1）系统性（全面性），即模式是全面地描述、概括研究对象，而非片面地只谈研究对象的一两点特殊的地方。

（2）实践性（可学习），即模式必须是可识别的、可实践（学习）的、可重现的。模式不仅是从实践（包括观察）中总结出来的，而且还可以进一步指导实践。

（3）差异性，指基于不同实践而抽象出的模式是有明显差异的。

（4）适用性，即任何模式都有其适用的环境与条件，因此离开具体环境而照抄照搬的模式都是有问题的。

（5）有效性，即模式无论是作为认识客观事物的工具，还是作为指导实践的工具，都必须有指导意义或参考价值。

二、模式研究的重要性

从以上分析可以看出，模式其实就是从不断重复出现的事件中发现和抽象出的规律，是对解决问题、形成经验的高度归纳总结，是解决某一类问题的方法论。当一个领域逐渐成熟的时候，自然会出现很多模式。每一种模式都是一个针对不同适用环境和不同目标要求下的、最适当的各种系统参数（属性）或方法的预先定义好的集合。它表现了模式对象的标准形式与特点，或者说模式表达了事物“应该是什么样的”。由此可见，模式对人们的工作具有重要的指导意义。它将有助于我们完成任务，有助于我们做出一个优良的设计方案，达到事半功倍的效果，而且会得到解决问题的最佳办法。

正如斯莱沃斯基（2001）在其《利润模式》一书中所强调的，“模式并不是什么新现象”，“模式的数量和重要性正在增加”，“掌握模式极为重要。这好像是在漫天乌云、漆黑一片的夜晚带上了一副红外夜视镜，不仅能帮助你看清三步之内的危险，还能让你看清通向机会的道路，并发现哪些行动将使竞争的形势向着有利你的方向转化。不能掌握模式则将产生相反的结果。看不清危险，看不清机会，在竞争中疲于奔命，穷于应付，无力创新”。因此，那些“掌握模式”的人，可以利用他们的经验提高战略技巧，将竞争带入新的层次；而那些没有“掌握模式”的人则在竞争中败北，差距越来越大。

目前，国际市场变得越来越难以预测，尤其是在经济日益全球化的今天，国际市场竞争已从企业发展战略向产业集群战略演化。产业集群作为一种区域经济发展中极具竞争力的组织形式，已经成为区域参与国际竞争的骨干力量。很多国家的地方政府通过培育地方产业集群，使本地生产系统的内力和国际资源的外力有效结合，提高区域竞争力。经济发达地区在这方面已经走向了成熟稳定的发展阶段，各个国家结合自己的地域环境、资源禀赋、历史文化，以及政治环境、经济环境、产业发展政策，形成了不同的产业集群发展模式。因此，识别西方发达国家产业集群的发展模式，对于探寻和培育适合我国国情的产业集群发展模式将具有很重要的现实指导意义。

三、国内外制造业集群的典型发展模式

产业集群模式是众多模式领域中的一种，其形成和发展具有一定的特点

和规律。但由于产业集群的形成和发展受一定区域的历史与现实、内在与外在、主观与客观、市场与政府等一系列相互交错因素的影响，所以，在其形成和发展过程中，由于主导因素与驱动力量不同，集群的生成路径与发展模式各异。综合国内外的理论和实践，目前，关于制造业集群的发展模式大致可以从以下四个方面进行概括。

（一）根据政府在产业聚集过程中的干预程度分类

根据政府在产业聚集过程中的干预程度，以及市场机制与政府的互动作用，可以把产业集群的形成与发展模式划分为市场自发型与政府推动型两种。

1. 市场自发型模式

这种模式形成的初始动因来自个人或企业对自身经济利益的追求，市场机制在产业集群的形成与发展过程中扮演着重要角色。其基本特征表现为：①市场机制功能起主导作用。产业集群的形成、演化基本上依赖市场机制来完成，集群的产生是自下而上的，是通过企业对集聚利益的追逐自发形成的。②发展过程表现为从贸易聚集向产业聚集转化，即先有市场贸易，由于市场需求的膨胀才进一步促进了产业集聚。③政府对产业集群的干预是间接的、辅助的，调节作用主要表现在集群出现后的事后调节方面。

美国、英国、意大利等欧美资本主义国家，由于市场成熟度高，其产业集聚、成长、演化完全是一个市场过程，是一个自由竞争的自发过程。例如，意大利是一个以中小企业为主体的国家，素有“中小企业王国之称”，全国有412.5万家企业，其中有95%为雇员在10人以下的小型企业（伍长南，2006），平均每个企业创造的产值也位居工业化国家之末。但是，其出口实力却位居全球前五位，经济总量排名位于世界前七位（潘悦，2011）。原因在于这一地区的产业结构以中小型企业为主，形成了自发性、专业化、高度集聚的产业集群，大量的中小企业建立了竞争与合作并存的多样化关系，形成了灵活敏捷而又高度专业的生产协作网络（图4-1）。中小企业产业集群的发展推动了意大利经济的高速增长，奠定了意大利欧洲强国和贸易大国的地位。

尤其是20世纪80年代，在意大利各级政府、行业协会和各种中介服务机构的扶助和推动下，意大利中小企业积极将微电子、信息等高新技术引入传统产业的生产过程，集群内中小企业走上了国际化发展的道路。“意大利制造”开始在国际市场声名远扬。到2000年，意大利已经成为世界第三贸易大国、第六出口强国。目前，意大利420万家的中小企业提供着87%以上的就业岗位，创造着70%的增加值和50%的出口额（潘悦，2011）。

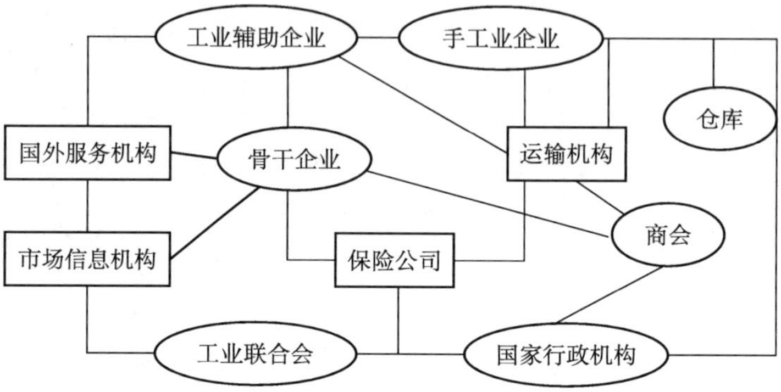

图4-1　意大利产业集群

资料来源：张慧（2010）

由此可见，意大利产业集群的形成与发展，大都是企业出于自身发展的需要，为获得专业化经济优势、人力资本优势，以及特定区域社会文化优势和持续创新的氛围等而聚集到一起的。而意大利政府对中小企业集群的扶持，则是在20世纪70年代集群已经粗具规模并拥有了内在的创新、合作等良性增长机制之后，小企业发展才成为各级政府普遍关注的焦点。而且政府仅仅通过一些调节和激励措施，引导并促进集群的良性发展。因此，市场主导型模式下政府的作用被限定在一定范围内，产业集聚的成长基本上依赖产业与市场的互动。拥有类似模式的还有美国硅谷、德国巴登-符腾堡地区的产业集群等。

2. 政府推动型模式

这种模式的初始动因来自政府对本地区经济利益的追求，政府在产业集群的形成与发展过程中发挥着相对重要的作用。具体特征表现为：①集群的产生是自上而下的。由于市场经济的历史比较短，市场机制相对不完善，产业集聚主要以政府推动为主，依靠各种优惠政策，引导产业集聚。②由于产业起点比较低，单靠市场机制的作用很难在短期内创造足够的条件，实现特定产业集聚和培育地方创新网络的目标。而依靠政府的力量，通过直接的经济干预、系统的制度安排，可以为产业集聚发展创造一个宽松、开放的政策和经济环境。③集群的产业往往是那些有助于提升国家竞争优势的关键性、主导性产业。对于这些产业，政府有意识地通过空间集聚，作为促进本地经济发展的主要方向来抓，从财政、金融等政策方面给予有力的支持，为产业集群的快速发展提供完善的硬件与软件环境。

这种模式主要出现在新兴工业化国家和发展中国家，如中国、印度、韩国、新加坡等。此外，在英国牛津、日本筑波和九州、中国台湾的新竹等地的一些集群形成和发展过程中，政府都显示了强大的支撑作用。这些产业集群内多是技术和资本密集型企业，与高校和科研机构关系密切，技术创新能力和技术需求都较强。例如，印度软件产业集群的形成与发展就得益于政府的大力扶持和引导。在 20 世纪 80 年代初，印度软件产业尚属空白。为促进软件产业的发展，1984 年印度政府采取措施发展计算机产业和软件业，1991 年发起“软件技术园区计划”，在全国建立 10 个国家级软件技术园区和 10 个省级软件园区，利用产业集群方式发展软件业。至 20 世纪 90 年代末，印度约有 1000 多家专业软件公司，成为世界五大软件供应国之一，是仅次于美国的世界第二大软件出口国。2001 年印度软件公司增至 812 家，其中，集成电路设计 33 家、通信软件 70 家、系统软件 65 家、应用软件 156 家、服务公司 72 家。1990 年，印度软件产业产值为 5000 万美元，而到了 2004 年，其软件出口值已达 120 亿美元，产品出口到美国、加拿大等国家。目前，在世界 500 强企业中，有 203 家企业委托印度开发软件。其中，微软公司在全球的 2 万名员工中，有 10%在印度（伍长南，2006）。

再如，英国政府为推动产业集群的发展，也先后制订产业集群发展计划、战略，明确实施机构、措施和发展资金等。1999 年，英国制定了“集群行动计划”（cluster action plan）。依据“集群行动计划”，英国政府统一重组分布于全国 12 个区块的派驻机构，明确以“地区发展署”为主体，制定和实施地区战略。地区发展署通过设立孵化器或科学园区，加强与大学、研究机构、地区政府机关、咨询公司、风险企业的合作关系，推进产业集群的形成，商业、创新和技能部还设立了地区增长基金，旨在支持中小企业，创建可持续的就业。此外，英国政府还通过设立“创新集群基金”，提供产学共同研究补助预算，支持大学成果的产业化，完善基础设施，加快人才培养，有力地促进了一批产业集群的形成（赵奉杰，2011）。

（二）按照产业集群形成的初始动因分类

按照产业集群形成的初始动因，可以把产业集群分为内源型和外源型两种模式。

1. 内源型模式

这种模式又可以划分为生产创造型和市场创造型两种类型。

（1）生产创造型，即一个地区内首先出现生产企业，由于个别企业成功的激励、裂变、强劲发展等原因，导致产业集群的形成，如美国生物医药产业集群的形成就是在王牌企业的发展带动下而产生的。吴晓隽（2008）在研究影响美国生物医药产业集群形成因素时曾指出，在把著名研究机构周围的一群新创企业转变成为一个真正的地区性生物医药产业集群的过程中，龙头公司往往起着决定性的作用。通常一个生物技术子领域的领袖企业，其规模在研究阶段是追随者的5～10倍，在商业化阶段是追随者的30～100倍。正是这种规模效应为一个地区性产业集群吸纳和配备了一些关键性的资源，如产业化必需的工艺和管理人才及支持配套性产业。在当前美国主要的生物医药产业集群中，至少有一个商业化相当成功的领军企业，例如，硅谷有Genetech和Chiron、华盛顿和巴尔的摩基因产业集群的Celera和人类基因组科学公司（Human Genomics Science）。

例如，美国“硅谷”正是在支柱型公司和中小企业的共同推动下发展壮大的。硅谷的大公司不断通过技术剥离或裂变形成新公司，为产业集群的深入发展增加了新技术和新力量。例如，著名的惠普公司在其80余年的历史上，曾经多次实施“剥离”或“并购”，为硅谷的产业集群输入了20多家充满活力的新公司，因此被称为“Spin-off”魔术师。据统计，2003年，硅谷有2000家企业破产，同时又有3500家企业诞生。而硅谷现有的500家生物科技企业，预计一年内会有200家倒闭，但又会有300家成长起来。这些小公司很多是从总公司或大学里分离出来的，有很大的创造性。这些公司诞生后，相互影响，或结成联盟，或达成契约，共同协作、相互竞争，推动着硅谷的不断创新和竞争力的不断增强。这种吐旧纳新正是硅谷高科技产业集群发展过程中不断“创造性毁灭”的有力验证（刘春香，2005）。

（2）市场创造型，即一个地区内首先出现专业化的市场，为产业集聚的形成创造了重要的交易条件和信息条件，最后产业的生产聚集在市场附近，如德国的海德堡印刷机械制造业产业集群的形成（伍长南，2006）。

2. 外源型模式

根据外源力量的不同，这种模式可进一步分为两种亚类型：一是产业转移型，即由于产业地理分工的原因，在转入地区形成产业集群；二是产业扩展型，即由于产业向周边地区的扩展，在原产业集群的周边地区形成新的集群（柏玲和张宪平，2008）。例如，台湾电子信息产业集群的形成就属于典型的外源型模式。考察其形成和发展的历史，可以发现台湾省新竹市电子信息产业集群的形成得益于以下几个方面。

（1）中国台湾与美国硅谷的渊源。20 世纪 60 年代以来，大批来自中国台湾的留学生进入美国硅谷。基于血缘、地缘、人缘等关系形成的专业性技术团队，为硅谷华裔的资源共享、社会网络的巩固和延伸奠定了基础。若干年以后，这些曾经在硅谷工作的科技精英纷纷回到中国台湾创业，实现了美国硅谷电子信息技术的跨国转移。在中国台湾新竹科学园区，大部分公司的创始人皆有在美国硅谷工作的经历，很多企业的文化甚至园区建筑都与美国硅谷非常相似。

（2）政府的制度创新。政府通过对关键技术研发的资助和各项优惠政策，特别是重视、鼓励与美国硅谷的技术交流和跨洋合作，疏通技术转移渠道，鼓励人才回乡创业。

（3）跨界网络的发展。在硅谷，IT 行业的技术团队往往能超越公司界限，传递行业内的默会知识。而跨国界的团队相对于公司远距离的知识传播而言更为灵活、有效。中国台湾省省政府以灵活和开明的政策，将硅谷华人“技术”团队衍生为“跨洋技术转移”的载体。1989 年，玉山科技协会的成立，标志着这种跨国界联系的制度化。另外，穿梭于中国台湾与美国硅谷两地间的“飞行人”群体，承担着两地知识、资本、市场等信息传递者的角色。稠密的跨国界的社会网络使信息在硅谷和新竹遥远的两地间快速地传递。

（4）本地创新能力的培育。新竹信息产业集群的发展，除依赖于硅谷留学人员的技术转移外，还与本地创新能力的培育有重要关系。依托于本地多所高等院校和科研机构，新竹科学园区形成了一套产、学、研密切合作的机制，极大地提升了本地技术自主创新能力，实现了产业价值链由原始设备生产商、原始设计制造商（original design manufacturer，ODM）向原始品牌制造商的高端演进和产业集群升级。20 世纪 80 年代初期，台湾实现了从传统的家电向个人电脑及周边产品等资讯下游产品的转型，20 世纪 90 年代初期又成功地从电脑及周边产品向半导体等电子上游产品生产转型。

由此可见，中国台湾电子信息产业集群的起步很大程度上归功于一大批硅谷留学人员与中国台湾本土的紧密联系，使得中国台湾能够抓住美国 IT 产业转移的机遇，成为世界电子信息产业链条上的一环。其中，政府的制度创新、硅谷留学人员与中国台湾的血脉渊源，以及基于人缘、地缘的非正式网络、行业协会对台湾省新竹电子信息产业集群的发展起到了关键的作用。

（三）按照产业集群内的企业联系分类

按照企业间投入-产出联系的程度，可以把产业集群分为空间扎堆型、群体迁入型和定向嫁接型三种模式。

1. 空间扎堆型

空间扎堆型，即通过广泛引资，使外资企业达到较大的数量规模，产生集聚效应。虽然这些外资企业可能同属于某个产业大类，但它们的来源地、规模、实力差异较大，企业之间的产品关联度不高，企业犹如散兵，集体效率较低。严格来说，这类外资企业集聚体并不是真正意义上的产业集群（或者说还处于产业集群的孕育时期）。然而，它对落后的中小城市来说仍然是一条现实的工业化道路，可以迅速为经济欠发达地区带来资金和技术积累。改革开放以后，我国各地建立的各类开发园区，在很长一段时期内也大体属于这种模式。

2. 群体迁入型

群体迁入型，即着力引进龙头企业，并利用其在业界的知名度和影响力，引发原来的或新的下游配套企业投资本地，从而逐步扩大产业规模，增强集群效应。尤其是日本、韩国、中国台湾等亚洲国家和地区，其集群企业通常都具有群体迁移的特征。同空间扎堆型模式相比，群体迁入固然能迅速扩大地区的产业规模和集聚效应，然而多数情况下，外资企业群体自成经济系统，与本地的产业联系十分有限（陈继海，2003）。

3. 定向嫁接型

定向嫁接型，即定向引进本地具有一定产业基础甚至已产生集群效应的外资项目。引进外资的主要目的是为了拓展地方产业链或弥补产业链上的薄弱环节，并利用其在技术、机制、理念等方面的优势，刺激本地创新活动，促进外资企业与本地企业间的产业合作，提高地方集群的创新能力和竞争优势。例如，印度政府为促进本地软件产业的快速发展，在对外政策上实行调整：放松对外资的限制，实行外向型经济发展方式；制定各种优惠政策，广泛吸引外资企业来这里投资建业。例如，取消对 FDI 必须与技术转让挂钩的限制、降低外资准入门槛、简化投资手续、大幅度提升审批速度等，这些改革措施使印度迅速成了对外资最具有吸引力的国家之一。而大量外资的涌入，促进了该行业的迅猛发展。同时，印度政府有效地将外资优势和自己的优势结合起来，以此来培养自身的核心竞争力，取得了很好的成效。20 世纪 90 年代末，印度约有 1000 多家专业软件公司，成为世界五大软件供应国之一，是仅次于美国的世界第二大软件出口大国。正是因为印度软件业的蓬勃发展，使世界各国 IT 业群聚于此。世界上许多著名的信息产业公司，如微软、英特尔、甲骨文、摩托罗拉、得克萨斯仪器公司、太阳公司等全球著名公司等都在印度设有研制中心和生产基地。目前，在印度产业园内，有软件企业 1200 家，其中 8% 是跨国公司，68% 是外资企业，其中有 170 多家公司获得 ISO9000 质量标准认证，在全世界获得美国 CMM5 级认证的 50 多家软件企业中（伍长南，2006），印度占绝大多数，印度正在逐步成为世界软件产业中心。

（四）以市场内部结构为标准分类

以市场内部结构为标准，可以把产业集群模式划分为轴轮式、多核式、网状式、混合式和无形大工厂式五种类型。

1. 轴轮式产业集群

轴轮式产业集群，或称为城镇型产业区（castle town-style industrial districts）（吴宗杰，2008），是指众多相关中小企业围绕一个特大型成品商形成的产业集群。其特点有：①集群以一个大型企业为核心；②以众多中小企业为核心企业，加工、制造某种产品的零部件或配件，或者提供某种服务；③核心企业掌握技术支持和品牌优势；④中小企业本身拥有相对独立的生产运作能力以获得自身的发展。

日本丰田汽车城是典型的轴轮式产业集群模式。丰田汽车城是世界著名的汽车产业集群之一。其中的“丰田集团”包括丰田自动车（丰田汽车公司）、爱新精机、爱知制钢、关东自动车工业、丰田自动织机制作所、丰田合成、丰田工机、丰田纺织、丰田车体、丰田通商、日本电装、日野自动车工业、大发工业、丰田中央研究所、东和不动产 15 家企业，其中丰田自动车处在最核心和顶峰的位置，其余 14 家企业在资本、人员及生产业务活动等方面都与其保持着非常紧密的关系，堪称为丰田集团的轴心（陈晋，1995）。丰田汽车公司本身也是轴心企业，公司包括 250 多个供货商，其中有 50 个把总部设在了丰田城，其余 200 多个也聚集在离丰田城半径为 5 小时车程的范围之内的地区（曹洪军和王乙伊，2004）。大量的中小企业作为轴心企业的供应商，紧紧地围绕着丰田形成一个整体。轴心企业处于集群网络的关键节点，与中小型企业以垂直型分工为依托，建立企业之间的“承包”关系。据统计，集群内部有 168 家一次承包企业、4700 家二次承包企业、31 600 家三次承包企业，丰田公司与有承包关系的中小型企业形成纵式企业系列（伍长南，2006），大型企业在一定程度上对下一层次的承包企业具有支配权，以众多中小企业为核心企业，加工、制造产品的零部件或配件，或者提供某种服务，共同提高劳动生产率，降低市场经营风险。

2. 多核式产业集群

多核式产业集群是指众多小企业围绕三五家大型成品商形成的产业集群。这种模式在形成初期，往往只有一个核心企业和一些相关配套企业，随着产业的发展，出现多个核心企业，形成同一集群内多个主体并存的局面。

底特律是世界最大的汽车工业中心，号称“世界汽车之都”。19 世纪上半期内，由于兴修铁路，欧洲德国、英国、荷兰等国的移民大量涌入，造船业及航运业迅速发展，钢铁工业及机械工业等也随之发展。这座城市依靠附近有铁矿砂和炼钢厂的有利条件，逐步形成庞大的汽车工业集群。在底特律，有福特、通用、克莱斯勒和阿美利加 4 家美国最大的汽车制造公司的总部，全美国 1/4 的汽车产于这里，全城 442 万人口中约有 91%的人靠汽车工业为生。汽车制造业成为底特律城市工业的核心部门，钢铁、仪表、塑料、玻璃、轮胎、发动机等与汽车制造业相关的企业，紧紧围绕着几大汽车公司进行配套生产，在底特律形成了一个庞大的汽车产业集群网络。①

3. 网状式产业集群

网状式产业集群是指众多相对独立的中小企业聚集在一起形成的产业集群。其特点表现为：①集群内多是规模较小的企业，每个企业的雇员人数很少，企业类型多数为雇主型企业；②生产工艺较为简单，所以企业之间缺乏专业化分工协作，内部竞争激烈；③生产经营对地理因素的依赖性较强；④生产的产品具有明显的地方特色，大多是沿袭传统生产方式。

网状式产业集群在意大利比较普遍。例如，意大利东北部乌迪内斯市的家具产业集群。第二次世界大战前，这一地区已经出现了 90 多家主要从事草编椅的、家庭作坊式的家具企业，他们基本上都是各自独立完成生产，不存在专业化分工与合作。20 世纪 50 年代后期的经济腾飞，促进了该地区工业的发展，企业数迅速增加，形成了家具工业区。20 世纪 60 年代后期，政府加大对这一地区的政策、资金、技术方面的扶持力度，促进工业企业的技术创新。特别是 1969 年成立的桌椅与家具企业技术服务中心（CATAS）、1983 年成立的旨在促进企业市场开发的普罗莫塞迪亚公司，确立了家具工业在意大利市场的重要地位。目前，该区每年生产 3000 万只桌椅，占意大利市场的 80%，占欧洲市场的 50%（伍长南，2006）。在区内的 786 家企业中，其中 70%为手工业。各企业间相互合作的主要方式为统一销售。他们根据联合销售机构统一的技术质量要求，独立制造某一种产品，然后使用同一种商标，由联合销售机构统一进行销售。

---

① 新华网．美国汽车城——底特律．http：//news. xinhuanet. com/ziliao/2007-05/29/content_6168507. htm［2011－07－18］．

4. 混合式产业集群

混合式产业集群是由多核式与网状式混合而成的产业集群。集群内部既存在几个核心企业及相关的小企业，又存在着大量没有合作关系的中小企业。其特点表现为：①核心企业带动配套企业发展，分散中小企业经营风险；②核心企业依靠品牌提升核心竞争力，中小企业以低成本获取竞争优势；③技术创新是这种产业集群生存和发展的关键。

德国的海德堡印刷机制造业产业集群就属于这种模式。在海德堡周围150英里[①]的区域内聚集着海德堡、曼氏、罗兰、K&B、阿尔贝特-法兰肯塔、普兰塔6家公司，同时，还吸引了与印刷机制造相关的造纸、油墨、制版企业等先后在这里落脚，共同促进德国印刷机产业的发展。由于众多印刷机制造企业与造纸、油墨和制版等相关辅助产业的集聚发展，促使德国印刷机产业取得了世界级的竞争优势。

5. 无形大工厂式产业集群

这种类型比较接近马歇尔的产业区，即生产特定产品的小公司聚集在特定的区域，企业之间按照从原料到制成品的生产过程进行劳动分工。其具体特点表现为：①企业规模小，众多中小企业与家庭生产连为一体，形成伸缩性较强的企业生产体系；②商业中介和服务组织活跃，集群内产业专业化程度高，分工较为明显；③各小企业具有相对独立的经营能力。

例如，意大利威尼托地区的布伦塔河制鞋业就是以产、供、销一条龙的中小型企业为特色的制鞋业产业集群。这里有444家制鞋企业，包括其他相关产业达866家企业，企业之间实行专业化的分工协作和生产，一双皮鞋往往要经过10多家企业联合加工完成。集群内有80多个负责皮鞋设计的工作室，有高水平的设计师和具有高超技艺的产业工人。这里是意大利的生产中心、设计中心和信息中心。集群内既存在着负责产品设计、营销策划、销售渠道构建、产品销售的最终企业，也存在着大量向最终企业提供中间制品和服务的专业化的中间企业，以及提供原材料和生产设备的供货商企业。这些企业之间按照从原料到制成品的生产过程进行劳动分工，形成了实际上的

① 1英里≈1.609公里。

“无形大工厂”。

除了上述几种划分方式外，美国学者 Markusen（1996）把当今世界产业集群模式分为马歇尔式、中心辐射式、卫星式、国家主导型等集群模式，各模式的特点如表 4-1 所示。

表 4-1　世界产业集群模式

模式	主要特点	主要优点	主要缺点
马歇尔式	产品供应链属于一个共同产业供应链；定制化程度高，生产标准化程度低，如“第三意大利”	柔性专业化；创新潜力大；集群内企业间合作关系灵活	生产经营对地理因素的依赖性较强；供应商和顾客群比较一致；竞争较为激烈
中心辐射式	众多相关中小企业围绕一个特大型成品商形成的产业集群	核心企业凭借技术支持和品牌优势掌握着整个系统的运转；众多小企业能够提供比集群外企业成本更低的产品	新企业与核心企业的联系极少，只是从核心企业创造的城市化经济中受益，整个集群效应依赖于少数核心企业
卫星式	基地在外部的多工厂企业的分厂设施的集合，集群企业能够在空间上与上下游运营保持独立	存在着技能与隐性知识成本优势	集群企业间缺少建立创新的合作关系与网络，难以共担风险；集群缺乏黏性，发展前景不清晰
国家主导型	集聚的产生是自上而下的，是通过国家和地区的干预扶持政策而促成的	运用政府的力量认为的造成特定产业的地理集中，创造全新的产业族群，摆脱资源和要素短缺的约束	政府的直接干预在人才、技术、资金等方面与私营部门相比都不再具有优势，无法对企业集群的良性发展起到支配作用

资料来源：邹立清（2007）

第二节　国内外文化产业集群发展的典型模式

由于文化产业依托的文化资源具有较强的区域性、历史性及民族性，文化产业的发展不仅要求地理区位上的相对集中，而且要求生产和创作上的相互匹配与协调。因此，与传统制造业相比，文化产业具有更强的集群化特征。事实证明，世界各国的文化产业在市场化、信息化、国际化的改革和发展过程中，也正在朝着规模化、集群化的方向演变和发展，并已经形成了各具特色的文化产业集群模式和类型。本节首先以美国、韩国等为例，分析国外文化产业集群不同发展模式的主要特点，其次重点介绍我国文化产业集群的典型发展模式及其特征，以期为我国农区特色文化产业集群的发展和经营提供借鉴。

一、西方国家文化产业集群发展的典型模式

（一）国外文化产业集群发展模式概述

文化产业集群发展模式可以从不同视角加以抽象、概括。目前，国外文化产业集群的发展模式，若从集群的形成方式上看，可以区分为旧厂房转型（如美国纽约的苏荷区）、历史文化区延续发展（如英国伦敦的西区）和政府主导（如韩国首尔的数字媒体城）等模式。[①] 若从集群形成与发展的主导动力上看，则可概括为以美国为代表的市场主导型模式和以韩国为代表的政府主导型模式（牛维麟，2007）。

1. *以美国为代表的市场主导型模式*

（1）主要特征。以美国为代表的市场主导型文化产业集群发展模式，主要特征表现为集群的形成与发展以市场为导向，以企业为主体，以资本的自由流动为动力等方面。政府并不对文化产业集群的具体规划进行过多的指导，但政府的政策仍然是扶持产业发展和集群建设的重要力量。该模式包括以大企业为核心的文化产业集群模式，以中小企业为主形成的文化产业集群模式等。

（2）典型案例。作为世界上第一个创建文化创意产业园区并利用园区模式成功发展文化创意产业的国家，美国在创意产业园区的经营管理方面具有无可比拟的优势和经验，如投资主体多元化、形式灵活多样、园区建设分工明确等（贺培育，2010）。由于美国的文化政策秉承自由主义传统，以强调文化产品生产、销售的高度市场化和政府干预最小化为主旨，所以文化创意园区的形成多以市场机制为主，这在纽约苏荷艺术区的形成与发展过程中表现得尤为明显。

苏荷（SOHO），即 South of Houston Street（休斯敦街以南）之英文缩写，位于美国纽约曼哈顿岛西南端，包括以格林街为中心的三条石径街，是一个占地不足 0.17 平方英里[②]，居民人口约为 6541 人的社区。第一次工业革

---

① 胡晓梅．欧美创意产业园区发展模式一瞥//中国文化传媒网．http：//www.ccdy.cn/wenhuabao/wb/201209/t20120915_396527.htm［2013－01－08］．

② 1 平方英里≈2.590 平方千米。

命时，苏荷区曾是著名的钢铁生产基地。20世纪50年代，随着城市改造步伐的加快，工厂外迁，大量厂房闲置，艺术家遂陆续将其“占领”，并将其改造为居住和创作场所。现在的“苏荷”已经发展成一个画廊遍地、名店扎堆的高级商业住宅区，是追求另类生活的艺术家的栖息之地，闻名于世的文化创意产业集聚地。“苏荷”也已经成为世界上通用的当代艺术代名词。纵观纽约苏荷区的发展历史，可以发现其成功主要得益于以下几方面。

第一，艺术家的自发集聚是基础。苏荷区是19世纪中叶工业化时代兴起的一个工业区，曾经兴建了大量的以铸铁为建筑材料的厂房。第二次世界大战后，纽约市的制造业衰退，苏荷区的制造商也纷纷搬离，留下的大车间因不适合居住而大多空闲，房租极其低廉。当市政府为低税收而伤脑筋时，满脑子有理想才华但还不名一文的青年艺术家发现了这片净土。铸铁建筑租金低且有足够大的空间，正好适合自己的工作。通过简易改造，这些厂房和仓库就变成了艺术家的生活空间和艺术工作室，俗称“统楼房”（loft）。[①] 世界现代艺术史上一些大师级的人物，如沃霍、李奇斯坦、劳森柏格、约翰斯等都是那里的第一代居民。同时，眼光敏锐的画商也在该区先后设立画廊，原在上城高级街区的不少老字号画廊也相继移来，现在一些比较出名的画廊都曾是从苏荷区开始发展起来的。到了1982年，苏荷区的画廊已经逾千家，艺术家也超过万人，“新美术馆”及世界顶级现代艺术馆“哥根汉姆下城分馆”先后落成，书肆、餐馆、咖啡座、时装店生意兴隆。但至20世纪90年代，苏荷区的租金开始飙升，过度繁华，艺术的活力与纯度不复当年，蜕变为高级旅游点。2000年以后，大批画廊迁移至中城二十街一带查尔斯区，以与当年同样的热情与智慧建成第二个“苏荷”。[②]

第二，“以旧整旧”的城市改造是关键。第二次世界大战后，金融业、广告业、大众传播业逐渐成为纽约市的支柱产业。许多大公司在曼哈顿岛上设立总部，导致交通拥堵。为此，纽约市政府拟修建第一条东西向的快速路，

---

① 凯迪网络．纽约市苏荷区“以旧整旧”．http：//sz. house. qq. com/a/20121108/000045. htm［2013-01-08］．

② 中国艺术设计联盟．纽约苏荷区——仓库里的艺术．http：//www. arting365. com/［2013-01-10］．

以缓解交通压力。20世纪60年代，洛克菲勒财团旗下的大通银行准备斥巨资打造新的苏荷区，推倒昔日的厂房，代之以成片的办公楼和豪华公寓。此举遭到了当地艺术家的群起反对，并引起了强烈的社会反响。纽约市的市民对此事寄予广泛的同情，他们在报纸、电视台和广播电台纷纷发表意见，支持艺术家们。在艺术家和民众的强烈呼吁下，1965年纽约成立了古迹保护委员会，包括苏荷区在内的900栋古建筑和50多个历史街区位于保护名录之中。1969年7月，纽约市市长林塞宣布建造快速路的计划将永远“胎死腹中”。1973年，纽约市作出具有高度文化远见的决定：全部保留苏荷区旧建筑景观，通过立法，以联邦政府的立场确认苏荷为文化艺术区。同时规定，苏荷区在进行必要的整修时，必须坚持“修旧如旧”的原则（韩凌和齐瑞文，2009），即允许业主根据自己的喜好对建筑物内部进行各种艺术风格的装修，但同时必须严格保护建筑物原有的外貌，严禁破坏和更改。自此，苏荷区成为纽约极具特色的文化旅游区之一，经济效益也急剧飙升。

第三，商业经营以艺术品市场为龙头，辅以餐饮业、酒吧业、旅游业、时装业，形成独特的经济发展模式（韩凌和齐瑞文，2009）。在纽约苏荷区，每一条街都有大大小小的画廊，人们可以免费参观。不懂现代艺术的游客也不妨走走，那里有许多经营家具、床上用品、家居摆设的特色小铺。许多世界著名品牌也都在这里开设分店。如果走累了，到附近的咖啡店要一杯咖啡，坐下来看看时髦的纽约人，多少也能把握一下世界时尚流行趋势。

2. 以韩国为代表的政府主导型模式

（1）主要特征。以韩国为代表的政府主导型文化产业集群发展模式，主要特征表现为集群的形成与发展以政府政策为主导，以企业为调动对象，以政府的大力扶持和企业、地方的协调发展为宗旨。该模式包括政府政策引导模式、官产学研结合模式等。

（2）典型案例。韩国是一个新兴的文化产业大国。早在1997年的金融危机期间，韩国对外向型经济带来的国民经济脆弱问题进行了深刻反思，认识到了发展具有本土优势和本土活力的经济产业，对于国家经济发展和核心国际竞争力的培育的重大价值。发展文化产业成为一个重要的战略选择，文化产业被确定为21世纪国家经济的支柱产业。金融危机后，韩国政府开始将资源投入到资讯、娱乐等与文化相关的产业。同时在文化产业的人才、研发、国际行销等一系列环节进行协助和辅导，为韩国文化产业的兴起做了准备，并把制造业工业园区建设模式引进文化产业，创造了建设文化园区的成功经验。

第一，注重发挥政府规划的引领作用。韩国政府通过规划、统筹在全国建设10多个文化产业园区、10个传统文化产业园区、1～2个综合文化产业园区，进而实现优化资源组合，发展集约经营，形成规模优势，提升研发生产能力和文化产业的整体实力。同时，将目前的文化产业园区定位为：产、学、研联姻，对文化产业进行研究开发、技术训练、信息交流、生产制作的“集合体”，并确立了以地方政府为主、中央政府支持、动员民间参与的建设方针。

第二，大力支持文化产业园区的建设。例如，韩国《文化产业振兴基本法》规定，对园区建设者免除耕地保护负担金及山林、草地复植费，对相关投资给予税收减免优惠，对相关装备、设备进口免除关税。同时，国家为文化产业园区各支持200亿韩元（在2～3年内分期拨款），传统文化产业园区各支持50亿韩元，综合文化产业园区各支持300亿韩元。从2000年开始，韩国投资60多亿韩元分别在釜山、光州、大田、大邱等地建立“文化创意产业支援中心”，推动文化创意产业在全国的发展。2002年又投资32亿韩元建立共同制作室，为具有一定技术，但饱受资金困扰的中小文化创意企业提供长期、系统的扶持，改变过去一次性支持的做法。①

第三，加强文化产业发展的人才培养。2000～2005年，韩国政府共投入2000多亿韩元，培养复合型人才，重点抓好电影、卡通、游戏、广播影像等产业的高级人才培养；加强艺术学科的实用性教育，扩大文化产业与纯艺术人员之间的交流合作，构建“文化艺术和文化产业双赢”的人才培养机制。

第四，注重发挥市场机制。除积极发挥政府的主导作用外，韩国还注重发挥市场机制在文化产业园区发展中的基础作用。健全和完善的市场运作与竞争机制，也是韩国文化产业园区成功的重要原因（汤莉萍等，2006）。

---

① 武汉图书馆．国外文化创意产业园区建设模式．http：//www. whlib. gov. cn/html/2011/0505/10932614. shtml.

值得注意的是，无论是政府主导型模式还是市场主导型模式，政府的支持与投入并不是集中在集群内部建设或是某些特定产业中，而是以提升当地的文化氛围、培育文化创意人才为主（牛维麟，2007），这就在无形中为文化产业集群的持续性发展提供了相当坚实的市场基础和充足的人才储备基础。

（二）核心竞争力视角下的文化产业集群发展模式

从集群核心竞争力的角度，可将欧美发达国家文化产业集群的发展概括为以文化为核心、以科技为核心、以多样性为核心、以产业链为核心四种模式。

1. 以文化为核心的文化产业集群发展模式

以文化为核心的文化产业集群发展模式或称“文化底蕴助推型”模式（张光照，2012）。该模式的文化产业集群，文化艺术氛围厚重，其文化底蕴和艺术特色是促使创意工作者入驻的主要原因，也是吸引顾客参观、引发文化产品交易行为并推动集群发展的重要因素。这类集群比较典型的如法国巴黎左岸艺术区、英国伦敦西区（West End of London）戏剧产业聚集区、美国纽约百老汇和加利福尼亚州阿纳海姆迪士尼主题公园等。

（1）集群核心竞争力源于其厚重的文化艺术传统。以文化为核心的文化产业集群，无论是具有创作、展演与欣赏文艺作品人文传统的园区，如剧院汇集的伦敦西区，还是具备生产、展示和交易文化艺术产品地缘特征的园区，如位于爱尔兰首都都柏林市中心的圣殿酒吧区，都有一个共同特点就是建立在当地深厚而悠久的历史文化传统之上，并通过不断发掘历史文化资源而获得发展动力。促使这类集群生根发芽的可以是某个艺术门类的自然聚集，也可以是某种文化传统的延续拓展。前者如纽约百老汇，在100多年的时间里，剧院表演场所从几家发展为数百家；后者如迪斯尼主题公园，从舞台剧表演到游艺项目，从动画人物展示到服饰玩具特许经营，园区每一次的拓展都渗透与贯彻着迪斯尼最核心的欢乐文化传统。

法国巴黎塞纳河左岸，一向有“法国文化摇篮”之称，是一个集中了众多大学、文化中心、咖啡馆、书店、画廊、美术馆、博物馆的文化圣地。它出名不仅是因为它的历史悠久，还因为这里的整体文化氛围浓厚。这里最特别的地方是遍布着不计其数但各具特色的咖啡馆、酒吧和啤酒馆。如果说塞纳河左岸的这片区域在巴黎人眼中是非常值得永远保存着它的原貌的地方，并不只是因为这里有一些历史遗迹，最主要的是左岸保留下来的是它无形的艺术声望。无数的艺术家、作家和诗人，如海明威、毕加索、魏尔伦等都曾经常出入于这里的咖啡馆和啤酒馆，与朋友相聚或寻找灵感（张光照，2012）。在塞纳河左岸，一不留神你就会坐在海明威坐过的椅子上、萨特写作的灯下，或靠在毕加索发过呆的窗口旁。现在，左岸塞纳河仍旧以其特有的魅力吸引着大批诗人、作家、画家、哲学家。

（2）政府资助是集群发展的重要保障。直接或通过半官方机构与民间机构，以项目的形式资助集群内的文化艺术创作，是欧美政府对此类集群最常见的支持方式。在此方面，英国和加拿大的“一臂之距”（arm’s length principle）模式已经非常成熟。所谓“一臂之距”模式[①]，是指政府不直接干预文化产业各公司和组织的运行，而是通过建立不属于官方的中间组织，由一些中立的艺术或文化事业方面的专家为政府提供指导意见，负责文化经费的具体划拨，并依靠各种行业委员会和完善的法律体系监管。这种分权式的文化管理模式有助于保证文化产业集群的自主性和文化的延续性。

（3）艺术创新使集群充满活力。文化意味着生生不息的创新。以文化为核心的产业集群都有着深厚的文化传统底蕴，但同时又充满着持续的创新活力，它在展示传统艺术的同时还不断创造着前卫文化，它除了开发并传播本土文化外，也吸收引入其他地区的文化观念与艺术形式。例如，伦敦西区仅2007年就上演了268部来自世界各地的新作，共演出1.7万场次。中国舞台剧《功夫传奇》就曾在伦敦大剧院连演28场。开放创新的艺术思维使伦敦西区舞台上充满了话剧、歌剧、喜剧、悬念剧、音乐剧、舞台剧、芭蕾舞、现代舞等来自不同国家与地区、各种形式与风格的表演。正是这种不断创新的艺术活力，才使得伦敦西区、百老汇的魅力经久不衰。

2. 以科技为核心的文化产业集群发展模式

以科技为核心的文化产业集群，根植于集群所在地的科技人才优势，同

---

① “一臂之距”原指人在队列中与其前后左右的伙伴保持相同距离。

时又通过其创意活动吸引更多的人才。这类集群中以新技术、新媒体、设计服务为创意方向的较多。

(1) 大学与科研机构是集群形成的重要动因。文化创意企业非常看重所在区域重点大学的科研优势，因为人才类型丰富、学术氛围浓厚的大学及科研机构，能够为创意企业带来强劲的创新动力。以科技为核心的文化产业集群，其形成过程一般是文化创意企业在大学附近聚集，或与其合作孵化，依托那里的教授、专家、优秀学生等人力资本开始从事文化创意活动。当这些活动产生效益以后，大批类似或相关企业就会紧随其后进驻该地区，慢慢形成具有一定规模的文化创意产业集群。因此，几乎所有以科技为核心的文化创意产业集群都是以当地主要高校及科研机构为依托，不断提升自身的科技创新能力。例如，斯坦福大学和加州大学、不列颠哥伦比亚大学、昆士兰科技大学，分别是美国硅谷、加拿大哥伦比亚省（BC省）动画产业园区、澳大利亚昆士兰科技大学创意产业园区等形成的最初支撑点。

(2) 创新的竞争是集群持续发展的动力。在以科技为核心的文化产业集群中，由于集中了大量从事文化创意活动的企业，它们在业务范围、经营方式、产业种类等方面都具有很强的共性，甚至完全相同。因此，这些企业之间的竞争也就更加激烈。例如，美国硅谷企业之间的竞争十分激烈，以至于各公司都积极寻找自己的致命弱点，所有公司共同的生存之道是：拿出更好看的产品来击败自己的原有产品。集群内的企业要想保持技术上的领先地位，就必须不断创新，在吸纳众家所长的同时竭力寻求超越。这样的竞争，一方面使企业立于不败之地，另一方面又使集群获得了源源不断的动力。

(3) 政府服务是集群发展的推手与保护者。以科技为核心的创意产业集群，在硬件设施、人才引进、研发投入、产销关系等方面都得到了政府的大力支持。政府首先在外围环境上为集群企业创造良好条件，比如，昆士兰省在凯文格罗夫区（Kelvin Grove）投入4亿澳元建成的凯文格罗夫都会村，后来成为昆士兰科技大学创意产业园区的核心区域。之后，政府通过直接投资、减免税收、开辟投融资渠道、实行优惠的人才政策等手段，帮助入驻企业获得发展所需的资金和人才。再如，加拿大的BC省自2008年12月开始将小型企业的税率减至2.5%，而此前在7月份，税率已从4.5%降到3.5%，2008年一年间小型企业的税率就减少了44%，极大地提升了以小型企业为主的BC

省动画产业园区企业的利润空间。[①] 此外，对于以科技为核心的文化产业集群而言，信息占有程度至关重要，欧美政府总是充分利用自身在产业信息、供求渠道、品牌宣传方面的强势地位，帮助集群搭建平台，连通市场。因此，在以科技为核心的文化产业集群，政府只有扮演好服务者的角色，集群才会相应地以创意品牌和经济效益回馈政府。

3. 以多样性为核心的文化产业集群发展模式

该模式的文化产业集群，核心竞争力来源于城市化经济（urbanization economy），集群与城市的良性循环互动，是其重要生命体征。城市综合品牌、宽容程度和经济实力，共同构成了以多样性为核心的文化产业集群的发展要素。

（1）环境舒适度是吸引创意人才的首要武器。作为高度推崇个体创造性的创意产业来说，创意人才具有举足轻重的意义（佛罗里达，2010）。城市，尤其是大都市，由于具有集聚性、多样性、不稳定性，为创意人才提供了更多的赚钱机会与创意环境（creative milieu），成了创意产业的理想区位。这类集群包括纽约苏荷区、法兰克福会展园区、温哥华格兰维尔岛等，业态集中于艺术展示、时尚经济、会展经济等对环境（包括城市环境和人文环境）要求较高的文化创意行业。在这类文化产业集群中，城市社会经济与文化的发展促进了创意产业集群的发育，而集群的欣欣向荣又反过来推动城市的发展。例如，美国纽约之所以具有众多的文化创意产业集聚区，很大程度上是因为其自身的国内外地位和综合实力，成了不同人才的向往高地，而人才的大量汇聚又激发了城市建构创意资本的能力，进而为其创意产业集群的发展打下了基础。

（2）开放多元的城市文化是激发创意的永久动力。Jacobs（1969）认为，创意源自文化及产业的多样性。在城市，开放多元的文化能够创造大量就业机会，吸引具有不同文化背景的人在此聚集、交流，碰撞出形形色色的创意，从而为集群发展提供源源不断的动力。例如，纽约是著名的移民城市，自由、宽容、生活方式多元化，对艺术家产生了极强的吸引力。艺术家在苏荷区集聚之后，纽约这种开放多元的城市文化又进一步促进园区的创造活力，造就

① 胡晓梅．欧美发达国家创意产业园区发展的四种模式．豆丁网．http：//www.docin.com/p-298087800.html［2012－10－25］．

了如今时尚、个性、前卫，集艺术、时尚、购物、休闲于一体的苏荷区。

（3）城市经济实力是集群持续发展的坚实后盾。在以多样性为核心的文化产业集群内，主要分布着从事时尚艺术、休闲文化、展览展销等类别的公司或机构，商业交易对其生存至关重要。集群所提供的产品和服务并非日常生活必需品，而是包含文化因素、具有独创性、享受一定知识产权保护的创意性成果。一般地，经济发达、文明程度高的城市，总体购买力较强，并且有较为迫切的创意文化消费意愿，从而为创意产业集群的发展提供了一定的保障。例如，苏荷区商业投资兴盛和艺术品交易发达的潜在原因之一，就在于曼哈顿及纽约高速发展的经济和高度发达的金融业。

4. *以产业链为核心的文化产业集群发展模式*

以产业链为核心的文化产业集群，内部企业相互合作、紧密关联，在某个有限区域内形成利益共同体。这种利益相关的捆绑式生存，促进了企业间的竞争与合作，能够产生较大的抗风险能力，使各自价值实现最大化。

（1）核心企业建立是集群形成的关键。以产业链为核心的文化产业集群，相当于 Markusen（1996）所谓的“核心企业主导型”产业集群。这类集群的形成往往是从一两个生产型的核心企业开始的，并且核心企业在集群中始终保持着主导地位，带动整个产业链条的运转。例如，美国好莱坞影视制作基地，最初是因为米高梅、派拉蒙、20 世纪福克斯、环球等七大影业公司的相继落户，才有了今天庞大的电影园区。而在英国布里斯托（Bristol）电视与数字媒体产业园区，因为有了英国广播公司（British Broadcasting Corporation，BBC）的自然历史摄制组（Natural History Unit，NHU）和美国新闻与媒体公司（United News and Media，UNM）旗下的电影公司鹧鸪（Partridge）的设立，才开始慢慢吸引其他类似和相关企业（Bassett et al.，2002）。在布里斯托，许多独立公司的起源和位置与 BBC、NHU 有着千丝万缕的联系，它们很多是在 19 世纪 80～90 年代从这两个公司独立出来的。例如，绿伞公司就是 1978 年由曾经在 BBC 做编辑工作的阿什克罗夫特（Ashcroft），在广播法案规定 BBC 必须外包 25%节目制作后成立的独立制片公司。这个公司在 2000 年雇佣 27 个人制作野生和科学电影，其 90%的客户来自美国（刘蔚，2007）。

（2）相关企业跟进是集群形成的重要环节。核心企业在当地发展得较为成熟之后，凭借其品牌与经验，效益渐长、规模渐大。此时，一方面，核心企业为了保持品牌，需要将非核心业务外包给其他企业，自己集中力量完成最主要的创意产品；另一方面，核心企业的辐射效应也使其他企业对集群所在地的注意力升温，这样，与核心企业相关的环节开始跟进，集群的产业链条逐步完善。比如，英国布里斯托电视与数字媒体产业园区，在 BBC 和 UNM 两个核心企业的带动下，目前已有自然电影制作企业约 10 家，有 5 处主要制片设施、3 家图片公司、几家音效和技术提供商等配套企业。大约有 4000 人在园区从事录像制作，另有约 6000 人从事设备器材销售与租赁、影片发行及零售业。

同时，由于创意产业链条主要包括内容创意、加工生产、市场营销三个环节，每个环节又涉及若干服务商。因此，以产业链为核心的文化产业集群往往又有众多的辅助产业，如信息咨询机构、后期制作、设备供应商、中介机构、经纪公司服务、政府、行业协会、民间组织等提供综合性服务和必要的支持。

（3）竞争优势源于集群内完整的产业链条。在以产业链为核心的文化产业集群，地理临近不仅为企业创造了与客户和相关环节直接面对面沟通的机会，大大降低了企业寻找合作伙伴和贸易伙伴上的时间成本和交易成本，而且产业链上下环节接触频繁，沟通便捷，还使企业能够更准确地把握市场需求信息，增加创新成功的概率。同时，集群内不同企业和机构间的分工与合作，不仅充分发挥各自的比较优势，增强企业整合外部资源的能力，而且也为企业创造、积累了内部资源和关系资产。此外，完整的产业链也使文化创意企业更容易进行捆绑式生产与营销，并且由于核心企业的主导和密切的行业关系，集群在形成过程中也容易孕育出独特的集群文化。比如，布里斯托电视与数字媒体产业园区讲究创作的自然、绿色和朴素，好莱坞影视制作基地追求艺术与商业共存、思想与技术并进，都进一步完善并巩固了园区的品牌形象。

当然，不可否认的是，以产业链为核心的文化产业集群，企业之间依赖性较强，容易形成合作定势，因此在产生 1＋1＞2 的竞争优势的同时，也容易一损俱损，出现一连串的负面连锁反应。2007 年年底的好莱坞编剧的集体罢工就是一个典型事例。

二、中国典型的文化产业集群模式

经过改革开放30多年来的发展，在英国、美国、日本等国文化创意产业思潮的影响下，我国也吹响了发展文化创意产业的“集结号”，以北京、上海为首的各大城市纷纷依托各自的人才、资源、区位优势，建设各具特色的文化产业集群，积极推动文化产业的发展。目前，在国家层面上，我国已初步形成了以北京为主的首都文化创意产业集群，以上海为主辐射南京、杭州、苏州等地的长三角文化创意产业集群，以广州、深圳为中心的珠三角文化创意产业集群，以昆明大理、丽水为主的滇海文化创意产业集群，以西安、重庆、成都为首的川陕文化创意产业集群及以长沙为核心的中部文化创意产业集群六大区域性文化产业集群（邵培仁和杨丽萍，2010）。在区域和地方层面上，在我国一些城市和乡村，也涌现出了大批文化（创意）产业园区/集聚区。这些不同形式的文化产业集群在发展过程中分别表现出不同的特色，但若从集群的形成路径和动力形式看，可以大致概括为政府引导推动型、艺术家主导型、龙头企业带动型、成本导向型及区位诱导型五种发展模式。

（一）政府引导推动型文化产业集群模式

1. 基本内涵

政府引导推动型文化产业集群是我国发展文化产业集群的重要方式。是“自上而下”的人为培育而成的产业集群，它一般是由政府通过政策调控、城市规划、关系协调等措施，营造有利于集群化的生态环境、经营氛围和产业链条，最终形成某种文化产业集聚区。这种文化产业集聚区一般分布在生态环境较好、交通条件便利的区域；产业多属于城市的支柱产业或具有比较优势的产业，从其产业的生命周期上来看一般均处于起步期或发展期。

2. 模式特点

政府引导推动型文化产业集群模式的特点主要表现为：①集群内企业为一个专业产业服务，是一个集研发、生产、展示、销售、培训等为一体的产业链完善的大型基地；②集聚区依托当地的资源优势，首先打造产业链中的某个环节，达到一定规模时往产业链两端延伸；③集聚区内有较为完善的商业、居住等生活配套服务设施。近几年来，我国各地政府大力发展文化创意产业，相继规划和建立了一系列文化产业集聚区。如北京市 DRC（design resource cooperation）工业设计创意产业基地，杭州市十大文化创意产业园区，昆明市 14 个文化创意产业园区。但这类集聚区也具有不可避免的劣势，即依靠单一的行政手段管理集聚区会导致市场的调节作用较难发挥，管理者与企业缺少对话，相关的法律法规不健全等。

3. 典型案例：上海“8 号桥”创意产业园区[①]

“8 号桥”位于上海市建国中路 8～10 号，占地面积 7000 多平方米，总建筑面积 12 000 平方米。这里曾是旧属法租界的一片旧厂房，新中国成立后，这里成为上海汽车工业（集团）总公司所属“上海汽车制动器公司”所在地。进入新世纪后，由于原企业重组，留下了这片旧厂房。

2003 年下半年，上海市经济委员会和卢湾区人民政府牵头对“上海汽车制动器公司”进行规划开发，决定将“8 号桥”建成一个国内外创意行业交流、推广、传播的平台，成为一个多功能的时尚创作中心，“8 号桥”创意产业园区拉开了开发的序幕。经过十多年的规划建设，目前，“8 号桥”已有境内外近百家著名设计公司和著名品牌落户，成为包括建筑、家居、广告、软件、电影、出版、时装设计等新兴产业在内的汇聚中心。

“8 号桥”不仅已成为上海创意产业集聚区的新地标、上海七家“全国工业旅游示范点”之一、上海三家信息化示范园区之一，而且使上海成为顶级品牌展示和信息发布的平台，成为上海中外经济文化交流的桥梁。

“8 号桥”的形成机制属于政府引导下的市场化开发。市、区等各级政府部门从保护城市优秀近现代建筑的角度出发，决定在不改变原有建筑风貌的基础上对上海汽车制动器厂的闲置老厂房进行改造和利用。市、区等各级政府在区域产业总体发展战略和规划的指导下，通过分析创意产业发展所需的环境，以及创意人群的区位需求、空间要求和特征，综合评估区域经济、社会、文化等发展状况和环境条件，制定区域创意产业发展规划，通过租赁承

① 八号桥创意园区 . http：//baike. baidu. com/view/4024272. htm［2012－11－10］.

包的市场化开发和公开招标形式，确定合适的投资开发主体。政府只提供服务和支持，而不是规划建设的主体。2003 年 12 月 25 日，在上海市经济委员会和卢湾区人民政府的支持下，由上海华轻投资管理有限公司、香港时尚生活策划咨询有限公司共同斥资 4000 余万元对旧厂房实施开发、改建、招商、管理，并获得 20 年承包经营权。2004 年 4 月，旧厂房由日本著名的广川设计事务所进行全新打造。2005 年 2 月，依赖中国香港时尚生活策划咨询公司独有的客户资源及公司总裁黄瀚泓先生丰富的开发招商经验和广泛的人脉资源，“8 号桥”顺利完成招商。自此，“8 号桥”由一个凝聚着特有的历史底蕴和文化内涵的老厂房变成了吸引创意人才、激发创意灵感、集聚创意产业的新载体。

“8 号桥”创立后，在后期的实际运作管理中实行以“管委会为辅、企业为主”的模式，管委会仅仅从事一些最为基本的管理、政策协调工作，具体的运营管理工作由开发公司来进行。很显然，“8 号桥”创意产业园区是政府规划推动与企业市场运作良性互动的机制，在此机制下开发形成的集聚区具有整体的风格。

（二）艺术家主导型文化产业集群模式

1. 基本内涵

所谓艺术家主导型文化集群模式就是由艺术家自动聚集和自动孵化后形成文化产业集聚体，它以艺术家工作室集群为主要特色，带动相关产业的发展。

2. 模式特点

艺术家主导型文化产业集群模式的模式特点，主要表现为：①艺术家是集群产生的主导力量；②集群的本质是“自下而上”自发形成的，市场化特征明显；③聚集方式以租住民居和闲置工业厂房为主；④艺术创作具有手工作坊特点。艺术家主导文化产业集群典型的如北京 798 艺术集聚区、宋庄原创艺术集聚区，就是由艺术家自发形成的，由若干位艺术家和成百上千个艺术家工作室及文化服务机构等组成，是一个以原创为主要特色的艺术家工作室集群。

3. 典型案例：北京 798 艺术集聚区

798 艺术区位于北京市朝阳区酒仙桥街道大山子地区，故又称大山子艺术区（Dashanzi Art District，DAD），此区域西起酒仙桥路，东至京包铁路，北起酒仙桥北路，南至将台路，面积 60 多万平方米。

艺术区的名字是由北京国有电子工业老厂区的名称沿用而来。1995 年中央美术学院从城市中心区搬迁到北京电子器件二厂作为临时中转地，2001 年迁址花家地。在搬迁的过程中，雕塑系教授隋建国发现，这里的厂房有高大的空间、自然的采光、原始的情趣，非常适合于艺术创作、加工，而且更重要的是，当时的租金非常便宜，仅仅是一天几毛钱。于是便一个人留在这里并开始建造自己的艺术工作室，他租用了 798 工厂的闲置车间作为其大型雕塑创作的场所，这个车间一直存在并经营至今，成为 798 艺术区诞生的重要标志。798 艺术区也由此揭开序幕，隋建国成为第一个利用其现有空间的艺术家。之后，来自北京周边和北京以外的艺术家也发现了此处在从事艺术工作方面具有的独特优势，一批艺术家和文化机构相继进驻“798”，其中还有一些来自法国、美国、比利时、荷兰、澳大利亚、韩国、新加坡等国外的艺术家。例如，做中国艺术网站设计的美国人罗伯特租下了这里的回民食堂，改造成前店后公司的模样。在他的影响下，一些经常与他交往的人也先后在此建立自己的工作室或展示空间。据 2005 年 3 月的不完全统计，到 2005 年，已经有近 200 家涉及文化艺术的机构进入此区域。其中，主要包含创作展示和交流类、设计类两大类，此外，一些与之相关的如传播发行、精品家居、时装、书店及餐饮酒吧一类的与艺术创作相关的行业也随之发展起来。截止到 2008 年 1 月，入驻北京 798 艺术区的画廊、艺术家个人工作室，以及动漫、影视传媒、出版、设计咨询等各类文化机构达 400 余家（孔建华，2009）。

北京 798 艺术集聚区经过十多年的培育和发展，聚居了众多从事艺术创作展示和交流、设计的艺术家，并形成了服务于艺术创作的如时装、书店及餐饮酒吧一类的跟艺术创作相关的行业，自发形成以艺术家工作室集群为主要特色，带动相关产业发展的集聚区。如今，798 艺术集聚区已经引起了国内外媒体和大众的广泛关注，并已成了北京都市文化的新地标和全球瞩目的中国艺术核心区。北京 798 艺术区已被北京市政府列为首批 10 个文化创意产业集聚区之一，并被朝阳区政府列入朝阳区首批文化创意产业聚集区。今后，北京 798 艺术区将通过吸引国内外知名艺术家及艺术机构的入驻，进一步加强对艺术区的宣传与推广，为艺术品的制作、展示、交易与拍卖搭建良好平台。

北京 798 艺术区的形成属于典型的自下而上的自发型集群，是诸多因素融合的产物，其主导力量便是某些艺术家的先导作用。首先是由某些艺术家选中，进而带来众多艺术家和艺术机构的自发集聚，最终形成文化艺术村落。集聚区由艺术家根据自身的喜好和需要，自行对其所租用的空间进行独立地改造和利用，他们运用创意的元素，对装满历史和故事的旧厂房、旧建筑进行改造，给空间带来一种非物质的氛围，并弥漫四周，创造出一种独特的场所感。这种场所感吸引更多具有创意的艺术家的集聚；当然，低廉的租金价格也是促进艺术区自然形成的关键因素。紧邻艺术院校与首都北京的区位优势客观上加速了艺术区集聚的规模和速度，提供了艺术区所需要的源源不断的人才资源。此类自发形成的集聚区的健康发展也离不开政府的协调和引导，政府首先是对当代艺术的先锋意识和激进主义表示宽容，然后通过合理引导，规范其发展，进而实现艺术区的有序发展。

（三）龙头企业带动型文化产业集群模式

1. 基本内涵

龙头企业带动型文化产业集群模式是指企业以市场为导向，以满足自身利益需求为目标，以取得群体竞争优势和规模效益为目的而在一定空间内自发集聚，并逐步形成文化创意产业公共服务机构等中介服务机构，最终形成比较完整的文化产业集群。

2. 模式特点

龙头企业带动型文化产业集群模式的特点主要表现为：①这类模式下的产生集群一般是在某个或某几个龙头企业的带动下自发形成雏形，然后在政府的规划扶持下发展起来的，企业是市场经济活动的主体，各种产业的发展主体都是企业；②集群一般是由资本雄厚的企业对集群进行统一规划和管理，具有较好的市场调节作用，比起政府主导型的集群更易产生经济效益；③众多文化企业围绕在一个或多个龙头企业的周围，提供相关的服务和生产，表现出轮轴式产业集群的特点；④资本来自于企业家投资，企业家是集群产生的主导力量。但是这种模式往往存在追求单一的经济效益的现象，很少考虑社会效果和文化效果。开发商迫于资金压力会引进一些非文化类企业入驻，具有一定的盲目性，需要政府的规划和专家的指导（胡晓明，2010）。

3. 典型案例：中国（怀柔）影视文化产业集群

中国（怀柔）影视文化产业集群位于北京市怀柔区杨宋镇，东邻密云，南接顺义，西临101国道，距北京45公里。该集群以中国电影集团公司（以下简称中影集团）电影数字生产基地为核心，将其周边1公里左右范围作为集聚产业发展的核心区，范围包括杨宋镇建设区及其周边地区，总面积5.6平方公里；核心区外围是影视基地辐射区，范围包括庙城镇、雁栖镇、怀北镇、怀柔镇的部分区域和怀柔新城一部分区域。[①] 目前该基地已形成了涵盖影视拍摄、影视后期制作、影视动漫制作、专业技术服务、影视展示与传播、影视版权交易、影视教育培训、影视制片公司集聚、影视旅游等功能齐全的影视文化产业集群（张京城，2011）。

中国（怀柔）影视文化产业集群属于典型的龙头企业带动型产业集聚模式。最初，在20世纪90年代末，在全国兴起一股影视基地建造热，造就了一批园区的崛起和腾飞。而在怀柔区杨宋镇，最早引起关注的便是飞腾影视城。飞腾影视城由飞腾（中国）制作有限公司于1995年投资兴建，在1997年建成使用。飞腾影视城自成立以来，相继拍摄了《江湖奇侠传》、《保镖》、《少年英雄方世玉》等20多部电视连续剧。与此同时还为国内摄制单位拍摄的《大宅门》、《像雾像雨又像风》、《铁齿铜牙纪晓岚》等近百部电视剧、电视电影、MTV、广告提供了拍摄场所和一条龙服务。随着这些电视剧在国内和海外的播出，飞腾制作有限公司得到了国内及海外华人影视界的广泛关注和好评，不断有中国内地及港台、新加坡，甚至美国等国家和地区的摄制单位及剧组前来公司参观洽谈，利用公司的场地和设施拍摄电视剧及节目。

---

① 时光网．中国（怀柔）影视基地集聚区．http：//group.mtime.com/15716/discussion/807650/［2012－10－20］．

2001年，中国民营传媒公司——星美传媒有限公司入资控股飞腾制作有限公司，飞腾影视城改名为星美今晟影视城。① 随着2005年中国电影集团这一龙头企业的入驻，怀柔开启了中国（怀柔）影视基地的新篇章。

中国（怀柔）影视基地真正形成规模也是在2005年随着中影集团的入驻而壮大起来的。2005年，随着影视城的日益成熟，善于捕捉先机的企业迅速入驻，在核心区，中影集团等抢抓住先机，入驻怀柔。而且在中影集团这一影视“航母”的影响下，怀柔区影视产业集聚效应日益凸显，华谊兄弟娱乐投资有限公司、张纪中文化发展有限公司、尤小刚的北京全试听文化科技有限公司、胡玫制片公司等140多家影视文化企业相继在怀柔注册落户，成龙、李前宽、尤小刚、王中军、王中磊和海润影视集团等多次踏访该影视基地。怀柔区在册的影视制作、影视策划、文化艺术交流等与影视有关的企业越来越多。怀柔的影视文化产业领域进一步拓宽，门类体系逐步完善。

目前，怀柔影视基地已经集聚了370多家上下游企业，每年可以满足至少100部电影故事片、200部电视电影、500集电视剧的制作需求，并初步形成了杨宋镇核心区、怀柔镇红螺山国际动漫产业基地和雁栖镇雁栖湖西岸的红楼梦古都文化园的“一区两园”的产业格局。② 随着众多影视投资公司的涌入，尤其是中影集团在中国电影100周年诞辰之际投资建设国家中影数字制作基地之后，这里已经成为中国最著名的、以影视前后期制作为核心，集数字加工、胶片洗印，以及动漫、游戏、广告制作、设备租赁、光盘生产等于一体的全方位、高质量、服务功能齐全的完整产业链的影视文化产业集群。

（四）成本导向型文化产业集群模式

1. 基本内涵

成本导向型文化产业集群模式一般是由某个或某些文化企业或个人基于节约成本或资源共享的优势而自发汇聚形成的文化产业集聚区，或者以行业内龙头企业为核心主导，集聚一批中小企业发挥规模效应形成的产业集聚区。

---

① 同程网．星美今晟影视城．http：//www.17u.cn/scenery/SceneryInfo-28298.html［2012－10－20］．

② 中国文化创意产业网．怀柔影视基地：市场运作筑巢引凤 不走寻常路时代．http：//www.ccitimes.com/wenhuadichan/shichanghangqing/2012-05-21/6528465284.htm［2012－10－20］．

2. 模式特点

成本导向型文化产业集群模式的特点主要表现为：①这类集聚区一般集中在距离城市中心较为偏远的地区，那里既要有适合创意产业创作的空间，也要有低廉的房租；②企业在特定区域集聚一般是基于成本导向的考虑，或者基于共享基础设施以节约成本，或者基于贴近客户以节约交易成本，或者基于企业之间的互相交流以节约研发成本的考虑；③这类文化创意产业集聚区同质化程度较高，易造成重复建设，形成同行之间的恶性竞争。典型案例有杭州的LOFT49，成都的浓园国际艺术村、北村艺术村，苏州的动漫产业园区。

3. 典型案例：杭州 LOFT49 文化产业集群

杭州 LOFT49 文化产业集群地处杭州市拱墅区杭印路 49 号，面积约 52 亩。其前身是杭州蓝孔雀化学纤维有限公司的锦纶分厂（以下简称蓝孔雀化纤厂），周边聚集了杭一棉、杭州毛纺等 10 多家大型工厂。20 世纪 90 年代之前，这里曾呈现出运河工业文明的繁荣景象。随着杭州产业结构的调整和工业企业的外迁，这个老厂区开始逐步从繁荣走向了衰落。20 世纪 90 年代蓝孔雀化纤厂停产，部分厂房闲置，为了维持生计蓝孔雀化纤厂决定将旧厂房对外出租，由于厂区及周边道路较窄，这个地方的厂房设计不符合大型企业建产品生产基地和建大型物流基地的需要，所以租金相当便宜。空间高大的厂房，低廉的租金吸引了一些特殊人员的眼球，从 2002 年开始，陆续有艺术家到蓝孔雀化纤厂租房。2002 年 9 月，美国 DI 设计公司首先入驻租下这片废旧厂房，杭州 LOFT49 从此拉开了文化产业发展的序幕。随后一批充满热情的艺术家和设计师也被这里低廉的房租和巨大的空间所吸引，并相继进入杭州 LOFT49 厂区，到 2004 年这里已自发聚集了 19 家前卫时尚的艺术机构，330 多位艺术创作人员，年实现营业收入 2.4 亿元，人均产值 70 万元，远超过杭州人均 GDP 为 4500 美元的水平。近年来，艺术家迁入蓝孔雀化纤厂的速度呈上升趋势，到 2006 年，厂区共出租给创意公司约 9300 平方米，吸引民间投资数千万，聚集了近 20 家艺术和设计公司。①

① 博宝艺术网．杭州 LOFT49：从废弃车间到“创意工厂”．http：//news.artxun.com/2008/03/24.html［2012－10－25］．

随着艺术家逐渐形成规模，原来单纯的艺术家居住性聚集形式，也逐步发展为由会展展示、图文、室内美术装饰工程及配套、园林景观、装饰包装设计，以及工艺品设计、网站制作与开发，代理国内外广告、摄影、雕塑工作和绘画等多个领域共同形成的艺术集聚区。昔日沉寂的工场，如今又热闹了起来，成了白领大师堆砌泥坯和雕塑的集聚地。

杭州 LOFT49 产业区的形成，是诸多因素作用的产物。从根本上说，具有决定性意义的因素是经济因素，即合理的租金价格是促进艺术区自然形成的关键因素。正如记者在采访沈雷时所说，杭州 LOFT49 之所以会有那么大的聚集力就是因为“房租低呀，一平方米每个月 12 元的租金，五六百平方米的面积，年租金才 8 万元，这在市区是不可想象的”①。很多入驻者也坦言，吸引他们的关键原因还是房租便宜。这是一个朴实的道理：降低的成本就是利润，杭州 LOFT49 仍能套用常规的商业模式。当然这里的建筑与地理因素也是艺术区的吸引力因素之一，但它是服从于经济因素的次要因素。厂区里面积大、空间高有利于空间重组，使房屋的容率得以大大提高。而且老厂房遗留的旧机器设备如泵阀、管道、料斗等因留有旧工业时代的痕迹，符合部分人的怀旧心理，这些工业设计的成果经艺术化的点缀和处理后，变得和新的居住、工作环境既和谐又协调，显得十分另类而时尚，满足了入驻者标新立异的心理和艺术表现欲望。

（五）区位诱导型文化产业集群模式

1. 基本内涵

区位诱导型产业集群模式是指文化产业的集聚源于优越的地理位置、优惠的投资政策，或宽容、自由、活跃的市场环境，或靠近目标消费群体，或靠近交易市场，这种特定的地理区位是文化产业集群形成的诱导条件。典型的如深圳大芬油画村、郑州石佛寺艺术公社等。

2. 模式特点

区位诱导型文化产业集群模式的特点主要表现为：①这类集群一般集中

---

① 博宝艺术网．杭州 LOFT49：从废弃车间到“创意工厂”．http：//news. artxun. com/2008/03/24. html［2012－10－25］．

在我国经济较为发达的沿海地区或内陆大城市郊区。那里区位优势明显，市场环境活跃，便于与跨国企业的技术、管理等优势联合；②该集群本质上属于“自下而上”的模式；③集群发展初期一般都是在区位优势的驱动下自发集聚而成，但在发展到一定阶段后，政府一般也会主动介入，充当管理员与协调员的角色。

3. 典型案例：深圳大芬村油画产业集群

深圳大芬村是我国商品油画产业的三大生产基地之一，被称为“中国油画第一村”，是深圳市龙岗区布吉街道下辖的一个居民小组，全村占地面积4平方公里，本村原住居民300多人。目前，大芬油画村共有以油画为主的各类经营门店1100家，居住在大芬村内的画家、画工有8000多人。大芬油画村以原创油画及复制艺术品加工为主，附带有国画、书法、工艺、雕刻及画框、颜料等配套产业的经营，形成了以大芬村为中心，辐射闽、粤、湘、赣及港澳地区的油画产业圈。大芬村作为深圳油画产业集聚体所在地，其从衍生到发展至今，地处深圳、毗邻香港和广州这种独特的地缘优势，是其形成和发展的重要条件。

深圳是我国改革开放的前沿阵地，大芬村位于布吉，紧邻深圳特区二线关外，房租价格比关内便宜，加之民风纯朴，劳动力成本低廉，交通便利，往返深圳、香港方便，毗邻香港的特定地域为大芬村油画的形成提供了得天独厚的地理环境，而深圳、香港灵活的国际市场信息和大量的市场需求，则为大芬村油画的形成提供了无比优越的市场环境。

另外，随着全球化进程的加快和生产过程中劳动的密集，以及生产成本等因素的影响，欧美国家一些从事绘画设计的艺术公司开始摈弃生产转作进口，生产地逐渐向发展中地区转移。深圳大芬村也因其有利的区位成为这些国家转口生产的理想地之一。不过大芬油画的衍生，并不是由欧美直接转移过来的，而是由中国的香港充当中介。

1989年，香港画商黄江来到大芬村，租用民房进行油画的创作和经销，由此将油画这种特殊的产业带进了大芬村。1995年以后，大芬村的一些画师自主创业，广交会则为这些创业者搭建了初始的创业平台。大芬村油画产业也基于广州和深圳这种特殊的地缘关系，取得了飞跃性的发展。在广交会的基础上，国内外的一些画商慕名而来，与油画经营商和画坊创作者进行业务商谈，大芬村的油画发行路线和业务量也得到迅速拓宽。如今的大芬村，已经不是一个纯粹的商品油画的集散地，而成了一个油画、国画、版画、漆画、雕刻、刺绣等相关艺术产业综合发展的文化艺术集聚地。目前，这里已经拥有画廊、油画小作坊、大工厂上千家，拥有画家和画工 2 万多名，每年出口各类油画近千万幅，创汇超过数十亿元人民币。2004 年以来，大芬村相继被授为国家“文化产业示范基地”、“文化（美术）产业示范基地”、“2006 中国最佳创意产业园区”等称号。

当然，上述五种文化产业集聚模式没有严格的划分界限，当条件成熟时可能会发生模式转换和混合。例如，艺术家由于创作灵感形成的集聚区，在发展过程中可能会被政府或开发商接管，由于租金上涨和创作环境改变，艺术家们出于成本的考虑或环境因素会被迫离开原有园区，寻找成本导向型或环境导向型园区。

第三节　中部农区特色文化产业集群的发展模式

在我国中部农区，依托当地丰富的自然资源、悠久的手工艺技术传统和廉价的生产要素，充分利用农村特有的血缘、亲缘和地缘等关系，目前已形成了一大批具有鲜明地域特色的文化产业集群。这些集群按照业态的不同可以分成若干类型，按照形成与发展的主导因素的差异可抽象出不同的模式。本节首先简要介绍中部农区特色文化产业集群的类型，其次重点分析中部农区特色文化产业集群各种发展模式的特点。

一、中部农区特色文化产业集群的类型

中部农区虽然同属我国历史悠久的农垦区，但由于各地所处的自然条件、区位条件及社会经济环境不同，所以在不同地方分别形成了各具特色的乡村文化产业集群。依据主导产业的不同，可把中部农区特色文化产业集群划分为文化艺术服务型、工艺美术品生产制造型、文化用品生产制造型和文化休闲娱乐服务型四大类型。

（一）文化艺术服务型文化产业集群

文化艺术服务型文化产业集群主要以民间艺术，如魔术、杂技、曲艺、民俗等的表演服务为主，表演者多是一个村镇或附近的农民，但表演场所并非局限于本地。

河南省宝丰县赵庄乡是全国著名的“魔术之乡”，全乡 22 个行政村几乎村村有团体，户户有演员。目前，全乡有各类魔术表演团体 630 多家，占全国总数的 3/10；其中有魔术专业村（具有 30 多个以上的演出团体）15 个，2000 多个文艺专业户、2 万余名演艺人员常年活跃在全国各地。①

河南省永城市条河乡的孙楼村有尚武之风，很多村民都会武术。村民靠着一身功夫干起了玩杂技的行当。在这个有 400 多户居民的乡村里，有大大小小 20 多家杂技团，专业演出队 32 个，杂技培训班 2 个，专业杂技演员和相关从业人员近 800 人。由该村村民组建的“中州杂技团”在省内外颇有名气，常年在北京、上海、广东、新疆等省（市、自治区）巡回演出。红火的杂技表演给村民们带来了丰厚的收入。该村从事杂技演出的人员年收入在 1.5 万元左右，仅此一项，全村年收入可达 500 多万元。②

安徽省东至县是全国有名的花灯文化之乡。民间艺人利用本地所产的竹、木、藤、金属等材料制作各色花灯。而花灯表演包括工艺美术、戏剧、舞蹈、音乐、武术表演等，是把扎彩灯、唱文南词、黄梅戏、敲十番锣鼓汇集于一体的民间艺术大荟萃。2006 年，“东至花灯”和“东至文南词”成功申报为省级首批非物质文化遗产名录；2008 年成功申报为国家级第二批非物质文化遗产名录。目前，全县乡村现有 20 多支花灯队和 12 支民间剧团，这些剧团以家族为演出单位，常年活跃在农村市场，每年演出达 1500 余场。③

---

① 中国永联村网．魔术之乡：河南宝丰县．http：//www.baofeng365.com/bendi/info-18124.html［2012-08-20］.

② 人民网．花开沃野香正浓——商丘文化专业村建设纪实．http：//unn.people.com.cn/GB/22220/113331/113603/6709084.html［2012-08-20］.

③ 乐途网．民俗文化——东至花灯．http：//d.lotour.com/chizhou/20120605/667776.shtml［2012-10-15］.

（二）工艺美术品生产制造型产业集群

此类产业集群主要从事各类传统工艺美术品（如雕塑工艺品、金属工艺品、漆器工艺品、花画工艺品、天然植物纤维编织工艺品、抽纱刺绣工艺品、地毯、挂毯、珠宝首饰、园林、陈设艺术及其他陶瓷等）的生产与销售，兼具“符号产业”与“制造业”的特点。此类文化产业集群在我国中部农区存在的数量最多。

河南省上蔡县东岸乡的桃核雕花工艺是一项传统的民间手工艺品，已有着300多年的历史。20世纪30～40年代，东岸乡出现了一些桃核雕刻专业村，如柴庄、大苏庄、小苏庄和小袁庄。改革开放后，东岸乡的牌坊刘村的一些农民开始把桃核雕刻成手链、绣球、十二生肖等工艺品拿到市场上销售，深受消费者青睐。后来，经过不断发展壮大，逐渐形成了具有地方特色的文化产业，被誉为“上蔡民间一绝”。在牌坊刘村的带动下，桃核雕花工艺在周边几个村遍地开花，颇具规模。例如，附近的柴庄村，现有300多户农民从事雕花工艺，产品远销湖南、湖北、安徽等12个省（市、自治区）。2006年，东岸桃核雕花工艺被列入河南省首批非物质文化遗产名录。目前，桃核雕花工艺已成为出口创汇的特色产业，产品远销日本、越南、老挝、柬埔寨、新加坡、韩国6个国家，年出口创汇50多万美元。[①]

江西婺源县甲路乡甲路村以生产油纸伞闻名，所生产的纸伞有“甲路纸伞甲天下”的美誉。甲路伞于1936年曾获得国际产品博览会金奖，1943年为全盛时期，产量曾高达25万把，出口外销17万把。2000年年初，当地制伞业改良工艺，开发出天然树叶、恢膜纸等新品种，提高了油纸伞的质量。2006年工艺改进后，年产50余万把，远销美国、日本、韩国等国家。该县鼓励农民学到技术后在家进行初加工，然后由伞厂进行深加工，进行大规模生产，现时中云、赋春、许村等多个乡镇形成了一大批专业加工村。全县有工

---

① 大河驻马店网．小小核桃扣富了上蔡东岸人．http：//zmd. dahe. cn/category/10404/2008/09/17/2008-09-17 _ 59066 _ 10404. shtml［2012-10-15］．

艺伞厂4家，年产值800万元，专业加工村达30多个，从业人员1800多人。[①]

（三）文化用品生产制造型产业集群

文化用品生产制造型产业集群主要从事办公用品（文具、笔、墨水、墨汁等）、乐器（民族乐器、西洋乐器等）、玩具、文化用纸、焰火和鞭炮产品等的生产与销售。

河南上蔡县杨集村素有加工毛笔的传统，在国内和东南亚书画用品界享有较高的声誉。杨集毛笔产业的鼎盛时期是在20世纪60年代，那时家家户户都有自己的作坊，一个熟练工人一个月能生产1000支左右。近几年，在政府的引导和扶持下，杨集毛笔产业获得了很大发展，生产的毛笔有强、中、柔、长、短、峰六个系列，50余个品种，100多种规格，走上了现代化营销之路，涌现出了一大批专业销售毛笔的经纪人。目前，杨集村毛笔礼品销售公司已有5家，在上海、北京、济南、兰州、西安等大城市设立销售网点30多家，从业人员1200多人，年产值超过亿元。[②]

河南省兰考县堌阳镇是我国著名三大民族乐器生产基地之一。改革开放以来，堌阳镇农民依托当地丰富、优质的泡桐资源，大力发展民族乐器。2010年，以范场村为中心，堌阳镇已有民族乐器生产企业51家，家庭作坊式乐器加工店更是星罗棋布，从业人员达7600多人。生产的主要产品包括古筝、二胡、琵琶、转调筝、古琴、扬琴、阮等20多个系列30多个品种，年产销各种民族乐器15万台（把），年产值2亿元。此外，堌阳镇还生产各种乐器音板、架子等乐器配件。目前，堌阳镇已基本形成了从原材料种植到采购、加工、零件配套、销售、服务的“一条龙”产业链。国内以板材为导音材料的民族乐器的30%，古筝、古琴、琵琶的音板的90%都来自于堌阳镇。堌阳镇的民族乐器产品不仅畅销全国，还出口中国台湾、日本、新加坡、马来西亚、美国、加拿大、澳大利亚等20多个国家或地区。2011年，堌阳镇范

---

① 弘慧网．江西甲路油纸伞．http：//www.zjypw.com/news/2008/07/41629.htm［2012－10－15］．

② 河南新闻．上蔡县杨集镇有个“毛笔村”．http：//henan.news.163.com/07/0130/05/362I1C0F00470070.html［2012－10－28］．

场村被河南省文化厅命名为第二批“河南省文化产业特色乡村”。

湖北省应城市黄滩镇的刘垸村以粉笔生产闻名，被誉为“全国粉笔第一村”。① 刘垸村所在的应城市，纤维膏和岩盐资源十分丰富。20 世纪 50 年代，当地村民利用这一资源优势开始制作粉笔，一年能卖出 2000 多箱。改革开放后，村里逐渐涌现出了一些粉笔生产专业户，他们有的自产自销，有的则为上海、广东等地客户贴牌生产。如今，刘垸村全村 385 户，有 340 户从事粉笔生产，年生产粉笔 300 万箱，建有中南地区最大的粉笔专业市场，粉笔产销占国内市场份额的 85%，并出口到蒙古国、韩国、柬埔寨、菲律宾、苏丹、俄罗斯、意大利等国外市场，产值过亿元。同时，刘垸村也带动周边 14 个村跟着发展粉笔产业，并在一定程度上拉动了模具厂、膏粉厂、印刷厂、纸箱厂和铸造厂等一批相关产业的配套发展，初步形成了以粉笔制造和批发交易为主的特色文化产业集群。

（四）文化休闲娱乐服务型产业集群

文化休闲娱乐服务型产业集群，即通常所谓的“文化旅游产业集群”，主要以“文化”为主题，大力发展景区游览服务、娱乐休闲服务等产品。

安徽省黄山市黄山区汤口镇山岔村位于黄山风景区南麓，距黄山南大门仅 5 公里，为典型的山区、林区，生态资源十分丰富。山岔村与黄山风景区一脉相承，境内山石奇特，竹树茂密，尤其是山上诸多溪流常流不断，形成了众多幽美的溪谷，溪谷中一个个五彩缤纷的彩池，池水晶莹剔透，宛如一颗颗明珠，镶嵌在黄山五绝之中，给黄山增添了万分灵秀和光彩。良好的生态环境极其适合发展生态观光、度假休闲旅游。改革开放以来，山岔村立足于区位优势和资源优势，大力发展旅游业，成为全市乃至全省的旅游名镇，旅游产业成为绝对主导产业。目前，村内拥有景区景点 6 处，其中国家 4A 级风景区 2 个；农家乐接待点 2 处，总接待床位近 1600 张，旅游从业人员占全村劳动力的 75%以上。在各方的携手努力下，2010 年度山岔村旅游整体发展形势良好，村内景区全年共接待中外旅客 149 万人次，同比增长 49.72%；门

---

① 应城网．刘垸村：“全国粉笔第一村”的崛起之路．http：//www.yingchengnet.com/2009-12/21/cms844540article.shtml［2012－10－28］．

票收入达3882万元，同比增长84.9%。[①]

湖北省武汉市黄陂区蔡店乡刘家山村，坐落在大别山余脉的崇山峻岭中，海拔700余米，是武汉最高、最北、最偏远的村落，被称为武汉的“北极村”，共2个自然村、3个村民小组，107户，478人，6000亩山场，500亩水面，264亩耕地。由于地貌独特，村落稀疏，植被丰富，气候清凉，村中房屋建筑风格古朴新颖，遍地青茶、满园翠竹，与银杏、松、杉在白云生处“五分天下”，和谐共处。村中民居建筑古朴典雅，别致新颖。村湾的深阶幽巷、小桥流水，雅俗宜人，又是传说中花木兰凯旋回归途中的停留之地，有深厚的民间文化底蕴，因此生态资源和人文资源极为丰富。近年来，随着武汉市农村“家园建设行动计划”的实施和木兰清凉寨国家4A级景区的开发，刘家山村以“深山朝阳产业、小桥流水家园”为主题，将旅游开发与家园建设同步，逐步形成了“政府帮景区建景点，景区帮政府建家园”的互动格局。先后投入资金4000多万元，将历史遗迹、民间传说、人文轶事融为一体，在村湾构建50多个造型各异、有情有趣的特色景观，打造出气息浓厚、民风纯朴的高山民俗村。同时还因地制宜大力发展特色高效种植模式和高效养殖模式，以银杏、高山绿茶等为主导产业，挖掘农业产业资源潜力，建成全市唯一的银杏山庄，建油茶园1000亩，高山有机绿茶300亩。广种木本山野菜、瓜果和高山蔬菜，为景区提供大批野猕猴桃、白花菜、珍珠菜、南瓜等农副土特野生产品。另外，成立村“农家乐”协会，25户村民办起特色“农家乐”，有特产经营店30多家，有农家住宿床位100多张。2006年，全村478名村民，有120人在景区工作，月收入700元，2007年，刘家山村被评为武汉市环保卫生村、武汉市乡村休闲旅游示范村、省百镇千村示范村。如今，全村一半以上的农户都在围绕旅游做生意，旅游产品越来越丰富，游客也越来越多，刘家山村村民年收入也由7年前的2000元上升到了8000元。[②]

国家特殊景观旅游名镇——江西省婺源县江湾镇，地处皖、浙、赣三省交界处，总面积316平方公里，林地42.2万亩，森林覆盖率88.9%，下辖20

---

① 安徽省黄山市黄山区汤口镇山岔村．魅力城乡．http：//www.365960.com/item-16734.html［2012－10－20］．

② 联合科技网．魅力乡村之黄陂区蔡店乡刘家山村．http：//www.cust.com.cn/cust/kjhn/xncjs/mlxc/webinfo/2010/08/1281949965509064.htm［2010－10－20］．

个村（居）委会，人口3.215 4万。江湾镇旅游资源丰富，不仅具有优美的自然旅游资源，而且人文旅游资源也极为丰富。婺源四大著名古建，江湾镇有其二：一是江湾祠堂（萧江宗祠），二是汪口“曲尺堰”。自2001年起，江湾镇依托丰富的旅游资源，大力发展乡村旅游业，组建了江西江湾旅游有限公司。按照5A级景区标准，着力打造“伟人故里——江湾”、“古埠名祠——汪口”、“天人合一的生态家园——晓起”、“山寨式古村落——篁岭”等景区。同时围绕旅游要素，提升“农家乐”服务水平，发展砚台、茶叶、雪梨、油茶等特色旅游商品。目前，江湾镇具有中国历史文化名村1个，全国生态文化名村1个，中国民俗文化名村3个，其中，汪口村作为皖南古村落拓展项目被列入申报世界文化遗产国家预备名单。[①] 2011年，该镇旅游接待游客达176.52万人次以上，联票收入4 791.8万元，旅游综合收入4.2亿元。

二、中部农区特色文化产业集群的发展模式

依据影响集群形成与发展的主导因素差异，可将中部农区特色文化产业集群的发展归纳为资源依托型、历史文化传统光大型、市场拉动型、政府引导型、定向嫁接型和打工学习模仿型等几种模式。

（一）资源依托型

1. 基本内涵

资源依托型模式是指依托当地独特的自然或历史文化资源而发展起来的特色文化产业集群。主要是通过对本地特色资源的深入挖掘、有效整合、全面提升和市场化包装后，形成以资源为亮点的文化产业，并进而吸引大批相关企业在资源地周围集聚，从而形成和发展成的特色文化产业集群。因此，当地具有独特的资源，并且能对资源进行恰如其分地开发是集群形成的关键。在中部农区特色文化产业集群形成的模式中，资源依托型属于比较初级的一类，大多分布在资源相对丰富且文化产业尚处于起步阶段的地区。

从本质上看，资源禀赋是该模式产业集群形成的核心要素，资源在集群

---

① 中国旅游新闻网．http：//www.cntour2.com/viewnews/2012/05/17/gPe79HoL2JANfWi5nj4L0.shtml［2012－10－20］．

的形成和发展过程中起到了根本性作用。资源禀赋是集群创造财富和发展的基本物质要素，没有这些物质要素，集群企业就失去了赖以生存、发展的基础。这是因为：①一些产业产品的生产原料指数较大，远距离运输较为困难或者不经济，就地建厂可充分利用其物美价廉的优势；②某些产品的生产受当地特有的地理区位、资源禀赋等因素的深刻影响，具有鲜明的地方特色，只有本地资源质量才能满足集群生产的需求。

2. 模式特点

资源依托型产业集群模式的特点主要表现为：①资源的独特性很大程度上决定了集群产品的市场竞争力。集群形成与发展所运用的生产要素，是具有显著地方特色的自然资源或文化资源，其产品难以被其他外来企业所复制。资源的垄断性程度越高，集群产品的市场竞争力就越强。②集群发展规模受资源的数量或其可持续利用性的制约。由于资源储量有限，会限制以此为基础的集群规模的无限扩展。③集群企业为资源密集型企业。从集群内的企业结构看，这种集聚形成的企业主要是家庭企业，并且普遍是以农户的自有资金为最初来源，生产规模较小，集群内的生产结构相对单一。

3. 亚模式

根据对资源利用方式的不同，资源依托型模式又可分为以下两种亚模式。

1）“资源＋旅游”模式

这是一种以当地旅游资源为依托发展起来的产业集聚现象。这类集聚主要是农民以当地良好的自然资源或独特的民风民俗为吸引物，依托农家民舍和生活、生产场所为经营空间而形成的产业集聚。例如，河南省栾川县潭头镇，依托国家4A级景区重渡沟，建设了重渡沟海明农耕民俗文化村景区，大力发展农耕文化、奇石根艺、书法、绘画、表演等多种文化旅游产业。其他的，如安徽的西递宏村、江西的婺源县、湘西的凤凰、鄂西的恩施等，都依托本地古老的民居、民俗服饰、民族歌舞等丰富的民族历史文化资源，或优美的山、水、河、湖等自然资源，形成了国内外闻名的乡村文化旅游产业集群。

相对于一般文化产业集群，农区“资源＋旅游”型文化产业集群具有以下特征。

第一，创意性。依托于当地独特的自然资源和民族文化的神秘性，以创意元素的新奇度、体验性，满足人们高层次的精神需求，陶冶游客的文化品位。

第二，系统性。由于文化旅游产业涉及食、住、行、游、购、娱六大环节，因此，对旅游资源的开发需要众多行业密切配合。

第三，高风险性。与制造类产品相比，旅游文化产品无法在开发出后即检验其品质，即使是具有独创性的文化产品，如果不能得到旅游者的认同，其价值就为零。特别是由于当前旅游者需求的多样化和多变性，产品开发者很难准确地把握旅游者的需求，并开发出适当的产品，这种不确定性使产品开发的风险很大。

第四，政府参与性。由于民族文化旅游产业的高风险性，所以在其运行过程中，需要更好的产业策划、更完善的管理团队和更广泛的参与合作，因此，政府规划往往在集群发展中起着关键作用。

典型案例：郭亮影视文化旅游产业集群。

郭亮村位于河南省辉县市西北部太行山腹地、国家4A级景区万仙山景区内，被誉为“中华第一影视村”，是太行山上的一颗明珠。自20世纪70年代以来，先后有《清凉寺钟声》、《走出地平线》、《金戈铁马》、《双雄会》、《红姑寨恩仇记》、《石头世界》、《倒霉大叔的婚事》、《举起手来》、《天高地厚》、《花木兰》等近百部影视剧在此拍摄。著名导演谢晋、于本正、郭凯敏、沈好放、冯小宁等曾在郭亮村食宿多日，留下墨宝。著名演员杨在葆、许还山、赵丽蓉、濮存昕、赵炎、郭达、倪萍、潘长江等曾在这里拍摄过影视剧。全村的成年人都有多次当群众演员的经历。全村81户389口人，95%以上的村民都从事与影视文化相关的旅游产业，每天来这里的画家和摄影家不下3000人。村里至今还保存着谢晋居住的房子和用过的物品。许多农家都收藏着影视拍摄的道具、图片、资料。在农家留宿，可以看到在郭亮村拍摄的影视剧光碟，可听乡亲们讲述导演、演员和拍摄中的趣闻。

郭亮影视文化旅游产业集群的形成，首先得益于其优美的自然风光和古朴的风俗民情。郭亮村是万仙山万山丛中的一个自然村落，这里秀峰突兀，石径崎岖，红、白龙溶洞深邃，喊泉银瀑悬壁，兼具泰山的巍峨、华山的险要、嵩山的挺拔、黄山的秀丽，原始荒古，真实自然。村子内房屋皆倚山崖而建，村前咫尺是百米悬崖，村后是高耸的山峰，自古交通闭塞。1972 年，为让乡亲们能走下山，13 位村民在申明信的带领下，卖掉山羊、山药，集资购买钢锤、钢錾，在无电力、无机械的状况下全凭手力，历时 5 年，硬是在绝壁中凿出了一条高 5 米、宽 4 米，全长 1300 米的石洞——郭亮洞。这条绝壁长廊，被日本裕田影视公司称为“世界第九大奇迹”。[①] 在郭亮村，随处可见石屋、石床、石椅、石凳，高低错落有致，分布合理，游走其中，让人完全沉浸在石头的奇妙怀抱之中。在郭亮村周围，千山万壑，风光旖旎，漫步在奇石、丛林之间，犹如进入世外桃源。因此，原始自然的民俗风情与雄山秀水，特别是郭亮村斩天梯的奇迹，使得许多电影电视剧组慕名而来。随着《清凉寺的钟声》、《举起手来》、《甲方乙方》、《八路军》、《手机》等近百部影视片在这里拍摄，如今的郭亮村早已成为全国闻名的影视基地。每一部影片自开拍到杀青，其间各媒体的新闻报道铺天盖地，吸引了很多人从各地赶来看拍电影，拥挤在郭亮村附近的村庄，为郭亮村创造了大量的就业机会，同时又带来了广告效应和社会消费，相关配套产业相继兴起，影视文化旅游产业集群初具形态。此外，随着知名度的日益提高，来郭亮村写生、旅游的人越来越多。一些影视剧拍摄现场，如今都成了郭亮村独特的旅游风景点。郭亮人抓住机遇，大力发展影视旅游业。目前，郭亮影视文化村家庭旅馆发展到 80 余家，床位达到 3000 余张，高中低档相结合能够满足不同层次的人的需求。年接待 30 万人次，实现旅游综合效益达到 2000 万元。

2)“资源＋加工”模式

这种模式主要是依托当地优越的资源条件，根据市场需求，围绕一两种产业，逐步扩大经营规模，提高产品档次，形成区域性特色主导产业和拳头产品，并在此基础上扩展产业群，延长产业链，最终形成农、文、贸一体化、产、加、销一条龙的经营方式。该模式集群形成的关键在于是“吃透”区域优势，选准主导产业，并通过政府的推动和引导，最终形成具有一定特色的主导产业和名优产品。

这种模式与旅游型集群的区别在于：第一，它要求区域内要有足够的、

① 中国旅游网．河南郭亮村．http：//www.51yala.com/Html/200782322920-1.html［2012－11－08］．

能持续稳定供应的、可供集群企业开发利用的资源，如矿产资源、生物资源、自然景观等。第二，资源的开发利用技术比较成熟，开发的连续性可以得到保证，不会产生环境污染和造成资源的浪费、流失。第三，资源开发增值潜力大。区域内的资源可以通过开发利用，产生高附加值，带来高额或合理的投资回报。第四，资源需求企业的聚集。要有一大批需求该类资源的企业聚集在资源地周围，使资源开发出来之后可以随即得到利用和转化。第五，产品要有足够的市场空间。该资源开发利用后形成的产品要有现实的或潜在的市场，产品一经生产后即可实现销售。

根据所依托的资源属性不同，“资源＋加工”模式又可细分为矿产资源依托型和生物资源依托型等不同模式。其中，矿产资源依托型文化产业集群，其初始形成依赖于当地独特的矿藏资源。例如，灵宝市朱阳镇利用自然资源发展“虢州砚”，禹州市神垕镇利用当地特有的水土烧制钧瓷，浚县屯子镇郑厂村的石雕文化产业集群和永城市芒山镇的石雕（刻）文化产业集群的形成，依赖于当地独有的石灰岩。而生物资源依托型文化产业集群，其形成依赖于当地丰富的生物资源，例如，河南省固始县三河尖乡的柳编文化产业集群，最初起源于当地居民利用淮河滩涂上的野生杞柳，编制笆斗、粪筐等农业生产及生活用具；而河南博爱县月山镇竹文化产业集群、博爱县许良镇竹文化产业集群和河南洛宁县陈吴乡东寨子村竹文化产业集群的形成，则依赖于当地丰富的竹子资源发展竹编产品。

典型案例：郑厂石雕文化产业集群。

郑厂村位于河南省鹤壁市浚县屯子镇西部的善化山和象山脚下，是中国著名的“民间艺术之乡”、“石雕石刻之乡”。2000 多年以来，灵秀的山水哺育了郑厂村石雕石刻这一特殊的工艺技术。改革开放后，随着石雕石刻市场需求的不断提升，专门从事石雕石刻生产的大中小企业开始在郑厂村及其附近涌现，形成了大规模的石雕产业集群。1998 年，村民张学英率先成立了艺风石雕公司。进入 21 世纪，当地政府建立了以郑厂村为中心的，集加工、销售、展览于一体的环保型园区——石雕城，对雕刻产业实施科学管理，形成了稳定的“公司＋基地＋农户”规范经营方式，把分散的农户组织起来，促进了石雕产业的规模化发展。纵观郑厂石雕产业集群的形成过程，可以发现有两个条件尤为关键。

第一，本地丰富的石材资源。相对于国内其他地方的同类资源，郑厂村附近的石材具有独特的特点。善化山的石头比较硬，适宜开采优良的建筑用材，烧制比较黏的石灰。浚县特产花斑石是多种颜色的鹅卵石经过地壳运动，受到高温高压以后再生而成，质地坚韧，不宜雕琢，但图案丰富多变，色彩斑斓亮丽，兼有红、紫、绿、橙、黄等多种颜色，是石材中的珍品。其中，石质呈浅紫色的在浚县又称豆瓣石，上面均匀分布着浅黄色花斑，有极佳的装饰效果。因此，花斑石自元明时期，就被皇帝视为奇石选作贡品，成为皇宫和帝王陵寝的建筑石材而被大规模开采。而象山的石头则质地匀净、细腻，偏脆，适合于雕刻石像等。因此，独特的地理环境为郑厂村提供了宝贵的石材资源，造就了村民们“有山靠山，有水吃水”的独特的生活思维方式、风俗习惯和价值观念，并据此形成了独特的石雕地域文化，这种文化促进了当地广大农户对石雕艺术的热爱，并催生了大量的石雕农户。

第二，基于资源的祖传手艺。郑厂村丰富的建材和石雕资源，孕育了郑厂村悠久的石雕石刻工艺。据史料记载，郑厂村石雕石刻工艺源于西汉时期，到唐代已小有名气，至明清时期，已远近驰名，石刻业务遍及各地。北京故宫的建筑和山东、湖北、山西、河北等省（市、自治区）的名胜古迹，都留下了该地艺人的传世之作。改革开放后，在现代商业文化理念的冲击之下，屯子镇村民依托独特的石材资源，借助精湛的技艺，经过不断地创新发展，使屯子镇石雕石刻工艺日益发展壮大。目前，屯子镇已形成了以郑厂村为中心的，生产包括来料、设计、雕刻、销售等多环节，产品以石牌坊、碑亭等仿古产品为主，包括古建栏板、壁画石雕、人物、动物、雕塑等在内的 10 余个大类 50 多个品种，拥有 400 余家大小不等的石雕石刻企业在内的，年创利润达 8000 多万元的石雕产业集群。精湛的雕刻技艺、丰富的文化内涵，使郑厂村石雕产品远销西藏、新疆、内蒙古、云南、湖南、江西、山东、河北、黑龙江等 10 多个省（市、自治区）并吸引了新加坡、澳大利亚等国外客商前来洽谈业务。

（二）历史文化传统光大型

1. 基本内涵

历史文化传统光大型集群模式是在市场经济的刺激下，具有企业家精神的民间微观经济主体凭借本地区独特、悠久的历史文化条件和工商业传统，通过自主创新，并在内生性民间资本积累的推动下，对当地悠久的历史文化传统，如独特的制造工艺、特色服饰、神话传说、风俗习惯、民族节庆等，进行挖掘、开发利用、发扬光大，逐步形成了若干相似企业的地方集聚。例如，河南省汝南县罗店乡农民画产业集群、麦草画制作产业集群、开封县朱仙镇的木版年画产业集群、湖南省麻阳苗族自治县舒家村的抽绣制品工艺文化产业集群、湖北省应城市黄滩镇刘垸村的粉笔加工业产业集群、安徽霍邱县沿淮沿湖农区的编织文化产业集群等都属于这种模式。

2. 模式特点

历史文化传统光大型产业集群模式的特点主要表现为：①历史上，当地具有生产某种文化产品的技术优势；②企业自发形成，专业化分工程度高，差异化竞争激烈；③基于农村特殊的血缘、亲缘、地缘、业缘等社会关系，企业在知识溢出、传播的基础上实现了制度创新、知识创新和技术创新；④在市场竞争机制的影响下，企业通过创新性学习，不断调整产业产品结构和质量，使传统的生产技术得以发扬光大；⑤在市场需求的带动下，各种配套产业应运而生，并围绕传统的核心企业在一定地域上形成集聚。

3. 形成条件

历史文化传统光大型模式与上述的“资源＋加工”模式有相似之处，即两者都要有相应的技术条件为基础，但是，“资源＋加工”模式强调资源的首要性，资源是集群形成的核心，技术则只是起到支撑作用；而历史文化传统光大型则强调了技术的“第一性”，技术进步是推动集群成长的主要因素，是企业家在传统民间技艺的基础上，通过对外部新知识和新技术的学习来改变自然资源、人力资源、资本资源等投入要素的形态和质量，从而促进集群的发展壮大。因此，这种产业集群的形成必须满足以下条件：①当地历史文化传统，地域性强，特色明显，具有很强的垄断性和不可模仿制造性；②利用传统文化资源，建构文化产业链，表现出资源依赖性强、企业联动差及技术含量低等特点；③专业化的生产要素，这是集群产生的初始条件，也是集群增强和升级的必备条件。专业化条件主要包括专业化的生产要素和产业文化（吴德进，2004）。这些专业化的生产要素经过漫长的内生演变与累积沉淀过程，形成专业性生产要素的空间集聚状态或空间不均匀分布状态，从而为外部环境适合产业集群的兴起奠定了产业传统基础。

4. 典型案例：汝阳刘毛笔产业集群

汝阳刘村位于河南省项城市西南36公里处的孙店镇，拥有4000多人口，其中超过50%的村民从事毛笔的产销业。目前，汝阳刘村年产毛笔914万支，年产值近亿元，创利税2000多万元，是一个名副其实的“妙笔之乡”。汝阳刘村毛笔产业集群的形成和发展得益于以下几个有利条件。

(1) 毛笔文化。中国是有5000年悠久历史的文明古国。在这漫长的历史长河中，中华民族不断开拓创新，形成了自己独特的文化传承体系，而维持这个体系正常运转的工具便是被古人誉为“文房四宝”的笔、墨、纸、砚。“文房四宝”是中国传统文化符号之一，是中华文明的载体，是承接华夏民族优秀灿烂文化的纽带，也是推动世界文化发展的重要动力。由于毛笔最能彰显中国文化的发展历程，也是最重要的谱写历史的工具，因此在“文房四宝”中独占鳌头。毛笔是千百年文化的传承，是千百年历史的浓缩，是中国毛笔文化的活化石，被世人誉为中华第一笔。它所蕴含的深厚文化内涵一直激发着汝阳刘村人的灵感，也为其产品营销及集群发展提供了广阔的国内外市场。

(2) 当地悠久的制笔工艺传统。汝阳刘村之所以形成毛笔特色产业集群而不是其他产业集群，与其悠久的毛笔制作工艺传统有关。汝阳刘毛笔制作具有悠久的历史，据传是由秦朝大将蒙恬所创，后经蒙恬随从、汝阳刘村先人刘寅传承下来，迄今已有2000多年的历史。根据汝阳刘氏家谱记载，西汉末年王莽篡位，中原大乱，王莽为赶杀刘氏族人四处用兵，时值南顿县令刘演继任不久，只好回湖北枣阳春陵老家避难，途中在汝阳（现在的项城市孙店镇，历史上曾为汝阳郡所辖）鸿隙陂畔一农家（今汝阳刘村）避难。王莽追兵即将赶到，而刘演之义子刘寅恰逢有病行动不便，刘演只有弃子携带家眷仓皇而逃。在农人的掩护下，刘寅病愈后与该农家女子结婚。后刘演随弟弟刘秀于春陵起兵，经昆阳大战，刘演在更始帝刘玄时期遭嫉被杀。后刘秀建立东汉，四处寻找哥哥刘演的后裔，终于在汝阳鸿隙陂畔找到刘演之后。由于侄子刘寅长期避乱于村野不习惯于官府倾轧，对仕途深感厌烦，却精于毛笔制作技艺，对汉宫中的毛笔大感兴趣，刘寅即被刘秀封为“御笔王”，管理宫廷制笔事宜。刘寅由于疏于宫廷礼仪屡受排挤，心情郁闷，刘秀得知后问其有何要求，刘寅说愿回家耕田，后如愿以偿。刘寅回汝阳刘村后，遂带子孙研习毛笔制作技艺①，终于制出了性能绝佳、书写自如的汝阳刘毛笔。自明代开始，汝阳刘毛笔传入皇宫，汝阳刘毛笔开始成为明清两代的宫廷贡品。东晋书法家王羲之用汝阳刘毛笔挥洒之间，觉此笔洒脱流畅，婉转自如，书写《黄庭经》后连称“妙笔、妙笔”，汝阳刘毛笔故有“羲之妙笔”之说，汝阳刘村也因此得名“妙笔之乡”。此后，汝阳刘人多以制笔为生，出现了许多制笔世家，一大批制笔艺人也纷纷走出家门，外出从事制笔经营业，创业足迹遍及全国各地，并开设了很多笔庄。

新中国成立后，在党和政府的关心下，汝阳刘毛笔制作的传统工艺被不断推陈出新，发扬光大，并催生了一大批私营制笔厂和个体加工作坊。1950年，汝阳刘村由4名老艺人成立了制笔小组。1955年7月成立了毛笔社，从业人员达100人。1958年，孙店公社办起毛笔厂。1962年国民经济调整时期，恢复了集体和个体毛笔生产。1969年办起了汝阳刘大队毛笔厂，从业人员150人，产品畅销广州、西安、新疆、哈尔滨等地。十一届三中全会后，在市场经济的大潮下，汝阳刘一带的孙店、冯营等村，也纷纷办起个体、集体或联户的制笔企业。但是，初期的汝阳刘毛笔制作产业总体规模偏小，以家庭作坊为主，设备简陋，技术落后，原料短缺，品种单一，产品质量低劣，制笔厂之间无序竞争激烈。随着社会的发展，科技的进步，毛笔市场已逐渐萎缩，供给书法创作的毛笔分量大减，更多人转而以制作高端毛笔为主，如陶瓷厂彩绘瓷器的毛笔，汝阳刘传统的毛笔制作受到了前所未有的冲击和挑战，汝阳刘毛笔也面临着失传的危险。为了保护和传承这一传统手工技艺，2002年，汝阳刘毛笔刘氏第66代传人刘好奎投资600万元创立了项城市汝阳刘笔业有限公司，后又成立河南汝阳刘笔业开发有限公司，对制笔户进行资源整合，规模生产，握指成拳，统一品牌、销售、标准和价格，由原来的“单兵作战”形成现在的“集团冲锋”。一家一户的小作坊生产开始向现代企业转变。

(3) 传统工艺的光大。为了促进汝阳刘毛笔制作业更好更快地发展，汝

---

① 项城文化网．梦回千年汝阳刘（上）．http：//www.xcwhw.cn/SmallClass.asp? typeid＝19&BigClassID＝60&smallclassid＝84［2012-11-08］.

阳刘人不断吸收业内的最新潮流、最新技巧，把全国顶级的制作技术融入到汝阳刘毛笔产业的发展中去，从而尽快提升汝阳刘制笔产业的技术层次和文化内涵。例如，老艺人刘长德、付纯敬、刘家祥、刘好善在传统制笔工艺的基础上，选用浙江羊毛，东北狼毫，陕西汉中松尾，江西、湖北的山兔紫毛、过冬鼠须等优质原料，吸取湖笔、宣笔等各家之长，大胆创新、改进，研制出提丰、京权等大中小楷学生用笔、书画用笔、高中低档礼品套笔等 120 多个品种规格，行销全国各地，远销美国、法国、日本、东南亚等 10 多个国家和地区，年产值达 450 多万元。其中，八支登天、莲蓬斗、寿笔、羲之妙笔、1～3 号龙飞凤舞、鼠须、石獾、纯紫尖等品种，制作尤为精细，造型高雅美观，具有“尖、齐、圆、健”四大特点，在历次全国文房四宝评比中名列前茅。其中，“萃文”牌毛笔，多次获省优、部优称号。

（三）市场拉动型

1. 基本内涵

市场拉动型集群发展模式，主要是通过建设文化产品交易批发市场，带动附近村镇文化产业的集聚化、规模化发展。一种情况是，本地以前并无文化产业，但由于某一文化产品交易批发市场的建立，催生了大量为之提供文化产品的企业；另一种情况是，虽然本地早已有文化产业，但在市场建立之前缺乏规模。通过市场的建设，极大地拉动了本地文化产业的专业化生产。但无论何种情况，交易批发市场的建设，在该类文化产业集群发展中都起着关键的作用。

2. 模式特点

市场拉动型产业集群模式的特点主要表现为：①集群规模与市场规模存在着密切关系，市场规模的扩大与萎缩直接影响到产业集群的繁荣与停滞；②虽然集群内企业多为中小企业，但通过产品批发交易市场这一平台，集群实现了规模经济和范围经济；③政府对产业集群的干预是间接的、辅助的，调节作用主要表现在集群出现后的事后调节方面。

3. 形成条件

市场拉动型模式的形成必须满足以下条件：①市场需求量大。特定的区域市场要有足够大的需求量或强大的辐射能力，并且市场交易活跃，能为大批企业的集聚提供市场。②市场比较稳定。市场已经很成熟，市场知名度高，市场的辐射网络基本建立，市场的需求方和供给方都比较稳定，交易量能够保持稳定的持续增长。③市场区域内产品生产的经济性。市场上所需产品就近生产比在区域外生产后运抵市场更具有经济性。④市场秩序良好。市场基础设施条件好、管理规范、服务质量高，有良好的市场秩序和治安环境、交易环境，交易双方的人身安全及合法权益能得到了有效保护。

4. 典型案例：渔沟镇灵璧石文化产业集群

渔沟镇地处安徽省灵璧县东北部，因古有钓鱼台而得名，因境内磬云山盛产磬石而扬名。渔沟镇是久负盛名的磬石之乡，是中国四大名石（灵璧石、英石、昆石、太湖石）之首“灵璧石”的产地，也是全国最大的灵璧石集散地。

渔沟镇内有 44 座山头，“灵璧石”资源十分丰富，其中磬云石、石灰石、硅石等矿石资源居全县之首。灵璧石，又名磬石，产于安徽省灵璧县浮磐山，是我国传统的观赏石之一。以“灵璧”二字命名，是取其“山川灵秀，石皆如璧”之义。灵璧石是灵璧县独有的珍贵文化资源，是“中国四大美石”之一，灵璧观赏石分黑、白、红、灰四大类 100 多个品种，其中以黑色最具特色。观之，黑如墨玉，磨之可为镜；白色则泽润如羊脂，犹如一团白云；彩色石红、黄、青、蓝搭配，美不胜收；击之，其声犹如金振玉鸣。其形体融透、漏、瘦、皱、伛、悬、蟠、色，以及音韵之美等诸多美学要素于一体，或似仙山名岳，或似珍禽异兽，或似名媛诗仙，被国内外石艺界誉为“天下第一石”。灵璧石之美为古今文人雅士所喜爱、收藏。历史上对灵璧石曾有两次较大规模的开掘和收藏。一次是北宋中后期，先是当地人士采石筑园，或为清供，经苏轼、米芾等称扬，名声愈噪，直到徽宗修筑艮岳石，达到高潮，此后即少有人问津。这种局面一直持续到明万历年间。万历三十七年，御史张鸿来灵璧觅石，于雨后在山涧沟壑中采得几方，以此为端，开始了又一轮挖坑取石的热潮，贩石者接踵而至。

自 20 世纪 80 年代以来，随着人们生活质量和精神文化需求的不断提升，灵璧石迎来了新一轮收藏高潮。市场需求的扩大及市场价值的飙升，极大地刺激了对灵璧石的收藏和开掘。如今，渔沟镇已形成集加工、配座、经营销售为一体的奇石文化产业集群。从奇石的开采、挖掘、毛石交易，到刷洗、配座、精品交易；从园林石的发掘、运输到形成产业化的运作方式；从生产磬石盘、各种乐器，到研发精品磬石雕刻、石材保健品，渔沟镇的奇石产业发展链在不断延伸、不断细化。除灵璧石汇展以外，还有涵盖雕塑、园林、文化旅游、古玩集藏、工艺装潢、民间工艺品制作等20多个门类的配套产业。目前，渔沟镇奇石文化产业已成为三产行业的支柱产业，镇内有各类民营奇石文化企业50多家、个体奇石文化工商户1200多家，奇石经营户2800余家，从业人员1.2万人，辐射农户1万户以上[①]，灵璧石及国家专利产品“灵璧磬石琴”多销往中国台湾、中国香港、日本、韩国、新加坡及美国等十几个国家和地区，年创经济效益达5亿多元，人均年收入超过1万元。渔沟镇之所以能形成奇石文化产业集群，除其所拥有的独特奇石资源外，很大程度上还得益于其众多奇石汇展交易市场的形成。

近年来，渔沟镇以石为媒、以石会友、以石招商，先后建成了“奇石市场一条街”、“一品石苑”、“天一园”、“中国灵璧石国际交易中心”、“灵璧石汇展中心”、“中国灵璧石磬石工艺品大市场”、“中国灵璧石国家公园”等150多家石文化园林及市场（阿友，2011）。其中，中国灵璧石国际交易中心近5000平方米的大厅里，展示着1000多件大小不同、形态各异的灵璧石，价位从几百元到几百万元不等。这里为进场交易的灵璧石提供专家鉴定，提供鉴定证书，采取专家评估定价和卖主标定最低价两种形式，为买卖双方提供了诚信、公平的交易平台。交易中心还进行网上展示、交易，最大限度地方便收藏者。中国灵璧石国家公园占地3000多亩，是集灵璧石和中华奇石开发、展示、交易、磬石系列产品深加工、石文化研发等为一体的奇石综合开发基地，可为国内外奇石爱好者和收藏家提供存石、赏石和奇石鉴定等服务。

（四）政府引导型

1. 基本内涵

在农区，政府引导型的特色文化产业集群主要以各地所形成的特色文化

---

① 徐浩．灵璧县：奇石小镇打造又一增长极．农博县域．http：//county. aweb. com. cn/2010/5/12/480201005121050770. html［2012－11－10］．

产业基地或特色文化产业园区为代表。一般是在当地农民企业家自主创业形成企业雏形的基础上，政府出于对本地区经济利益的追求，才参与进来，对集群进行有效的引导和扶持，政府通过整体的规划和引导，参考兴办经济开发区的成功模式，以当地深厚的文化资源禀赋为依托，通过招商引资，招才引智，吸引地区内外的艺术家、文化产品经营者和文化中介组织在一定范围内（产业园区或基地）集聚，逐步营造文化氛围，形成文化特色，打造文化品牌，使之成为当地特色文化产业的集聚地、孵化器和推进器。因此，政府在其发展过程中扮演着“促进人”的关键角色。例如，发起或推动网络中介和仲裁服务；创造一个鼓励创新和不断升级的氛围，设立和发展促进集群技术研发的竞争项目及计划，推动企业与科研院所的联系；邀请技术、管理专家召开讲座和论坛，构建产品展销平台，组织专业招商、招聘洽谈会；作为区域代理人，实施区域整体营销，构建和维护区域品牌形象；保证产业集群的开放度，降低集群的进入与退出壁垒，使企业能够自由地进入或退出。

2. 模式特点

很显然，政府引导型产业集聚模式明显不同于自发形成的产业集群：第一，企业不是自发集聚于园区内，而是通过政府采用招商引资的方式引入的；第二，园区内具有良好的区域创新环境，如文化艺术创意设计方面的企业，技术支持企业，市场营销企业，信息咨询等中介结构，文化创意产品生产企业，以及有经济管理、商品管理方面经验的公司等，这有助于构成立体的多重交织的产业链条网，形成综合融汇的集群效应；第三，园区内有优惠的土地价格和税收优惠政策，有鼓励企业联合进行技术创新的激励政策，有完善的公共服务设施、严谨的法律制度和良好的创新平台等；第四，园区内资金的融通方式也比较多样，主要有企业自筹、政府的资金支持和风险投资等；第五，园区的各种企业均有较为科学的产业定位，这有利于产业配套的形成，加强企业之间物质、技术的联系，形成协作互助的关系。

3. 典型案例：唐庄红色文化旅游产业集群

河南省卫辉市唐庄镇地处豫北平原、太行山东麓，东临卫辉市区，西接新乡市郊，京广铁路、107 国道、卫柿省道、翟阳省道穿境而过，交通极为便利。镇域总面积为 75 平方公里，其中山区、丘陵、平原各占 1/3。改革开放初期的唐庄经济发展滞后，全镇财政收入仅 37 万元，农民人均纯收入 400 元，山区的 7 个村不少农民住在窑洞内，靠救济维持生计，其他地方的农民大多才解决了温饱问题。

1987 年，全国乡镇党委书记的榜样——吴金印开始担任唐庄镇党委书记，他树立大农业和市场农业的观念，大力发展高效农业，抓好农业结构调整，做好退耕还林工作，着力发展林果经济，提出了“西抓石头东抓菜，北抓林果南抓粮，乡镇企业挑大梁，沿着国道做文章”这一符合唐庄实际的发展思路。这一思路的主要内容包括：第一，抓住实施国家级科技攻关项目“万亩小麦高产样板田的研究与开发”的机遇，率先打破传统种植模式，投资 500 多万元在全镇 12 个村建成“六统一”的优质强筋小麦示范区。第二，利用交通优势，建成了占地 1500 亩的省级农业高效示范园区，发展日光温室大棚 400 多座，种植名、优、特、新蔬菜达 28 个品种。第三，针对丘陵区干旱、粮食产量低的情况，立足市场，大力发展名优林果种植，形成了以万亩桃树种植基地为中心，辐射周边 20 多个村庄的经济林果 16 000 余亩，年产优质林果 3000 多吨，远销北京、上海、广州、深圳等大中城市及海内外，并依托万亩桃园，连续举办了 13 届“桃花节”，吸引了众多国内外游客前来参观。第四，对不具有资源、交通等优势的山区薄地，重点发展生态旅游。按照以生态建设为首，以林为主，以山为景的规划，投入资金 5000 多万元，对山区薄地进行综合整治，修建了集林果、生态、文化、旅游、经济、农业六位为一体的西山生态旅游园。2001 年、2002 年连续两年举办了飞机表演和全国跳伞锦标赛暨冠军赛，吸引游客 38 万多人，收入 20 多万元。同时，西山生态园入选河南省太行创业精神红色旅游景点，成为河南省艰苦奋斗革命传统教育基地。

目前，在当地政府科学规划和强有力的推动下，唐庄镇依托西山生态公园、万亩桃园、高效观光农业示范园区、乡村别墅群、青年洞、吴金印事迹展览馆等，形成了独具特色的红色文化旅游产业集群。

（五）定向嫁接型

1. 基本内涵

定向嫁接型产业集群模式，即定向引进本地具有一定产业基础、甚至已产生集群效应的外部资本项目。通过外部资本，拓展了地方产业链或弥补了产业链上的薄弱环节，并利用其在技术、机制、理念等方面的优势，刺激本地创新活动，促进外部企业与本地企业间的产业合作，提高地方集群的创新能力和竞争优势（朱华晟，2004）。

2. 模式特点

定向嫁接型产业集群模式的特点主要表现为：①当地区位、资源或生产要素独特，产业发展有一定的基础或规模，但仍存在着一些薄弱环节；②地方政府为外地资本提供优质的服务或优惠政策，保证外地企业的引入及正常经营；③吸引来的外地企业嵌入当地，形成了外地资本主导的地方生产网络。

3. 典型案例：蒋桥彩色印刷文化产业集群

蒋桥位于河南省项城市和商水县之间的行政界线上，桥的东面属于项城市的樊集乡，西面则属于商水县的胡吉镇。而最为独特的是，由蒋桥再往西南方向走上 1 公里，就到了上蔡县境内。因此，蒋桥一带实属一脚踏 3 县的“金三角”地带，地理位置非常优越。

蒋桥素有“中原文印之乡”之称，其彩印业开始于 20 世纪 80 年代。当时，在河南省周口地区的商水、项城、淮阳等县的农村，一些“精明”人在温饱问题解决后开始为致富而“跑牌子”，做起了标牌经营的中间商：他们首先到全国各地寻找需要门牌、荣誉证书、宣传标语、校徽、毕业纪念册、名人名言等的部门（尤其是政府和学校），与其签订购买合同，然后再到标牌生产较为集中的浙江温州、苍南一带寻找供货商，签订供给合同，最后按购买合同把标牌发送到客户手中，从中赚取差价。由于当时订货并不需要交现钱，一般是等货卖出了再付给供应商欠款，所以非常适合于并没有资本积累的农民。只要肯吃苦，能说会道，一般是只赚不赔。很快，一些从事此经营项目的农民开始富起来，并尝试着在家乡办厂。20 世纪 90 年代中期，随着沿海先进的印刷设备的进入，印刷业发达，四周方圆数公里之内形成了相当繁荣的印刷市场，蒋桥也成为在全国有影响力的“文印之乡”。

蒋桥彩色印刷文化产业集群兴起的真正原因，是其独特的地理位置和温州客商的大举进入。一方面，蒋桥由于是项城、商水和上蔡 3 县（市）交界的“金三角”地带，便于贸易往来。当然，在行政上，蒋桥也属于“三不管”

地带，便于制假者转移。[①] 后来，南方商人看中了蒋桥这块“风水宝地”，纷纷到此投资开办印刷厂。另一方面，随着改革开放的不断深入，招商引资项目成了我国中西部各级政府的首要工作，商水县政府也不例外。商水县政府决定利用当地村民“跑牌子”建立起的关系资产，在胡吉镇的蒋桥兴建工业区，大力发展彩色印刷业。县政府实施优化发展环境“一号工程”政策，强化亲商、爱商、护商观念，加大企业周边环境整治力度，严厉打击强装强卸、强买强卖行为，依法从重从快处理干扰企业经营的人和事，建立起良好的投资环境，让现有企业现身说法，招引亲朋好友、合作伙伴前来投资办厂。胡吉镇蒋桥工业区最初只有几家温州商人前来办厂，这些商人不断向家乡反馈这里投资环境好的信息，使温州商人源源不断地向这里涌来。到了 2004 年，这里已形成拥有 40 多家企业近 500 人的“温州村”。温州客商的前来投资办厂，不仅带来了先进的技术，而且也激发了当地人投资建厂的热情。目前，蒋桥四周方圆数公里内已形成了一个以彩色印刷、塑料制品为主，集产、供、销一体化的蒋桥彩色印刷产业集群。据不完全统计，仅蒋桥工业区就有 130 家工业企业从事印刷业务，雇佣印刷工人 6000 多人，另有 2000 多个经纪人常年活跃在全国各地。

（六）打工学习模仿型

1. 基本内涵

打工学习模仿型集群模式主要集中在那些资源贫乏而又没有悠久历史传统工艺，没有政府技术扶持的地方，一些村民迫于生活压力，通过外出打工学习经验技术，回乡后转办家庭工业，然后利用市场创新与技术突破等获得利润，并取得创业的成功，成为“明星”企业，在示范效应的作用下，引发同村农民的效仿，同时也会招来许多企业模仿和跟进，并通过各种制度创新获得地方政府的支持。在制度允许的情况下，区域企业家的创新活动推动了产业集群的形成（魏守华等，2002）。这种模式的形成最初是在某个地方出现某个产品的集中生产，往往以一家一户为基本生产单位，几十家、几百家乃

---

① 李万卿．暗访“假证天堂”蒋桥．人民网．http：//www.people.com.cn/GB/paper53/12659/1137465.html［2012－11－08］．

至更多家这样的生产单位集中在不大的区域内，形成简单的产业的集聚。典型的如河南省民权县北关镇王公庄村的绘画产业集群、尉氏县蔡庄镇鹿村的玉雕产业集群、夏邑县火店乡李店村的宫灯手工艺品产业集群等。

2. 模式特征

打工学习模仿型产业集群模式的特点主要表现为：①当地具有“企业家精神”的人才，通过外出打工，学习到某一技艺，回乡创业并成长为“示范企业”；②地方社会资本良好，有利于知识溢出和企业创生“模仿”；③行业自律机制完善，由于企业都是自发集聚，大多是从事同一产业，不可避免地会发生同行业竞争，因此完善的行业自律机制，可以有效地避免恶性竞争和过度竞争。

3. 典型案例：火店宫灯制作产业集群

河南省商丘市夏邑县火店乡是河南省民间艺术之乡、特色文化产业乡。它的成功得益于聪明能干的王书勤父子。23 年前，常年奔波在外、靠做小生意营生的李店村村民王书勤，无意之中发现广州有不少做宫灯的厂家，不但做出的灯笼好看，而且销路很好。头脑精明的王书勤立即让 10 多岁的长子王玉超到广州学习制作宫灯的技术。王玉超在广州一家制作宫灯的厂家边打工边学习，不到 3 年时间，王玉超便掌握了宫灯的制作要领。学成回村后，父子俩筹集资金，办起了火店宫灯厂。宫灯厂在王书勤的经营管理下，规模不断发展壮大，工人由原来的十几人增加到几十人，生产的宫灯花样从最初的几种，发展到几十种。

在王书勤的示范带动下，宫灯生产在火店乡迅速发展起来。一户带十户，十户带一村，一村带一片，逐步形成了以李店村、赵庄村、火店村为中心的宫灯加工基地，并使宫灯加工走上了规模化、区域化、市场化的路子。1990 年，火店宫灯以其精良的品质和独特的人文历史韵味，被选中悬挂到了北京天安门和人民大会堂，火店的宫灯厂也因此迅速发展壮大。近年来，为了提高产品的市场竞争力和占有率，宫灯经营户加大了对宫灯制作工艺的改造力度，对产品进行了技改、更新，实施了“增花色、上档次、扩总量、树品牌”战略，使原来的 130 余种工艺品发展到目前的近 180 种。在宫灯生产的带动下，当地相关产业如旗穗、排须、花边、中国结、玩具、刺绣、木梳、条编等相继产生。张庄顺发木梳厂、赵庄木梳厂、红火工艺集团有限责任公司、祥熙印染有限责任公司、盛兴工艺有限责任公司、东方化纤厂、超发化纤厂等一大批企业先后相继建成并投产使用。

2011年，在全乡34个村庄的5.2万居民中，有3万多人从事宫灯、旗穗、网穗、排须、条编等产销的特色产业，其中有3500多人常年在外从事购销活动。全乡有宫灯相关产品生产家庭院户企业8000多家，年产值6.8亿元。火店宫灯凭借其精湛的加工技艺，产品已畅销全国各大中城市，占据了全国市场80%以上的份额，并远销泰国、马来西亚、新加坡等10多个国家和地区[①]，形成了以火店、李店、邵庄等12个村为中心的全国最大宫灯生产基地。

参考文献

阿友．2011．渔沟镇，一个富产灵璧奇石的小镇．神州民俗，(5)：34－37.

柏玲，张宪平．2008．全球化背景下产业集群嵌入性的研究．生产力研究，(7)：123－125.

曹洪军，王乙伊．2004．国外产业集群的发展模式及其启示．宏观经济研究，(10)：38－40.

陈继海．2003．世界各国产业集聚模式比较研究．经济纵横，(6)：33－35.

陈晋．1995．日本丰田汽车企业集团组织结构分析．世界汽车，(4)：25－28.

佛罗里达．2010．创意阶层的崛起．司徒爱勤译．北京：中信出版社．

韩凌，齐瑞文．2009．苏荷区的保护对中国旧工业建筑改造的启示．科技广场，(6)：246-247.

贺培育．2010．美国文化创意产业园区模式探析．文化月刊，(4)：24－25.

胡晓明．2010．浙江省民营文化产业经营模式探析．商情，(4)：131.

黄祥，张丽英．2009-02-20．为东阳经济建设多加分加好分．东阳日报．

霍恩比．2004．牛津高阶英汉双解词典．6版．石孝殊译．北京：商务印书馆：1115－1262.

孔建华．2009．北京798艺术区发展研究．经济决策分析，(1)：27－60.

刘春香．2005．美国硅谷高科技产业集群及其对中国的启示．工业技术经济，(7)：35－39.

刘蔚．2007．跨国公司与文化产业集群的互动模式研究．南昌大学学报（人文社会科学

① 夏邑信息港．中国民间文化艺术之乡夏邑县火店乡见闻．http：//www.921888.com/news/html/？3565.html［2012－11－25］．

版)，38 (3)：66 - 70.

牛维麟 . 2007. 国际文化创意产业园区发展研究报告 . 北京：中国人民大学出版社：9 - 10.

潘悦 . 2011. 意大利中小企业的发展模式及其启示 . 新远见，(6)：20 - 28.

邵培仁，杨丽萍 . 2010. 中国文化创意产业集群及园区发展现状与问题 . 文化产业导刊，(5)：62 - 69.

史征 . 2008. 文化产业集群与文化产业竞争力影响研究 . 经济论坛，(17)：4 - 6.

斯莱沃斯基 . 2001. 利润模式 . 张星等译 . 北京：中信出版社：5.

汤莉萍，殷瑜，殷俊等 . 2006. 世界文化产业案例选析 . 成都：四川大学出版社：251 - 253.

魏守华，王缉慈，赵雅沁 . 2002. 产业集群：新型区域经济发展理论 . 经济经纬，(2)：18 - 21.

吴晓隽 . 2008. 美国生物医药产业集群的模式、特点及启示 . 中国科技论坛，(1)：132 - 135.

吴宗杰 . 2008. 日本产业集群的发展对我国的启示 . 经济问题，(1)：63 - 65.

伍长南 . 2006. 福建产业集群发展研究 . 北京：中国经济出版社：11，16 - 18.

曾咏梅 . 2008. 基于“钻石体系”的湖南文化产业集群的系统架构 . 理论界，(7)：148 - 150.

张光照 . 2012. 国外创意产业园区的五种模本 . 文化月刊，(5)：34 - 38.

张慧 . 2010. 基于钻石模型的中外产业集群发展模式比较研究：以温州鞋业与意大利鞋业生产模式的比较为例 . 江西蓝天学院学报，(4)：60 - 63.

张京成 . 2011. 文化创意产业集群发展理论与实践 . 北京：科学出版社 .

赵奉杰 . 2011. 英国政府促进产业集群发展研究 . 中国经贸，(12)：3 - 4.

朱华晟 . 2004. 基于 FDI 的产业集群发展模式与动力机制 . 中国工业经济，(3)：106 - 112.

邹立清 . 2007. 浙江省文化产业集群模式研究 . 经济论坛，(21)：27 - 29.

Bassett K，Griffiths R，Smith I. 2002. Cultural industries，cultural clusters and the city：the example of natural history film-making in Bristol. Geoforum，33 (2)：165 - 177.

Jacobs J. 1969. The Economy of Cities. New York：Random House：51 - 60.

Markusen A. 1996. Sticky places in slippery spaces：a typology of industrial districts. Economic Geography，72 (3)：293 - 313.

第五章 中部农区特色文化产业集群的发展策略

文化实力和竞争力是国家富强、民族振兴的重要标志。中国共产党第十八次全国代表大会报告指出，要“增强文化整体实力和竞争力……。促进文化和科技融合，发展新型文化业态，提高文化产业规模化、集约化、专业化水平”。而建设文化产业集群是提高文化产业规模化、集约化、专业化水平的重要途径。本章首先简要介绍国内外典型文化产业集群建设的主要经验与启示；其次系统分析中部农区特色文化产业集群发展中存在的共性问题及成因；最后针对这些问题，提出一些旨在加快中部农区特色文化产业集群发展的战略对策。

第一节　国内外文化产业集群建设的经验与启示

20 世纪 70 年代以来，随着文化产业的快速发展，在国内外的城市或乡村先后形成了一大批世界知名的文化产业集群，如英国的伦敦西区戏剧产业聚集区、谢菲尔德文化产业园区（Sheffield Cultural Industries Quarter，CIQ）、曼彻斯特北部园区，美国的好莱坞影视产业集群，加拿大的 BC 动漫产业园，德国的汉诺威博览中心（Hannover Exhibition Center），以及中国的北京宋庄原创艺术集聚区、浙江横店影视文化产业实验区等。尽管这些集群形成和发展的原因并不完全相同，但却存在着某些共性的规律。因此，探析这些典型集群的成功经验，无疑可以为加快中部农区特色文化产业集群的发展提供有益的启示。

一、国外经验

1. 伦敦西区戏剧产业聚集区

伦敦西区是与纽约百老汇齐名的世界两大戏剧中心之一，是表演艺术的国际舞台，也是英国戏剧界的代名词。准确地说，西区剧院（West End Theatre）特指由伦敦剧院协会（The Society of London Theatre）的会员管理、拥有或使用的49个剧院。这49个剧院大多数都集中在沙福兹伯里大街（Shaftsbury Avenue）和海马克特（Haymarket）两个街区，面积不足1平方英里。这一剧院区也称为西区（West End）。伦敦共有剧院约100个，其中西区就集中了40多个。因此，西区是伦敦重要的戏剧产业聚集区。伦敦西区戏剧产业集聚区的成功，概括起来主要有以下三个方面的原因。

（1）剧院之间分工明确，实验剧院与商业剧院相搭配。西区剧院按功能可分为实验性剧院和商业性剧院两类。其中，实验性剧院为非营利性剧院，如皇家歌剧院、英格兰国家歌剧院、皇家剧场、皇家国家剧院和皇家莎士比亚剧院，其收入主要来自于政府、各类组织及个人的资助，主要功能在于为商业性剧院进行前期实验性演出；而营利性商业剧院则主要演出那些经实验剧院实验演出后的成功剧目或引进的剧目。例如，西区的戏剧和音乐剧是鲜明的商业运作，而英国国家剧院则担负着国家艺术创作和探索的重任。由于拥有政府的大量拨款，国家剧院被明确规定不能从事商业演出。如今在伦敦西区热演的剧目《39级台阶》最早就是由英国国家剧院创作的，但当被用于商业演出时，国家剧院就不能再演出该剧了。

（2）现代化的商业管理与运作方式。为降低剧目的成本风险，西区剧院采取剧目成本转移的政府担负方法。[①] 伦敦西区的5家国家级非商业剧院（实验性剧院）由于接受政府补贴，有能力上演一些具有探索性、艺术水平更高的作品，这正是商业性剧院所不敢轻易尝试的。如果这些剧目能够在此获得认可，即可转入商业性剧院进行演出，从而使商业剧院实现成本的替代转移和风险的有效规避。例如，音乐剧《悲惨世界》和话剧《侦探到访》等，都是先由皇家莎士比亚剧院和国家剧院进行试演，随后转入商业性的王宫剧院和盖里克剧院演出。这种运作方式不仅可以通过非商业性剧院有效保证国家传统戏剧文化艺术的延续，而且降低了商业性剧院进行剧目生产创作的各种成本，是一种高效而多赢的策略。

---

① 陈赓．伦敦西区：49家剧院的生命张力．中国文化报，2010-04-14-07.

(3) 多样化的剧目能满足不同消费群体的需求。不同于电影和电视的观众，戏剧拥有相对固定的观众。因此，在题材内容上不断推陈出新，保证剧目的吸引力，是伦敦西区戏剧产业成长的核心要素和基础。在伦敦西区有限的地理空间内，49 家剧院可以为观众提供多样性的选择，从音乐剧、话剧、歌剧、芭蕾舞和现代舞，到木偶剧、儿童剧，这里应有尽有。音乐剧的观众主要是外地游客，而严肃话剧、歌剧和芭蕾舞等则以伦敦本地和将观看演出作为经常性消费项目的人群为主。据统计，34 岁以下的年轻观众偏爱喜剧、悬念剧，35～55 岁的观众喜爱经典话剧和音乐剧，55 岁以上的观众则更喜欢话剧、歌剧和芭蕾舞；年长一些的观众比年轻人更经常到伦敦西区观看演出，在每年平均到伦敦西区观看演出 6 次以上的观众中 55 岁以上的人占 47%，25 岁以下的年轻人占 34%（牛维麟，2007）。不同口味的观众在伦敦西区都能找到自己中意的节目，而伦敦西区的魅力和优势正在于它在有限的空间内为观众提供了多样的选择，以集体的优势吸引庞大的观众群，产生连锁效应。

2. 英国谢菲尔德文化产业园

谢菲尔德文化产业园区占地 30 公顷，位于谢菲尔德市政治与商业中心的东南方。谢菲尔德是英国第五大城市，曾以“钢铁地”闻名于世，生产的刀具享有盛名。然而，20 世纪中期以后，随着钢铁业的衰败，谢菲尔德老城逐渐被废弃厂房和破败社区所包围。到了 20 世纪 70 年代晚期，市内出现了一批以后朋克电子音乐为代表的先锋乐队，如人类联盟合唱团、17 号天堂、ABC 等。这些乐队自发利用廉价废弃厂房作为创作基地，取得了较好的音像制品销售成绩。1982 年，谢菲尔德音像制品占英国音乐市场份额的 5%。在一些有识之士的提议下，谢菲尔德市议会决定集聚不同的艺术群，发展文化创意产业。市议会选择在音乐基础较好的市中心进行试点，一个全新的文化产业园区由此诞生。

目前，园区已经集聚了谢菲尔德媒体与展览中心有限公司、谢菲尔德独立电影公司、BBC 谢菲尔德电台、约克郡艺术社会工作室、Lead mill 夜总会、约克郡银幕委员会、海兰姆大学北方媒体学院等 300 多家文化组织和小型企业，主要从事电影、音乐、电台节目制作、新媒体、设计、摄影、表演艺术及传统工艺创作等活动。园区还开展了谢菲尔德纪录片电影节、

Lovebytes 数字艺术节等一批知名的文化创意活动。其中，谢菲尔德纪录片电影节是英国最大的国际纪录片展会，到目前为止已举办了 19 届。

CIQ 的发展可以概括为“基础建设投资带动创意产业发展”的模式。在这里，无论是在直接投融资方面，还是在间接扶持方面，谢菲尔德联市议会和市政府都发挥了极大的指导和参与作用。

（1）政府通过提供价格低廉、数量充足、使用便利的音乐产业设施为园区初期的发展注入了活力。建园初始，许多乐队对这一区域缺乏足够的录音、设计和演出设施很不满，当时舆论也普遍认为，这些音乐人将不可避免地流向伦敦。因此，市议会提出硬件改造，为其低价提供所需的排练场地、录音设备、演出场所等。此后，谢菲尔德对 CIQ 地区进行了长达 10 年的翻新改造，并推出工作室和陈列室项目。“工作室”对 CIQ 各类入驻企业进行商业运作；“陈列室”从市艺术部门、英国电影委员会处接受拨款，为园区服务。从后来的发展看，这两大项目成为 CIQ 复兴的关键。①

（2）放宽娱乐休闲行业的经营限制是园区发展中期的主要政策推力。20 世纪 90 年代中期，CIQ 地区的复兴速度明显加快，逐渐成为英国著名的文化创意产业中心。但是，园区发展也面临着一些制约因素，例如，尽管在谢菲尔德市议会的大力支持下，共和俱乐部等休闲场所得以相继开放，但酒业执照问题一直阻碍着 CIQ 地区的发展。由于娱乐休闲行业的发展对于音乐产业的发展有很大的促进作用，所以政府放宽酒业执照以后对园区进一步的壮大和发展有很大的推动作用。

（3）在园区发展进入成熟阶段后，进一步加大对闲置楼房的开发和利用，完善了园区的配套服务设施。针对这个时期 CIQ 地区的产业形势过于单一、配套服务设施发展不足的问题，谢菲尔德市议会于 1998 年公布了《谢菲尔德文化产业园区的使命与发展战略》和《谢菲尔德文化产业园区行动指南》，强调在对闲置楼房（特别是临街店面）的开发上要注意发展复合用途，包括小型商店、零售业、咖啡馆、酒吧和餐馆等生活设施的建设。在这一政策的支持下，私人部门的投资开始深度介入 CIQ 地区，对酒吧、夜总会、餐馆和学

---

① 文化产业园区助推老城“优雅嬗变”——谢菲尔德：从“钢铁地”到创意城．南京日报，2010-07-27-A10.

生公寓方面的投资大为增加。

(4) 成立专门服务机构推动园区持续发展。谢菲尔德市政府于2000年成立了文化产业区服务机构（Cultural Industries Quarter Agency，CIQA），负责制定和实施推动文化产业区发展的相关政策。2004年，CIQA公布“行动纲领”，制定了5年的发展目标，包括：扶持50家具备出口能力的文化创意企业；额外增加35万英尺[①]的工作空间，供文化创意产业使用；创造4200个就业机会，其中3000个职位与文化创意产业相关；吸引至少50家零售、餐饮及从事娱乐服务业的机构进驻当地；促进文化产业区内的地产市场的发展，提供500个居住单位；为邻近的哈勒姆大学扩建一处新的文化校园；建立多个展览场地，包括摄影展览馆、艺术画廊及表演艺术中心。这份行动纲领的着眼点是增加文化创意产业的经济产值（企业的出口能力和增加职位）、扩大文化消费的基础（引入更多服务机构）、增加文化等场地的供应（工作间、住宅、文化设施等），以及加强文化区与大学的联系。[②]

3. 曼彻斯特北部园区

曼彻斯特北部园区（Manchester's Northern Quarter，NQ）位于曼彻斯特主要商业区市场街与安黛尔购物中心东北部。20世纪40年代后，曼彻斯特北部地区的商业经济开始衰退。尽管当地政府也曾试图通过提供资助为业主和店主更新店面，但衰退依然。到了1991年，曼彻斯特北部地区的居民人数减少到了345人；1993年，有27%的铺面闲置，大量建筑空无一人、亟待维修（牛维麟，2007）。但到了20世纪80年代后期，一批新企业，如著名的潮流服饰店Afflecks宫、Dry酒吧、PJ爵士俱乐部等，悄悄进入奥尔德姆街。这些新近的企业与当地残余的俱乐部，于20世纪90年代早期共同组建了东岸协会（The Eastside Association），自发地为曼彻斯特北部地区的发展寻找并提供贷款。在这些民间贷款的资助下，这一地区逐渐形成了以摇滚音乐和流行音乐为主导的音乐产业集群。

在NQ地区的发展过程中，民间组织的自发、自觉行动是主要力量。当

---

① 1英尺≈0.3048米。

② 中国文化传媒网．海外“造园”的模式选择．http：//www.ccdy.cn/chanye/shichang/201109/t20110926_76568.htm［2006-03-17］．

地政府对NQ地区投入的资金并不多，基本上采取的是“放手”政策（hands-off policy）。然而正是在这一政策的指导下，NQ地区才得以自由发展。政府只是在紧要关头给予必要的政策支持与鼓励，并将焦点放在建筑改造（通过拨款）和环境改善（包括公共艺术）等方面，公共资金投入相对较少（表5-1）。

表5-1 曼彻斯特政府关于NQ地区的主要政策/行为

部门	政策/行为
曼彻斯特市议会	1993年，发布《城市复兴研究报告》，明确NQ地区的地位； 1993年，发布《曼彻斯特北部地区发展战略》； 申请独立复兴预算和欧洲城市发展基金，每年向北部园区协会提供3万英镑拨款
曼彻斯特游客管理局	将Hacienda俱乐部加入城市旅游推介材料，吸引外地游客
曼彻斯特市政府	制定《企业补助计划》，推动地区乐队发展； 1996年，将NQ地区作为形象代表之一加入申奥计划； 2002年，将NQ地区加入营联邦运动会申请计划，申请最终成功； 在Hacienda俱乐部受到当地警方和地方法院审查时，出面保护NQ地区
文化产业发展服务会	2000年成立，全面服务NQ地区

资料来源：牛维麟（2007）

4．加拿大BC省动画产业园区

BC省位于加拿大西部，是北美通向亚太地区的重要门户。BC省的温哥华风景优美、气候宜人，一直是北美影视拍摄和制作的重要基地，被列为北美三大影视制作中心之一（另两个中心分别是纽约和洛杉矶）。BC省动画产业兴起于20世纪80年代，大部分合同都来自于美国，最初只是为了给美国公司提供初期的艺术作品、设计图样、故事模板、动画、配音配乐和声音合成等服务。到20世纪90年代后期，BC省动画产业制作的原创作品越来越多，并同美国或欧洲的公司共同拥有作品版权，园区发展进入了新的阶段，成为北美重要的影视制作与动画产业中心。除传统的影视拍摄及后期制作外，BC省近年来也致力于发展动画及相关产业，目前其动画制作水平、规模及发展速度引人注目，已成为北美动画产业的中心。世界上最大的互动娱乐软件公司，“电子艺术”（Electronic Arts）最大的制作工厂就坐落在BC省大温哥华地区的本拿比市（Burnaby），雇有500多个工作人员，许多世界畅销的电脑游戏和动画片均出自这个工厂。此外，还有前卫娱乐公司（Radical Entertainment）、遗产娱乐公司（Relic Entertainment）及“Next Level Games”

等世界知名电子游戏企业落户BC省的大温哥华地区。

在BC省动画产业园区发展过程中，当地政府和行业协会的作用非常突出，主要表现在以下几个方面。

（1）政府的服务、协调角色及其鼓励政策。在加拿大，联邦政府和BC省政府采取的是“一臂之距”的政策，分别从不同渠道提供资金，并设立专门非官方、独立核算的民间服务机构，支持动画产业发展。例如，联邦政府设置的加拿大影视基金会（Teleflex Canada）、国家电影局（National Film Board）等机构。而BC省政府对动画产业则一直比较关注，采取了文化艺术和商业市场严格分开的鼓励政策。一方面，对于商业动画产业的发展，BC省规定其除享有BC省电影业的各项优惠政策外，还通过半官方机构如BC省电影协会（BC Film）、BC省电影署（BC Film Commission）等，在创意启动、资金筹措、制作加工、人才、市场、税率优惠等方面为其提供周到的信息服务和资金支持。另一方面，对文化艺术领域（非商业）的动画制作，BC省政府则采取资金申请和核准的办法，通过BC省艺术委员会（BC Arts Council）和加拿大艺术委员会（Canada Council for the Arts）、国家电影董事会（National Film Board，NFB）大力提供资金协助，鼓励并支持动画艺术家的艺术创新、探索和对外交流，不仅促进了BC省动画艺术的创新，而且间接为动画产业的持续发展注入了活力、增强了后劲。[①]

动漫是个“烧钱”行业，BC省园区内企业一度很“缺钱”。[②] 在明确自身定位的同时，政府机构还积极开辟多种产业资金筹措及资助渠道。BC省主要动画产业的服务机构大多由政府或政府与企业联手出资设立。政府相关部门和出资的企业、机构代表组成董事会，对服务机构的各项职能和宗旨做出了详细规定。这些机构除具有上述的各项服务功能外，还提供专项动画资助计划，对动画创意、制作、市场推广等提供多方面的资金扶持。例如，加拿大联邦政府遗产部下属的加拿大影视基金会（Telefilm Canada）中专门设立的加拿大新媒体基金（Canada New Media Fund），2005年度又注入资金500万

① 周勇，王英．加拿大动画产业园区：创意成就支柱产业．中国政务信息网．http://www.fsa.gov.cn/web_db/sdzg2006/adv/BLDPX/DYMB/alyj/jcjy007.htm [2012-11-28].

② 加拿大BC省动画产业也曾很“缺钱”．南京日报，2010-09-07-B3.

加元，使该基金的资金总数达到了1400万加元。该基金既可独立也可与私人公司联合为动画制作提供前期资金支持。又如，1998年BC省特意通过BC电影协会（BC Film）连同当地几大媒体公司共同出资成立了BC省新媒体协会（New Media BC），专门为动画产业特别是新的电脑动画、互动游戏动画等提供产业资讯、联络、市场推广、人才等方面的服务，为动画产业创新发展提供及时的服务和发展平台。上述无论官方还是民间机构的各项资助计划均对外接受公开申请，所有动画业者和机构既可向联邦基金也可向省基金申请资助。另外，当地一些大的媒体和企业（如最大的Talus电话公司）为适应动画业的蓬勃发展，也相应地设立了专项基金，积极扶持当地动画业的发展。当地的电视机构也通过预购播映权等方式，先期将资金投入到动画的制作中，为动画业的发展提供了充分的资金保障。

除此之外，进行行业调查和提供培训资金补贴也充分体现出BC省政府职能的有效延伸和扩展。2001年，为摸清BC省动画行业的现状，BC省政府的人力资源厅、社会发展及经济安全厅、中小企业、旅游和文化厅等机构出资，联合BC省动画商协会就BC省动画产业的现状、存在的问题、发展方向及专业分工等方面作了详细的行业调查，基本摸清了BC省动画产业的情况，掌握了第一手资料，为正确制定行业发展政策，促进行业协调、合作、发展打下了基础。BC省动画公司每年均向从业人员提供某种程度的正式或非正式的职业培训，每家公司每年花费约0.7万～25万加元不等。省政府则通过中小企业培训委员会，向其提供一定数额的补偿资金，以鼓励企业增加动画从业人员的在职培训；另外，省政府还向联邦政府申请专项经费，支持BC省新兴的动画产业。

（2）发挥行业协会的协调管理作用。BC省各类动画产业协会在园区动画产业发展中发挥了积极作用。目前，BC省内涉及动画产业的行业组织包括BC省动画协会、BC省新媒体协会、BC省动画制造商协会、动画配音协会，以及作曲家、词作家和音乐发行协会等。这些协会聚集了当地及北美周边临近地区在该领域的顶尖人才，吸纳了商界、教育机构、政府机构、电子商务、电子教育、电子游戏、视觉特技、电脑应用软件等各领域的机构入会。当地各专业协会及会员之间定期邀请各界精英人士和此领域的经营管理者举办讲座，介绍世界上最新产业动态和新产品、新设施及新技术等，并通过午餐会、聚会等形式，加强动画业者和商界及其他相关领域的沟通。此外，协会还通过专门网站向会员和动画业者定期提供世界各地产业资讯、合作项目等服务，另外，则以互联网为交流平台，向动画投资人及制作人推荐当地新创意和新作品，在动画业者和投资方之间架起了畅通的桥梁，建立起了健全的信息沟通机制。①

从 BC 省动画产业的发展进程中，我们可以得出一个重要启示，那就是动画产业的发展涉及政府服务、融资、人才、销售及市场等一整套产业流程。最重要的是，各部门机构设置健全合理、互相配合、协调支持，充分发挥了各自的角色优势，共同创造了 BC 省动画产业的辉煌。特别是政府全方位的服务角色，为当地动画产业的兴盛发挥了不可替代的作用。

5. 德国汉诺威博览中心

汉诺威是德国下萨克森州首府，是北德重要的经济文化中心，由于会展业发达被誉为“世界会展之都”。它承办过两届世界博览会，在全球前 5 大展览会中有 3 次在汉诺威举行；拥有世界上最大的展览场馆——汉诺威博览中心和世界第一大展览公司——汉诺威展览公司（Deutsche Messeag, Hannover）。汉诺威博览中心占地 100 万平方米，内有 1 万～2 万平方米的巨型展厅 24 个。室内展出面积共达 47.9 万平方米，露天展场 27.8 万平方米，还配备有功能齐全的会议中心。汉诺威博览中心每年都吸引 250 多万观众前往参观；每年吸引的展商约在 25 000～30 000 家，其中 30%以上来自德国以外，净展出面积达到 160 多万平方米。

在汉诺威会展业的发展过程中，政府的主要作用表现在以下几个方面。

（1）政府提供资金，支持会展场馆建设。展览场馆投资大，投资周期长，私人资本一般不愿承担如此大的投资风险。而德国将展览业作为支柱产业加以扶持，不断巨额注资，用于会展场馆的扩建。仅 2002 年德国政府就投资了 3.5 亿欧元用于展览馆的扩建和设施更新，且仍以每年 1.6 亿欧元的速度进行投资。汉诺威博览中心所属的汉诺威展览公司的两大股东就是下萨克森州政府和汉诺威市政府。政府投资主要用于展览场馆的建设，而且通过补贴、再

① 周勇，王英．加拿大动画产业园区：创意成就支柱产业．中国政务信息网．http://www.fsa.gov.cn/web_db/sdzg2006/adv/BLDPX/DYMB/alyj/jcjy007.htm [2012-11-28]．

投资等资助措施促进会展场馆规模的不断扩大，展览设备的不断完善。在政府的支持和引导下，汉诺威展览公司逐步发展壮大，专业服务水平和品牌影响力不断提升，进一步带动了整个城市会展业的蓬勃兴起。

(2) 通过改善周边基础设施，完善会展业发展环境。政府除直接投资场馆建设以外，还投资改善场馆周边停车设施，建立发达的公路和轨道交通网，从而使汉诺威展览中心成为国际市场交流的最佳场所。① 一是道路交通发达。拥有欧洲最大的专用客运火车站和高标准通行道路，开通专线电车连接汉诺威机场、中心火车站，有两条地铁线路分别连接着飞机场和火车站。拥有专用的货运站，货运站设有能装卸大件重型货物的设备，并有多条支线直通各展览大厅。二是通行设施发达。开辟了两条人行电梯，可以将客商送达专用火车站或会展中心等其他地方。三是停车场地充足。拥有约 39 000 个停车位，场内还有一个直升机场。

(3) 积极鼓励园区实施国际化战略。德国一直致力于使其会展业面向全球，国际化是德国展览会的主要优势。德国展览组织者通过一系列的国际市场促销活动使展览会的外国参展商和参观者比重逐年增加。同时，德国展览业者除了每年组织上千家德国公司参加国外多个专业展览会之外，还在海外主要的经济增长地区定期举办近 160 个展览会。这不仅帮助德国公司树立了公司品牌形象，拓展了海外业务和市场，也使德国会展进一步走向国际化。德国政府通过为企业出国办展、提供经费支持，来鼓励企业的国际化发展。

6. 洛杉矶好莱坞电影城

好莱坞（Hollywood）位于美国加利福尼亚州洛杉矶市郊区，是美国著名的电影生产基地。20 世纪以前，美国的电影中心在东部纽约。1907 年，导演弗朗西斯·伯格斯带领他的摄制组来到洛杉矶，拍摄《基督山伯爵》。从此以后，许多电影公司纷纷来这里拍片，开始了美国电影业向好莱坞的转移。从 1912 年起，许多电影公司在好莱坞落户，包括米高梅公司、派拉蒙公司、二十世纪福克斯公司、华纳兄弟公司、雷电华公司、环球公司、联美公司、哥伦比亚公司八大影视公司，开创了“好莱坞大制作片场时代”。这些公司垄断

① 施昌奎．发达国家展览场馆运营管理模式的启示．北京社科规划办．http://www.bjpopss.gov.cn/bjpssweb/n28924c29.aspx [2008-06-05]．

了美国的电影制作、发行、放映三个环节，以电影制片人为中心，设有创作部、演员部、技术部等，各部门分工合作负责影片生产的各个环节。影片制作完成后在八大公司经营的院线放映，获取利润。20世纪50～60年代，受电视的兴起等因素的影响，美国电影业曾一度陷入困境。进入20世纪60年代末，各大电影公司开始合并重组，好莱坞迎来了“新好莱坞”时代，电影公司不再单纯是电影的生产机构，而是形成了集电影制作、有线电视网络、国际新闻出版网络、互联网于一身的跨国横向媒体巨头，并开始涉足金融、工业和商业等领域。较为完整的电影产业链条进一步巩固了好莱坞在美国及全球电影产业中的地位。

好莱坞影视产业的发展，很大程度上得益于美国政府对文化创意产业的积极扶持，具体包括以下几个方面。

（1）制定税收优惠等政策鼓励文化创意机构的发展。根据《国家艺术及人文事业基金法》和《联邦税收法》这两部法律，美国政府可以对非营利性质的文化艺术团体和公共电台、电视台免征所得税，并减免为其赞助的个人和公司的税额，以鼓励社会对文化创意产业的捐赠。根据个人的不同情况，每向非营利机构捐赠1美元，其每1美元便可减少28～40美分的税。

（2）通过版权保护保障电影产品的合法收益。美国文化创意产业的发展与其悠久的版权保护历史和健全的版权保护制度有着紧密的关系。早在1790年，美国就制定了第一部版权法。此后，又陆续制定了1976年的版权法、1988年的版权期限延长法案、2005年的家庭娱乐版权法。其中，1988年10月，美国联邦第105届国会出台的《数字千禧年法版权法》，是美国保护文化创意产品网络传播版权和打击盗版的主要依据。2003年，美国又扩大了盗版行为的立案范围，规定可以对个人盗版的主要形式——非法上传文件行为，提出诉讼。

（3）放松传媒产业规制，促进企业壮大发展。1996年2月，美国通过了修改后的《联邦通信法》，成为在全球范围内率先对传媒产业放松规制的国家。新通信法的核心是放宽对广播电视业的限制，如取消了一个公司在全国范围内拥有广播电台和开办电视台数量的上限，并通过放宽所有权来促进媒体公司的兼并、联合大发展。目前，美国最大的25家媒体集团都涉足了广播影视、新闻出版、娱乐、互联网、体育、广告等众多行业。

（4）建立了担保完成发行制度等多样化的融资渠道。美国多数制片商采用担保完成发行制度融资模式，即获得演职人员确认参与的意向后，与发行机构签订发售合同，并以合同向金融机构等投资者申请融资。其他融资方式如20世纪以来出现的电影投资资金也被引入好莱坞电影产业，即一笔资金被分散投入到20～25部电影项目中，既能回避投资风险，并可保证一定比例的回报，资金主要来自保险公司、退休基金等机构投资者。

7. 国外文化产业集群建设的启示

上述典型案例的分析表明，文化产业之所以能在发达国家和地区迅速成长，并形成规模较大的集群，除文化产业本身具有极强的生命力外，还与各国和地区的政策支撑有很大关系。

（1）制定优惠政策，鼓励本土文化企业发展。鼓励本土文化企业和机构发展，培育一批具有国际影响力与区域特色的文化知名品牌，是各类文化产业集聚区建设的重要内容之一，也是各城市促进文化产业发展的核心。设立多种产业发展基金，为创意产业提供适当的资金、税收、融资等扶持政策，是许多发达国家的通常做法（吴俐萍，2006）。例如，BC省政府通过制定差别税率、美国政府通过放宽产业规制和加强知识产权保护等政策鼓励本土文化创意产业的发展。伦敦政府设立“创意之都基金”，为伦敦创意产业中有才华的企业家或商人提供原始资本投入和商业支持，以激发他们的创意潜力，基金原有资产净值达500万英镑，加上与私人投资相配套，其资产达到了1亿英镑。加拿大影视基金会设立加拿大新媒体基金，目前该基金总数已经达到1400万加元，通过独立、或与私人公司联合等方式为动画制作提供前期资金保障。BC省政府针对5种不同类型的影视制作企业制定差别性税收优惠政策，以鼓励文化创意企业的发展。比如，对于BC省影视制作公司，部分支出可以抵扣应纳所得税，包括：30%的人工成本，但最多不超过总制作成本的14.4%；学员培训不超过学员工资的15%或人工成本的3%等。

（2）支持公共服务平台建设。文化产业公共服务平台可以提供包括创业指导、技术咨询服务、投融资服务、培训和知识产权管理服务等文化企业发展所需的各类服务。政府在建设文化产业园区时，都积极致力于搭建各种公共服务平台，满足园区内企业的需求。例如，伦敦中小企业与高校联合平台主要帮助在伦敦西部的高校、社区团体和中小企业之间结成合作伙伴关系，解决商业问题。谢菲尔德文化产业园在发展初期，为了支持园区内音乐产业的发展，以及吸引更多的音乐制作企业入驻园区，出资建立了“红带”等各类工作室，向当地文化创意从业人员提供各种免费的训练课程，并对规模较小的音乐公司和文化团体提供价格低廉的排练场与录音设备和场地。伦敦设立文化创意产业出口推广咨询小组，协助企业签订创意产业出口市场协议，帮助创意产品和创意企业实施走向世界的品牌战略；促进金融组织与国会对创意企业提供海外发展所必要的援助等。

(3) 通过政府资金引导社会资本支持大型设施建设。大型的文艺演出场所、艺术品交易中心、会展场所、文化旅游区等是文化产业发展的重要条件。在国外文化创意产业集聚区建设中，许多大型文化设施建设都得到了政府的大力支持，并通过政府资金的引导，促进了创业投资等各类社会资本进入，推动了集聚区的快速发展。例如，汉诺威博览中心就是在政府资助下建设起来的。

(4) 完善融资担保机制，拓展文化产业融资渠道。一些文化产品的开发，如电影、电视、游戏等，往往需要投入大量的资金。因此，拓展融资渠道成为政府支持文化创意产业发展的措施。例如，加拿大政府设立新媒体产业基金支持动画等新媒体企业的发展；美国建立担保完成发行制度，鼓励电影领域的投资风险机构发展，使得好莱坞电影制片商能够顺利融到资金。好莱坞一个重要的成功因素在于独特的担保完成发行制度，即获得演职人员确认参与的意向后，与发行机构签订发售合同，并以合同向金融机构等投资者申请融资。制片商同时必须支付约占制作费10%的保险费，以获得专业的担保完成发行公司提供的担保合同，金融机构拿到担保书后，即可发放贷款。担保公司会向再保险公司投保，以控制风险。

西方国家的这些经验表明，为了促进中部农区特色文化产业集群的良性发展，必须在以下几方面下工夫：一是要完善文化产业政策体系的宏观构架，改变现阶段以微观优惠政策为主的局面；二是要完善以知识产权保护为核心的文化产业法律法规支撑体系，加强对中小规模文化企业的扶持及公共服务；三是要建构重点支持新兴行业发展与管理并重的产业政策体系；四是要创新技术信息交流机制，打造跨区域技术信息交流平台，加大对复合型文化人才的培养和引进；五是要建立起比较完善的公共服务平台，大力扶持文化产业市场，但不能只扶持“大型集团”，更要注重对中小文化企业的培育和激励；六是要建立有针对性的投融资服务体系，开拓新的融资模式。

二、国内经验

（一）北京宋庄原创艺术集聚区

20世纪90年代以前，宋庄是北京市东郊通州区的一个普通农区村镇。从1993年开始，陆续有艺术家到宋庄镇小堡村租房。1995年10月，北京圆明园画家村解散后，一部分艺术家集体搬迁到小堡村。近几年来，大批艺术家和众多国内知名文化创意企业也纷纷涌入宋庄。目前，在以宋庄镇小堡村为中心的20平方公里的范围内，不仅集聚了4000多名从事文学、绘画、雕塑、音乐创作的原创艺术家，以及批评家和经纪人，而且还有三辰卡通集团、日月星画材制作公司等近30家企业，年产值3亿元以上，成为中国最大、世界著名的原创艺术集聚区。宋庄缘何由一个普通的村镇，一跃成为闻名中外的艺术家聚集区？除临近北京这一国家文化中心和国际交往中心，具有优越的自然地理条件和宽松的创作生活环境、理想的创作空间和低廉的生活成本等外（孔建华，2007），宋庄镇党委和政府在其中发挥了不可替代的重要作用（孔建华，2008）。

1. 宋庄发展文化创意产业的主要做法

（1）发布合理的文化经济发展战略规划。宋庄镇政府明确将“文化造镇”的理念体现于其规划和政府行动中，并对未来几年的发展思路、工作目标、重点任务和保障措施作出了明确规定。

（2）进行系统的文化经济发展的政府动员。宋庄镇政府鼓励和支持发展文化创意产业，注意在各种工作会议上反复宣讲北京市发展文化创意产业的政策精神和发展艺术产业的可行性，将之传达到镇域的每一个角落。自上而下进行广泛的思想动员，形成共同推动文化创意产业发展的宋庄共识。

（3）通过创办大型艺术节庆活动实现宋庄文化品牌的营销和升级。宋庄自2005年创办中国宋庄文化艺术节，以后每年举办一届，2007年起被纳入中国北京国际文化创意产业博览会。宋庄文化艺术节在开阔的村落中展开，形成了不同于一般文化活动的人文景观。以第三届宋庄艺术节为例，根据小堡村委会提供的数据，艺术节期间举办主题展 13 个、特色展 30 多个，参展艺术家近千人，艺术品交易额达到 1 亿元。2007 年，宋庄创办低门槛的艺术集市，倡导现代艺术作品进入寻常百姓家，有 400 多个艺术家的作品进入艺术集市，现场成交额达到 500 万元。宋庄文化艺术节的学术交流和作品交易功能日渐凸显，显示出宋庄影响力的切实提升。

（4）通过创办宋庄艺术促进会和宋庄文化创意产业发展有限公司服务于艺术家，促进产业发展。宋庄艺术促进会是艺术家与政府双向沟通的重要管道，艺术促进会反映艺术家的愿望和要求，并以良好的服务赢得艺术家和政府的认可。宋庄艺术促进会创办艺术网站和艺术家群落接待中心，使之成为宋庄面向世界的重要窗口。宋庄文化创意产业发展有限公司是政府推动地方文化创意产业发展的平台，其在筹办艺术节、推进艺术项目落地等方面，发挥了重要作用。

（5）积极规划文化创意产业园区和引进知名文化创意机构。2006 年，北京市正式规划建设宋庄原创艺术集聚区，并在当年得到市政府的支持，成为北京市首批认定的 10 个文化创意产业集聚区之一。宋庄根据区域发展规划，引导和选择文化创意机构进驻宋庄，并提供有效的政府服务和支持。北京市文化创意产业发展专项资金和北京市文化创意产业集聚区发展专项资金已经或即将对宋庄原创艺术集聚区项目给予资金支持。宋庄 2007 年引进的一家卡通企业，已经出资 1 亿元启动园区规划前期建设项目。

（6）实行积极干预以留住和吸引更多的艺术家。由于房租价格以每年 20%的速度上涨，2007 年小堡村村民代表大会讨论通过决议，对村内出租房屋价格进行调控。具体包括：筹建总建筑面积 10 000 平方米的国防工事艺术区，可容纳 70 名艺术家，每平方米年租金为 140 元，5 年保持不变；转型企业出租房屋价格每平方米年租金不超过 200 元；成立流动人口管理办公室和村落闲置资产配置中心，为艺术家提供出租房屋信息来源。上述举措有助于稳定艺术家群体，使他们安心从事艺术创作。

2. 宋庄发展文化创意产业的经验与启示

作为北京一个相对偏远的村镇，宋庄既没有大型文化创意企业，也没有庞大的文化消费群体，却能够成为北京乃至全国文明的文化创意产业集聚区，这与北京市政府的直接支持，以及地方党委、政府工作团队的远见和集体努力是分不开的。其经验对建设中部农区特色文化集群的启示包括以下几个方面。

（1）“顺势引导”是最好的政府管理。宋庄发展文化创意产业，是水到渠成而非刻意谋求。地方政府依托艺术家集聚宋庄的特点和需求，给予引导、规范和服务。根据艺术家和艺术产业发展的要求，配置公共资源和服务，有别于一般园区圈地建楼招商引资的模式。同时，也较好地规避了产业雷同现象，走出了具有自己特色的文化创意产业发展道路。

在中部农区，大多数特色文化产业集群也是自发形成的，这与宋庄原创艺术集聚区发展的基本动力是相似的。因此，如何结合当地的实际，对那些尚处于发育阶段的集群进行“顺势引导”，也必将是中部农区各级政府应该慎重思考、仔细研究的一个重大命题。

（2）“特色村镇”是集群持续发展的基础。北京地区文化创意产业发展的一个重要特点是以特色村镇为主。大兴、怀柔、密云、平谷等区县也都不同程度地出现“重镇现象”（孔建华，2007）。这一现象的出现，与镇作为一级地方政府的强势协调整合能力有关，也同文化创意产业项目的特性和量级有关。引导优化配置文化资源，指导文化特色明显的村镇选择适合自身特点的主导性文化创意行业，推行差别化发展战略，符合首都产业结构调整和经济发展方式转变的现实要求。

在中部农区，目前已形成了众多的文化产业特色村镇。这些村镇也许尚不能称为产业集群，但却是集群发展的“胚胎”。但地方政府若能及时给予规划、引导和必要的支持，这些“胚胎”可能会借助于农区特有的社会资本演化为真正的既有分工又有协作的网络化集群。因此，为加快中部农区特色文化产业集群的发展，除了对现有的、具有一定规模的集群进行必要的支持外，更应注意对文化专业村镇的规划与培育，以增加特色集群发展的“后备军”。

（3）“竞争优势”是根本的战略选择。一个地区文化创意产业的发展，要根据资源要素禀赋，选择最具竞争力的产业，以形成自己的比较优势和竞争优势。宋庄选择艺术产业作为文化创意产业的核心产业，就是基于宋庄原创艺术的国际性。在文化资源相对贫乏的农村地区，当它因为偶然的因素自发形成具有核心竞争力的资源时，政府应当给予适当的配套支持，以加速集聚区规模的扩大，帮助其提升这一决定性的竞争优势。

中部农区文化产业集群的产品，多依赖传统手工艺和当地自然资源，具有一定的地域特色，但却普遍存在着产品“大路货”多、竞争优势不突出等问题。宋庄原创艺术集聚区的成功告诉我们，要想增强中部农区特色文化产业集群的竞争优势，创新是根本的战略选择。而创新又是集群内部的农户、政府、中介组织等各级行动者相互作用的结果，因此政府可以在此过程中发挥重要的作用，如提高农民的科学文化素质，促进企业与高校和科研结构的合作，营造技术学习的良好环境等。

（二）横店影视产业实验区

横店影视产业实验区位于浙江省东阳市横店镇境内，是全国首个集影视创作、拍摄、制作、发行、交易于一体的国家级影视产业实验区。目前，横店影视产业实验区拥有28个外景拍摄基地和11个高科技摄影棚，是全球拍摄场景最多、规模最大、设施最齐全的影视实景拍摄基地。自1996年以来累计接待剧组800多个，拍摄影视剧达到21 000多部（集）。2011年，在实验区入区的企业达到435家；实现营业收入33.71亿元，上缴国家税收3.66亿元，接待游客1080万人次，接待剧组150个，在横店拍摄影视剧达4000多部（集），占全国古装剧产量的2/3。目前，实验区已培育上市企业1家，进入上市辅导期企业10家，被誉为“东方好莱坞”。

1. 主要经验

（1）规模化的拍摄基地。横店影视产业实验区发展的根本原因在于拍摄基地的建设与不断更新。横店原本是浙江的一个山区小镇，在文化设施上可以说是一无所有，但一次偶然的机会却造就了横店文化产业发展的奇迹。1995年，为庆祝香港回归而筹拍《鸦片战争》的谢晋，找到了当时横店集团的老总徐文荣，希望他支持建设拍摄基地。徐文荣敏锐地抓住这一机遇，经过4个多月的建设，投资4000多万元的横店第一个拍摄基地——“19世纪南粤广州街”横空出世。1998年，经谢晋导演介绍，徐文荣与著名导演陈凯歌一见如故，横店集团又为著名导演陈凯歌拍摄电影《荆轲刺秦王》无偿投资兴建了秦王宫。自此以后，横店集团先后斥资 80 多亿元修建了清明上河图、明清宫苑、江南水乡、梦幻谷、大智禅寺、华夏文化园、红军长征博览城等 28 个大型影视拍摄场景和 11 个高科技摄影棚。现在，除了海洋和沙漠，什么样的场景都可以在横店找到，并且规模化的拍摄基地，也大大降低了剧组场景转换的成本。据报道，在横店拍摄的影视成本可以下降 10％～15％。多样化、规模化的拍摄基地吸引了众多剧组前来横店。

（2）灵活的经营机制。事实上，横店影视产业的发展也并非一帆风顺。1999 年前后，由于中国影视制作的不景气，加上横店地理位置闭塞，以及还未有现在的知名度，谢晋、陈凯歌走后，几乎再也没有剧组光临。最严重的时候，影视城一年亏损 5000 万元人民币，银行对其一度停止了贷款。但即便如此，横店集团也没有放弃，而是勇于创新，逐步探索出一条“影视拍摄免费—影视服务稳定获利—旅游服务放大收益”的灵活经营模式。一是影视拍摄免收费用。为吸引影视剧组前来横店，2002 年 2 月，横店集团向国内外摄制组免费提供所有拍摄基地；从 2009 年 8 月开始，11 个大型高科技摄影棚也陆续向剧组免费开放。“免费”看似没有给企业带来效益，但是其巨大的广告效益和长久的社会效益，却为横店带来了广博的人脉资源和招商引资、招贤引智效应，每年吸引了几十个剧组到横店取景拍摄。二是通过影视服务稳定获利。横店影视城与影视剧组有一个协议，就是横店影视城免费为影视剧组提供拍摄基地，但拍摄期间影视剧组演职人员必须住在横店影视城的酒店。结果，每年几十个剧组的几千名演职人员，为横店影视城下属宾馆和餐厅带来了稳定的、没有淡旺季之分的生活服务收入；而横店影视城围绕影视拍摄提供的上下游服务，既大大便利了影视剧组的拍摄，也为自身带来了持续的产业服务收入。三是通过旅游服务放大产业收益。影视剧组的“免费”拍摄，带给横店影视城的是免费的、持续的、高效的品牌宣传。影视新闻的曝光和影视作品的热播，迅速提升了横店影视城的知名度和影响力，在市场竞争中抢占了品牌制高点，实现了游客数量的几何式增长，门票收入也出现了成倍的增长。据初步统计，每个游客在横店影视城的门票消费约 200～300 元，横店影视城每年的门票收入就达到 20 亿元之多。同时，每个游客的住宿、餐饮、购物、娱乐等旅游关联消费，绝大部分都留在横店影视城的“口袋”中，横店影视城的旅游关联收入又增加了几十个亿。

（3）齐全的配套产业。为提高吸引力，实验区先后建立了五大产业服务体系：①要素构架体系。包括影视外景基地建设、大型室内高科技摄影棚、影视投融资中心、道具制作及相关设备租赁及演艺经济与培训服务。例如，2009年实验区与中国建设银行金华分行、中国银行金华分行签署战略合作协议，开创了银企合作的先河。2010年，还联合中国银行东阳支行推出全国首个针对影视企业的融资信贷产品——影视通宝，采用应收账款和版权质押的方式，解决了文化企业无形资产抵押、质押难的问题，为入区企业在市场准入、税收、信贷等方面争取到更多的支持和优惠。②策划制作体系。成立了横店影视文学创作中心，与中影集团和美国华纳电影公司组建合资公司，成立了高科技动漫制作公司。③展示交易体系。成立了影视博览与交易中心、影视发行中心，以及组建电影院等。④后产品开发体系。成立了影视后产品研发体系，组建影视文化公司，吸引国内外与影视有关的产品开发等。⑤商务服务体系。如政策咨询服务、行政审批服务、网络通信服务、宾馆餐饮服务、文体娱乐服务等。通过这五大产业服务体系的建设，不仅构建了一条从投资到剧本创作，再到拍摄、后期制作等相对完整的影视产业链，使剧组“带着剧本进来，拿着拷贝出去”，而且也带动了旅游等相关产业的发展。

（4）各级政府的大力支持。2003年12月10日，国家新闻出版广播电影电视总局批复同意建立浙江横店影视产业实验区后，浙江省文改办立即设立了浙江横店影视产业实验区工作协调小组，9年多来，一年一度的协调小组会议从未间断过。东阳市委市政府对横店影视产业的发展给予高度重视，自2004年以来，东阳市政府出台了《关于支持浙江横店影视产业实验区发展的若干政策意见》，制定了16项优惠政策，对符合条件的入区企业从税收、费用等方面给予优惠。为鼓励企业创新，东阳市政府还设立了“横店振兴中国电影基金”，首期出资5000万元，主要用于支持优秀剧本的创作、优秀影片的制作、放映等。2009年，又设立了“影视企业贡献奖”，对入区企业实现国内或海外上市并投资于当地建设的授予“上市奖”，调动了影视企业发展的积极性。2010年，以华谊兄弟上市为契机，制定了影视产业发展联席会议制度，及时研究解决影视企业在资产重组、筹备上市过程中遇到的困难和问题，为影视公司上市开辟了“绿色通道”。为了提高知名度，1999～2004年，横店影视城连续举办了6届“中国农民旅游节”，使横店影视城成为新闻报道的热点之一；此外，“中国警察汽车拉力赛”、“迪克牛仔演唱会”等大型活动，也有力地提升了横店影视城的品牌形象。2006年，横店影视城又进一步加大了大型活动的策划，并于同年2月12日举办了“艳动横店”大型元宵晚会；2006年7月，又与中国电影家协会、浙江省旅游局等单位联合举办了“中国影视旅游高峰论坛暨浙江省国际旅游文化节闭幕式”；2008年10月，与湖南卫视合作举办了“横店大冲关”电视挑战赛；这一系列的活动，极大地提升了横店影视城的品牌和形象（邵培仁和廖卫民，2009）。

（5）注重细节经营。横店影视产业实验区的赢利核心是影视旅游业。为壮大影视旅游业的发展，横店集团十分注重影视旅游业的细节经营。第一，细化市场，推行“一城一策”和“统分结合”的营销思路。“一城一策”就是因地制宜，针对客源市场的需求细化，推出相应的旅游产品和价格政策；“统分结合”就是发挥各景区与公司整体两方面的积极性，细化营销措施，实行营销业绩与效益挂钩，两条腿走路。结果影视城的营销半径不断扩大，从原来的100公里扩大到200公里、300公里，直至2011年的2000多公里。第二，细化赢利模式，以代理商为中心，转变营销方式，要求营销员根据消费者的潜在需求和愿望细化设计线路、推出活动，根据代理商的赢利要求细化价格的毛利空间，以情感双向沟通为主要营销技巧，紧紧抓牢客源大户，培育潜在客户。第三，细化客户需求。针对不同客户群体，陆续细化开发了多种特色旅游项目。如推出定时、定地的“明星见面会”，使各旅行社团队互动参与，创造游客与明星偶像面对面的机会，形成了目前国内独有的具有影视人文特色的旅游产品；发挥影视城的优势，推出“拍一天戏，当一回演员”、“体验影视魅力，参与影视创作”的快乐影视DV游活动，并将其作为一项特色旅游项目编入营销公司产品推广目录；面向党政机关、企事业单位等特殊群体，组合推出以“瞻仰革命先烈，缅怀英雄业绩”为主题内容的红色之旅；面向老年人，推出“健康老人横店免费体检游”活动。①

2. *启示*

（1）文化产业的持续发展必须走群链式发展之路。形成产业链是产业集群赖以生存和发展的条件之一。横店影视产业实验区的实践表明，文化产业

① 邬李云，邓雯．旅游为里：成功在于细节——探横店模式谈文化产业发展之二．赣西晚报，2012－8－3－11.

集群只有要素非常齐全、配套非常完善、有众多经营商参与的市场，才有生存和继续发展的空间。横店影视城从创建之初就摒弃了建造单纯且孤立的拍摄场地的发展思路，致力于将整个横店镇打造成一个庞大而完备的影视产业基地，坚持走“上游影视制作产业”与“下游影视旅游产业”联动的多业互促、集群发展的文化产业发展之路（张乐，2004），以明确的产业定位、完整的产业链、齐备的要素体系，利用专业化、集约化、规模化的优势，成功地进行了影视产业集群化的实践（王敏，2010）。

（2）发展文化产业集群的关键在于创新。横店既无山西平遥、浙江乌镇和湖北凤凰等地的先天文化资源，也无鲜明的文化符号，然而横店人却能抓住历史机遇，从本地实际情况出发，充分利用横店的财力雄厚、荒山荒坡众多等优势，在文化荒漠上创造了令人叹服的文化奇迹。事实上，在影视基地的发展过程中，横店集团并非一帆风顺。在20世纪90年代，当时进入横店拍摄基地的剧组很少，旅游根本不成规模，亏损最多的一年达到5000多万元。投资影视产业不仅遭到了集团内部的强烈反对，而且还有来自集团外部的许多部门的很大压力。甚至有很多人说：“横店工业搞得好好的，为什么要去投资这种亏本的生意？到时候会把整个横店都拖垮。”（徐永安，2005）但横店人并未放弃，通过借鉴义乌小商品城的成功经验，在实践中不断探索、创新，确定了以“影视为表、旅游为里、文化为魂”的发展思路，终于形成了独特的“（拍摄场地）免费、（旅游）赚大钱”的横店模式，成为农区特色文化产业集群中的一朵奇葩。

（3）发展文化产业集群要充分发挥政府的作用。横店影视产业实验区的发展证明，任何产业聚集都不是规划出来的，而是区域分工和市场竞争的结果；但这并不是说政府的作用可以被忽视。作为地方政府，关键是要把握“收”与“放”的尺度。横店集团从建造广州街的起步探索阶段（1996～1999年），到实行“免场租政策”的产业初步形成阶段（2000～2003年），再到成立产业实验区的规模发展阶段（2004～2012年），东阳市政府对企业当时颇受社会争议的经营策略和行为均采取了适度“放手”，“无为而治”的政策，政府部门更多的是充当平台的搭建者和服务者（方三君，2012）。因此，在文化产业集群发展、培育的过程中，政府不可能也不应该包办全管，而是要给予企业一定的空间，让其按照相应的规则获得合理、健康、积极的发展。

第二节　中部农区特色文化产业集群发展中的主要问题

一、产业集聚度不高，缺乏龙头企业和名牌产品

1. 多数集群规模偏小

(1) 集群总体规模不大。目前，在中部众多的农区特色文化产业集群中，无论是从企业数量上看，还是从从业人员或者产值上看，多数集群的总体规模偏小。例如，在河南农区，除石佛寺镇的玉雕产业集群、神垕镇的钧瓷产业集群、赊店镇的商埠文化旅游产业集群、赵庄乡的魔术产业集群、王公庄的画虎产业集群、屯子镇的石雕产业集群、顺店镇的刺绣戏服产业集群、东岸乡的桃核雕花产业集群、张集乡的羽毛工艺产业集群、三河尖乡的柳编产业集群、胡吉镇的印刷产业集群等的规模较大外，其他集群的规模都较小。

(2) 集群多以家庭作坊式中小企业为主，现代化的大型企业较少。例如，在神垕钧瓷产业集群的173家企业中，仅有孔家钧窑、荣昌钧窑、金堂钧窑、星航钧窑、苗家钧窑等10多家企业的生产规模较大；在堌阳镇民族乐器产业集群的51家企业中，仅有开封中原民族乐器有限公司和兰考县上海牡丹民族乐器有限公司两家企业规模较大。虽然家庭作坊式企业这种生产组织模式具有投资少、见效快，弹性大，企业初期决策果断、迅速，出招怪异、不拘泥于形式，并具有一定的凝聚力等优点，但由于以家族为本位，在人事上往往“任人唯亲”，容易削弱员工的工作积极性。特别是当亲情与科学管理发生冲突时，多数情况下最终让位于亲情，从而导致管理者“说话不算数”，不仅大大降低了管理者的威信，也难于构建起一支富有开拓精神的团队。

2. 多数集群缺乏名牌产品

由于集群多以家庭作坊式中小企业为主，因此在中部农区，许多特色文化集群缺乏在国内外有影响力的自主品牌。例如，在“中国笔都”江西进贤县文港镇，虽然集群中企业注册的毛笔品牌不少于200个，但仅有“励牛堂”牌、“周鹏程”牌、“四宝堂”牌、“晏殊”牌被评为江西省著名商标，“农耕笔庄”毛笔被中国轻工业联合会、中国文房四宝协会授予“国之宝——中国

十大名笔”称号（何文，2009）。再如，河南省兰考县堌阳民族乐器产业集群，也只有“中州”和“龙音”两个自主品牌在国内有较高的知名度，很多企业的产品甚至没有注册商标。这又直接导致了集群经济利益的流失。知名自主品牌的缺少，直接导致了集群经济利益的流失。“比如说一台古琴，如果是非常好的材料做的话，出厂价可能在 6000 元。但若被代理商贴上商标后，向国内外销售，利润会翻一倍甚至数十倍。代理商销售一台古琴的利润在 2000 元以上，经过收藏者和经销商的转手，到了用户手里，甚至已经达到了 4 万元，80%以上的利润被别人拿走了”（杨阳，2007）。

二、从业人员学历层次低，技术学习多局限在地方层面

1. 从业人员学历层次低

中部农区特色文化产业集群多是农民在“家门口”自发形成的，属于典型的“草根”集群，从业人员的学历普遍偏低。例如，在石佛寺玉雕产业集群的近 5 万名从业人员中，大多有厌学、辍学、失学的经历，不能或没能接受到良好的、正规的教育，有些甚至是为生计所迫被动地走进玉雕行业的。志向型、志趣型、兴趣型的从业人员比例极低，成就型、高端型的人才更是凤毛麟角（李学鑫，2012）。再如，在赵庄乡魔术产业集群，大部分艺人为初中毕业或肄业。由于学历层次低，从业后又无系统的学习机会，专业知识薄弱，甚至出现了“在 2004 年文化部主办的全国民间职业演出团体团长学习班上，虽然请来的老师讲得非常好，但底下的人却听不懂”的事情（李学鑫和田广增，2011）。许多艺人只能进行一些简单的模仿创新，结果是有“术”无“魔”。

2. 技术学习多局限在地方层面

从技术学习的空间层面上看，目前多数中部农区特色文化产业集群，主要是基于血缘、亲缘、地缘和业缘等关系，在集群内部通过子承父业、师徒制、劳动力流动/企业衍生、监视性学习、社区传言等非正式方式进行，产学合作、产研合作、企业研发联盟等正式学习方式相对较少（李学鑫，2012）。人才培养模式基本上是“师带徒”、“父带子”的“心授”传统方式，“一年苦工，二年上车，三年出师”；有的为了所谓的“独家绝技”，只传授自家子女，

甚至传男不传女。这样的培养模式有自己的优势，但同时也不可避免地存在着缺陷。首先是耗费时间较长、培养人才的数量较少。其次是因循守旧，综合素质较低，徒弟只能从师傅那里学习，眼界较窄，墨守成规，艺术水准偏低，缺乏创新精神。再次是对于那些前途未卜的徒弟来说，出师后要另起炉灶，从头做起，经营状况长期难以好转，影响其长远发展的动力。最后是易造成无子嗣的大师的绝技失传，从而严重制约了从业人员技艺的切磋、交流和水平的提高。

此外，由于中部农区多数特色文化产业集群尚处于形成阶段，缺乏 FDI 和生产外包，因此进行跨界正式技术学习的机会也不多。由于资金、市场意识等原因，中部农区特色文化产业集群主要通过参加各类产品国际贸易展销会、专业会议、外出参观考察等非正式渠道学习，进行全球-地方联结与技术学习的也不多。例如，在河南省，目前仅有南阳、禹州、宝丰等少数地方连续举办过各种国际文化艺术节，许多小作坊企业更是心疼几万元的参展费，很少参加相关的国际产品贸易展销会。这种跨界技术学习渠道的缺失，不仅阻碍了集群创新能力的提升，而且还可能导致其发展路径的依赖、甚至锁定。

3. 高素质人才稀缺

农区特色文化产业集群的高素质人才稀缺，除了因为农民本身受教育层次偏低、技术学习多限于地方层面外，还有一些其他原因：一是多数企业长期以来以家族式组织为主，对引进外来高素质人才缺乏热情，对族外及社会网络以外的人缺乏信心；二是由于农区地理位置偏僻，生活设施落后，也很难吸引或留住高素质人才；三是集群内具有一定技术的工人在企业间的流动性太大，造成企业所有者不愿意投资培养高级人才。

三、企业间分工不明显，尚未构建起完整的产业链条

1. 企业间分工不明显

由于中部农区特色文化产业集群多属于传统工艺美术型，创业的门槛并不高，一旦通过血缘、亲缘、地缘和业缘等关系掌握了核心生产工艺后，大多数人都会选择单干，所有的生产、销售环节基本上都由自己完成。例如，神垕钧瓷产业集群，尽管钧瓷制作有“七十二道工序”之说，但由于其核心

在于追求自然“窑变”之美，对工艺技术的要求极为严格。哪道工序稍有不慎，都可能“十窑九不成”。因此，为保持竞争优势，基于风险最小化原则，许多企业都会将一些关键环节，如原料选取、制模、釉料配置、上釉和烧成等集于一身。结果必然是各自为政，彼此很少分工与合作，难于形成完善的产业链条。再如，在江西文港毛笔产业集群，虽然企业间有一定的分工，主要是原材料—笔头—笔杆—包装，其中笔头有的分为水作和干作，但分工十分粗放，尤其是在一些家庭小作坊内部，往往集产业链的数个环节于一体，专业化水平大大降低，分工效率也得不到充分发挥。同时在企业访谈调查中，一些大企业表示，有些业务不是不想对外进行外包，只是由于小企业产品的质量难以得到保障，因而选择自己生产（何文，2009）。

分工不明显也大大减少了企业间的交流与合作机会。例如，在江西文港毛笔产业集群，企业之间大多数还处于单打独斗阶段，大企业之间表现得尤其明显，大企业与本地小企业合作甚少，除非企业主之间有私人关系。在何文（2009）调查的26家企业中，企业之间经常保持联系的仅占23%，企业家之间经常交流的也仅占35%（表5-2）。这表明文港毛笔产业集群内企业之间联系不够紧密，交流得很少。

表5-2　文港企业之间联系程度

项目	是否参观过本地其他企业		是否与本地其他企业家交流	
	数量/家	所占比例/%	数量/家	所占比例/%
从不	8	31	4	15
偶尔	12	46	13	50
经常	6	23	9	35

注：表中数据不包括皮毛和配件企业的数据

资料来源：何文（2009）

2. 企业间过度竞争时有发生

集群内企业的有序、有效竞争可以促进技术创新，带动产业升级，但过度竞争只会导致非合作博弈的出现，最终可能使该产业崩溃。由于企业间分工不明显，也极易造成产品可替代性强及无序竞争。例如，在江西文港毛笔产业集群，企业间的无序竞争和过度竞争时有发生。一方面，企业为了扩大销售量，不断以降低价格的方式占领市场，不少企业为了适应不断降低的价格，不得不采取偷工减料的形式来节约成本，导致了产品质量下降，但是生产成本下降带来的质量下降又导致产品价格进一步下降，形成了以价格竞争为主要手段的恶性循环；另一方面，企业为了生存，一些企业试图通过假冒或仿冒别人的品牌，或设计相似的产品，以次充好，造成整个文港毛笔业鱼龙混杂，影响了文港毛笔业的整体形象（何文，2009）。再如，在河南埇阳民族乐器产业集群，2001 年后的一段时期，通过教师卖琴成了当地产品的销售主渠道。一些厂家为了扩大市场份额，竞相低价销售，甚至恶意攻击对方、盗用其他品牌以次充好。2003 年价格仗激烈时，在埇阳 1000 元就可以买 3 台粗制滥造的古筝。无序竞争曾使埇阳民族乐器一度陷入信誉危机（杨阳，2007）。

四、中介组织缺乏，管理服务薄弱

1. 营利性中介组织普遍缺乏

集群中介组织是指介于产业集群内各企业及相关机构之间、产业集群与政府之间的为增强集群竞争力而从事沟通、协调、公正、咨询等服务的专业性机构总称，具有行业自律、咨询或服务、经纪、评价或审查等几大基本职能。然而，目前中部农区多数文化产业集群不仅缺少行业协会、商会等非营利性中介组织，更普遍缺乏信息咨询公司、技术孵化、专利转让、风险投资、商标或税务代理、人才交流、资产评估、会计或律师等营利性中介组织。一些仅有的行业协会也没有发挥其应有的作用。例如，在神垕镇，虽然早在1996 年就自发成立了钧陶瓷行业管理协会，但由于缺乏经验，不久便自行消失。2008 年，又重新成立了禹州市钧瓷行业协会，但除了组织钧瓷企业参加几次会展、大师与名窑评定外，其他活动开展得并不多（王洪伟，2009）。再如，在文港毛笔产业集群，虽然也成立了一些中介服务机构，如文港文房四宝协会和南昌文港制笔协会等，但这些组织实际上是作为政府部门的一个机构，受政府的管理和约束较多，难以真正有效地发挥作用。在何文（2009）调查的 28 家企业中，只有 36％的企业加入了行业协会，64％的企业没有加入，其中对加入行业协会的原因的调查中，60％的企业认为行业协会能给企业提供信息，还有 20％的企业只是因为其他企业加入了自己也加入，并不明确加入行业协会的目的。另外，对不加入行业协会的原因的调查发现，竟有

56%的企业不了解行业协会，39%的企业认为行业协会没有用。这表明行业协会在文港毛笔产业集群中的作用不明显，尚未与企业形成有机的统一体，未发挥其提供行业技术标准、职业规范的自律性管理、价格协调、人员培训、与政府沟通和对外谈判代表等功能。

2. 管理模式陈旧

从管理上看，由于文化产业是一种新兴的产业类型，即使是在全世界范围内，也还缺乏足够成熟的发展经验，因此多数中部农区产业集群还缺乏行之有效的管理，主要还是参照传统工业园区或科技园区的模式。文化产业是内容创新与科技创新有机融合的新经济形态，其与一般工业或高新技术产业有一个显著的不同，就是它的人文色彩非常突出，浓郁的人文色彩甚至是文化产业集聚区的核心魅力和关键要素。因此，虽然传统的工业园区或科技园区模式对于文化创意产业集聚区的建设和发展有非常重要的参考意义，但是不可简单照搬。

此外，由于许多村镇缺乏成熟的经验，加之专业的文化产业经营管理人才的匮乏，已有的文化产业集群主要采用政府主导的物业运营管理模式，对于集群的空间效益与专业化品牌价值开发不足。物业运营管理模式是通过收取物业租金和服务费用来实现的，其目标是不断提升物业的商业价值，不断提高租金和服务收费，从而实现利益最大化。从国际经验来看，文化产业集聚区往往会出现由于物业租金的不断提高而将文化创意人才挤出集聚区的现象。

五、缺少高质量的规划，基础设施落后

1. 缺少高质量的规划

由于形成时间、资金、意识等原因，目前中部农区多数文化产业集群更多的是停留在自发阶段上，普遍缺少高质量、高起点的专业发展规划，地方政府的“意识”明显。例如，在文港毛笔产业集群，现代笔生产企业都集聚在文港工业园区，由政府对其进行统一管理，并投资修建了污水处理厂等一系列基础设施。但对于传统笔生产企业，任其零散分布在文港路和笔都路两旁，部分企业和小作坊分布在周坊村和前塘村；政府并没有对其进行统一的

规划管理（何文，2009）。

2. 基础设施建设严重落后

中部农区特色文化产业集群多位于村庄或小城镇，道路、供水、供电、通信、污水治理等基础设施建设长期落后。尽管一些地方也新建了开发区、工业园区或集聚区，但由于资金投入不足，生产、生活基础设施并不配套，加之缺少现代物流、科技研发、咨询服务、信息等生产性服务业，难以吸引大型项目和中小企业的入驻，许多集聚区成为少数企业的工厂。许多家庭作坊式企业，由于生产规模小，用人不多，因此出于生产成本节约和生活方便的考虑，一般也不愿搬离自家的院落。多数产业集群缺乏现代物流、科技研发、咨询服务、信息等生产性服务业。

第三节　加快中部农区特色文化产业集群发展的战略对策

一、建设思路与原则

1. 建设思路

坚持以科学发展观为统领，继续解放思想、更新观念，以促进乡村文化产业集聚化与新型乡村城镇化协调发展为指导思想，以文化企业集中布局、文化产业集聚发展、服务功能集合构建、资源集约利用为目的，以集聚功能强化为核心，以资源为依托，市场为导向，资本为纽带，科技、体制机制创新为动力，以优势产业、龙头企业、重点项目、知名品牌为支撑，通过整合乡村文化资源、调整文化产业布局、优化文化产业结构，有选择地在乡村规划发展一批特色鲜明的文化产业集群，促进乡村文化资源、资本、技术、项目、人才融合发展。

2. 基本原则

（1）坚持特色发展。立足乡村的现实基础和发展潜力，结合区域优势，因地制宜地制定符合区域特点、彰显区域特色的发展战略和产业方向。推进产业集群体制创新、机制创新和技术创新，积极探索有利于科学发展的综合改革配套措施，增强产业集群的发展活力。

（2）坚持融合发展。优化产业集群功能布局，加强基础设施和公共设施建设，完善产业配套体系和现代服务体系，提高产业支撑和人口集聚能力。打破文化产业门类的边界，促进文化和旅游、信息、物流、会展、商贸等行业融合，延伸文化产业链。

（3）坚持集聚发展。加快推动具有重大示范效应和产业拉动作用的文化产业项目向园区集聚，以项目带动资源、资本、技术、人才的集聚。不断完善产业链，促进上下游企业共同发展，引导同类企业集中发展，提高规模化、集约化水平。

（4）坚持可持续发展。加强文化资源的保护、利用和开发，坚持在保护中开发、在开发中保护。始终把社会效益放在首位，发挥市场配置资源的基础性作用，争取良好的经济效益，实现社会效益和经济效益的有机统一，促进集群的可持续发展。

二、战略对策

1. 科学规划，加快基础设施建设

（1）在省级层面上，建议各省委、省政府制定出台《××省农区特色文化产业集群发展战略规划》，规划建设一批国家级、省级的重大文化产业项目和产业基地，发展一批有实力的文化骨干企业。同时，配套相应的专项规划，包括农区传统工艺美术产业集群、农区文化旅游产业集群、农区园艺产业集群等规划。对于重点培育的产业集群，要切实搞好区域性的布局规划，认真分析地方优势，明确发展的主攻方向，培育富有特色的项目，确保对地方文化资源的充分发掘和利用。此外，也要切实加强战略规划的制定，组织领导工作。建立健全党委统一领导、政府管理服务、党委宣传部门协调指导、行政主管部门具体实施、有关部门密切配合的领导体制和工作机制。建议各省成立农区特色文化产业集群发展规划起草小组，在广泛调查研究的基础上，着手做好规划的起草和论证工作。为强化对农区特色文化产业集群的统筹规划与管理，建议设立省级农区特色文化产业集群发展专家咨询评审委员会，为农区特色文化产业集群的发展提供项目论证、资质评审评估和认定，以及相关行业技术标准、发展规划等咨询服务。

（2）在地方层面上，各乡镇要根据地方实际，结合正在进行的新型农村社区建设，按照突出特色、优化布局、产业融合、集聚发展等原则，高起点、高标准地编制文化产业集聚区空间发展规划和控制性详细规划，以及产业发展、道路交通、市政综合管网、电力、给排水等专项规划。同时，要注重产业集聚区发展规划与区域产业发展规划、村镇总体规划、土地利用总体规划、生态功能规划等紧密结合，为产业集群发展提供广阔的发展空间。通过规划进一步明确集群中长期发展目标、指导原则、布局、定位、目标、步骤和措施等，努力实现集群与社区、日常生活、艺术时尚的三融合。此外，还必须千方百计地筹措资金，加强基础设施建设，彻底改善农村基础设施落后的现状。

2. 拓宽从业人员的技术学习渠道，完善高层次人才服务保障体系

（1）走出去。建议设立县级以上的“企业外出交流基金”，鼓励、支持各类企业参加相关文化产品的国际贸易展销会、行业技能大赛、专业学术会议，鼓励艺人到世界著名艺术殿堂、企业参观考察，主动构建全球-地方联结管道，积极融入全球传言等知识生态系统。

（2）送出去。建议设立县级以上的“特色人才进修学习基金”，针对产品开发设计、生产关键环节、产品营销策划、集群管理等，注重对人才的再培训，建立产、学、研一体化的人才培育基地，选拔有发展潜力的人员到相关大专院校或科研机构进行系统的进修、学习，加大对当地高校的财政支持，联合高校培育集群发展所急需的各类专业人才，以及熟悉意识形态工作、懂经营、善管理的复合型人才。

（3）请进来。地方政府和各类相关中介组织，应充分利用各种关系、渠道，邀请相关专家、学者前来举办各种培训班和讲座，定期或不定期地举办规模不同的相关文化艺术节、产业发展论坛等活动。采取各种优惠政策和措施吸引各地人才。给予在各类文化活动中表现突出、有艺术成就的人才和文化经营管理人才等特殊的奖励，努力形成事业留人、感情留人、生活待遇留人的良好的用人环境。

（4）自我培训。加强中小学基础教育，夯实后备人才的科学文化基础；完善地方各类职业技术学校，有计划地开展农村劳动力职业技能培训；充分

利用网络技术，探索乡村网络远程教育的新模式；制订详细的“大师带徒奖励办法”，保护与传承工艺美术传统技艺。

3. 抓大不放小，建构开放型集群生产网络

（1）注重龙头企业的培育。要以资产为纽带，运用市场机制，推动集群有实力的文化企业跨地区、跨领域、跨所有制的联合、兼并、重组，培育和发展一批主业突出、成长性好、品牌效应明显、核心竞争力强的龙头骨干企业。首先，要鼓励区域接近、产业相似的文化专业村镇强强联合、优势互补，形成村镇相接、分工配套、产业链进一步延伸的产业集群组团，提升相关产业在国内外的竞争力和影响力。其次，可以认定一批重点发展的乡村文化企业，鼓励重点文化企业牵头本行业共性技术研发、市场推广等公共服务平台的建设。对经认定的涉及文化产业发展全局性、可持续性的重大项目，在经营、财政、税收、投融资、土地、工商、人才等政策方面给予倾斜。最后，要鼓励其他领域的优势企业参与集群重大文化产业项目的实施和建设，培育综合性文化企业集团。

（2）以龙头企业为核心，建构开放型集群生产网络。充分发挥龙头企业带动、技术创新牵动、区域名牌拉动、产业链完善撬动的作用，建立吸引产业发展要素向专业村镇集聚的发展模式，推动产业集群的优化升级。第一，鼓励龙头文化企业上市，同时设立“集群文化企业上市后备资源库”，加强对上市后备企业的培育和辅导，符合条件的享受各级各部门的相关扶持政策。引导社会资源向龙头企业集聚，促使其在做大做强、寻求规模优势的同时，向跨行业方向发展，实现从“规模优势”向“范围优势”的转化。第二，鼓励龙头企业采用多种方式，对其上下游配套企业进行重组、改造，不断扩大现有企业规模，发挥龙头企业的集聚带动效应。第三，鼓励龙头企业不断将一些配套件及特定的生产工艺分离出来，形成一批专业化配套企业，帮助协作配套企业做好与龙头企业相衔接的质量、标准、管理等工作，积极支持中小企业进入龙头企业的供应网络。第四，鼓励和支持中小文化企业为大型文化企业提供相关配套服务，促进中小文化企业向“专、精、特、新”的方向发展。

4. 规范市场竞争行为，创新管理模式

（1）强化市场监管。政府应促进文化产品和生产要素在市场中的自由流

动，营造公平的市场环境，明确市场准入和退出机制，打破地方保护障碍，促进市场的开放、竞争、有序。制止损害市场公平的行为，保护知识产权，确保文化产业市场的规范、有序发展。

（2）规范监督手段。政府的监督规范应该以合理、合法为基础，需要政府各个管理部门的共同参与和相互配合，运用行政手段等直接手段与经济杠杆等间接手段，对文化业相关行业的机构及其活动实施监督，规范市场行为，明确文化产业的布局、结构和发展方向。

（3）制定、出台农区文化产业集群的评估指标体系，对现有和在建的各类乡村文化产业集群进行评估、认定；实行集群级别认定的“浮动制”，对达不到标准且无发展潜力的坚决给予撤销；强化集群管理组织的专业性、学术性、独立性，尝试“政府建区——学校运作”运行模式；设立文化产业集群的专项管理资金。

（4）协调涉及集群发展的规划、建设、房管、工商、国税、地税、卫生、质监、安监、环保、劳动和社会保障等部门，成立集群行政服务中心，为文化企业实施“一站式”管家服务。

5. 完善公共服务平台，优化企业发展环境

（1）建立公共信息平台，促进信息资源共享。创办“农区文化产业集群”官方网，具体由省级文化行业协会制作和维护，主要内容可包括有关政策文件、乡村及其文化产业的基本知识，农区文化产业聚集区的基本状况，国际和国内乡村文化产业发展动态，促进各地集群实现信息资源共享。

（2）加快中介机构建设，充分发挥行业协会的作用。中介机构介于政府与企业之间，在规范地方市场、协调企业之间的关系、维护地方企业的利益等方面弥补了政府服务的不足，为产业集群的可持续发展架起了必要的服务平台。要充分发挥中介机构在集群中的应有作用，必须做到以下几点：第一，积极推进政府职能转变，推进中介机构的市场化运作。目前，虽然一些中部农区特色文化产业集群也成立了若干中介机构，但这些中介机构仍受政府的管辖或受政府的干预很大，造成中介组织运作缺乏效率，不能更好地为地方经济发展服务。因此，政府要积极地转变职能，树立“有限政府”的新理念，有所为有所不为，从对中介机构的直接管理为主转为以间接指导为主。第二，

引导集群成立各类行业协会、商会等自律组织，鼓励、扶持社会组织承担一定的职能，通过职能转移促进行业的规范，如信息咨询、广告服务、市场检举、文化行业经营资格审定、产品评估检验等，充分发挥它们在维护行业权益、制度标准、规范市场，以及提供认证等方面的作用，保障文化产业的正常运作，实现文化产业行业治理模式的创新。第三，完善行业协会的职能，提高行业协会从业人员的素质。目前，中部农区多数特色文化产业集群的行业协会规模小、人员少、素质低，不能完全履行行业协会的职能。因此，行业协会需要加强自身队伍的建设，制定严格规范的从业制度，健全内部管理，同时，要加强对从业人员的职业道德教育，着力提高他们的思想觉悟和业务素质，进一步改进从业人员的工作态度，增强他们的服务意识，真正提高行业协会的服务水平和责任意识。同时，行业协会可以通过定期组织行业交流会，邀请行业带头人讲解生产和经营过程中的经验和教训，弥补缺乏培训机构的不足。

（3）搭建公共技术服务平台，降低企业技术成本。按照“政府推动、市场运作、自主经营、有偿服务”的原则，指导集群加强公共技术服务平台建设，进一步完善区域创新服务体系。第一，通过整合各省各产业领域中的优质科技资源，利用知名科研院所、高等院校设立研发中心和实践基地，着力吸引成果转化、信息咨询、专利申请等中介咨询机构入驻，不断拓展产业共性技术研发领域和深度。第二，建议各省建立各个细分产业的公共技术服务平台，投资的项目可以依据企业的需求而定，项目选定过程可以由行会或者目前的办公室来进行。项目可以向国内外高校公开招标，鼓励后期合作和技术更新。公共平台建成后，可以采用BT或者BOT形式，通过向市场服务来实现平台运行费用乃至投资成本的回收。[①] 第三，大力推进集群内企业主辅分离，引导具有实力的企业将研发、设计、营销等生产性服务功能从传统生产中剥离出来，建设专业化产业服务平台。

（4）加快融资担保服务平台建设。建立以信用为基础，政府、银行、企业和担保机构四方合作的融资机制，深化“政-银-企-担”合作，提升企业融资能力。第一，各省要建立省级产业集群融资公共服务平台和重点产业集群

---

① 中国社科院、市社科院联合课题组．杭州文化创意产业发展对策建议．杭州社科门户网站．http：//www.hzsk.com/portal/n2115c29.shtml［2012－09－18］．

成长性企业数据库，全面开展集群中小企业成长性评价和专项资金担保服务，积极帮助企业改善融资环境，建立健全财务制度，确立现代法人治理结构，增强企业融资和市场竞争能力。第二，加强与各类金融机构、创投机构的合作。积极开展多种形式的银企对接活动，加大对中小企业与金融机构的对接合作力度。组建文化产业担保、文化产业风险投资和文化产业小额贷款公司等企业投融资实体，实施“文化基金＋贷款担保＋风险投资＋财政补贴＋房租减免＋专项奖励＋小额贷款”七位一体的文化产业资金扶持政策。第三，鼓励支持金融机构创新。加大对中小企业的授信力度，积极开展以知识产权、应收账款、原材料及成品仓单等作为抵（质）押物的融资业务，支持企业融资。重点集群可用承诺回购土地、厂房的方式为企业取得银行贷款提供支持，尝试探索农民以土地补偿金入股的路子。各产业集群龙头企业应配合配套企业以应付账款为银行提供质押，支持配套企业获得“产业链融资”。第四，加快中小企业上市融资、直接融资，积极探索中小企业集合债券发行试点工作，多渠道解决中小企业融资难的问题。

6. 营造区域品牌，引导产业集聚

（1）加强对区域品牌的培育和运作。要以名牌企业、名牌产品为依托，支持产业集群以品牌共享为基础，培育区域产业品牌（集体品牌、集体商标、原产地注册等），实现产品品牌、企业品牌、区域品牌的有机整合与互动发展，精心打造一批文化产业特色村镇。

（2）加大对各类名牌村镇、名牌企业、名牌产品的培育和推介力度。鼓励名牌村镇、名牌企业扩大品牌经营规模，促进名牌企业进行多层次、全方位的联合协作，实现资源共享，提高产业集群的知名度。以品牌经营为主要经营形式，在资源配置上强化区域品牌的核心培育，整合和利用各类会展资源，鼓励行业协会统一、有序地组织企业参加各类交易会。

（3）积极推行现代营销管理方式，加大市场营销力度，提高文化产品的市场占有率。在产业经营方式上，以政府引导、中介促进、企业自主结盟为原则，推动企业建立营销联盟，共享营销资源。鼓励名牌产品企业迅速扩大品牌经营规模，促进名牌产品企业多层次、全方位的联合协作，实现资源共享；充分发挥区域品牌的地位、作用，通过产业集群与区域品牌的融合发展，提高区域的集聚力、影响力和竞争力。

参考文献

方三君 . 2012. “横店模式” 对发展文化产业的启示 . 政策瞭望，(7)：42 - 44.

何文 . 2009. 江西省文港毛笔产业集群研究 . 南昌：江西财经大学硕士学位论文 .

孔建华 . 2007. 北京市宋庄原创艺术集聚区的发展研究 . 北京社会科学，(3)：76 - 82.

孔建华 . 2008. 北京宋庄原创艺术集聚区发展再研究 . 北京社会科学，(2)：21 - 36.

李学鑫 . 2010. 中国农区文化创意产业集群形成演化机理：以民权县王公庄绘画产业集群为例 . 地理科学进展，29 (8)：1011 - 1017.

李学鑫 . 2012. 农区文化产业集群吸收能力与学习研究：以石佛寺玉雕产业集群为例 . 人文地理，27 (5)：115 - 119.

李学鑫，田广增 . 2011. 选择性环境、能力与农区特色文化产业集群的演化：以宝丰县赵庄乡魔术产业集群为例 . 人文地理，26 (3)：122 - 127.

牛维麟 . 2007. 国际文化创意产业园区发展研究报告 . 北京：中国人民大学出版社：20，22，26.

邵培仁，廖卫民 . 2009. 横店：中国影视文化产业集群发展的一个样本 . 浙江师范大学学报 (社会科学版)，34 (5)：20 - 30.

王洪伟 . 2009. 传统文化隐喻：神垕钧瓷历史变迁的社会学考察 . 武汉：华中师范大学博士学位论文 .

王敏 . 2010. 影视城发展模式比较研究：以横店影视城与镇北堡影视城为个案 . 西南民族大学学报 (人文社科版)，31 (11)：173 - 176.

吴俐萍 . 2006. 创意产业发展的政策支撑体系研究 . 科技进步与对策，(11)：21 - 24.

徐永安 . 2005. 打造横店影视产业链的成功尝试 . 中国广播电视学刊，(3)：24 - 25.

杨阳 . 2007. 兰考民族乐器市场的自我拯救 . 记者观察，(12)：30 - 32.

张乐 . 2004. 横店——中国的好莱坞 . 今日浙江，(10)：32 - 34.